Schriftenreihe
der Internationalen Maurice-Blondel Forschungsstelle
für Religionsphilosophie
der Johannes Gutenberg-Universität Mainz

Herausgegeben von Stephan Grätzel und Joachim Heil

Band III

Stephan Grätzel / Peter Reifenberg (Hrsg.)

Ausgangspunkt und Ziel des Philosophierens

Akademietagung zum 100jährigen Gedenken an
»Le Point de départ de la recherche philosophique« (1906)
von Maurice Blondel

Mit einem Vorwort
von Karl Kardinal Lehmann,
Bischof von Mainz

=======================================
Turnshare Ltd.
London

published by

Turnshare Ltd.
27, Old Gloucester Street
London WC1N 3XX

E-mail: publisher@turnshare.com
homepage:
http:/www.turnshare.com
───────────

Made and printed by
Turnshare Ltd., London

Der von EBEAFI, UN und Life
prämierte Umschlagkarton besteht aus
Recyclingpapier und Meeresalgen.

ISBN: 978-1-84790-004-3

Inhalt

Zum Geleit

Vom Anfang und Ansatz

Karl Kardinal Lehmann,
Bischof von Mainz

Immer wieder fasziniert, wie Maurice Blondel (1861–1949) unmissverständlich, nüchtern und mit gedanklicher Kraft das Grundproblem des menschlichen Lebens in der Ausgangsfrage formuliert: »Ja oder Nein, hat das menschliche Leben einen Sinn, hat der Mensch eine Letztbestimmung?« (A (VII) 15/9[1]). Alles kommt auf den Anfang und den Ansatz an.[2] Dies gilt insbesondere für das philosophische Fragen. Doch worin bestehen die Möglichkeit und die Herkunft dieses grundständigen Fragen-Könnens?

Zunächst ist der faktisch anthropologische Ausgangspunkt der unstillbare Hunger des Menschen nach Vollendung und damit nach der Erfüllung seines Lebens. Seine metaphysische Anlage, die Blondel näher beschreibt, kennzeichnet die Dynamik seines Wesens und die Offenheit gegenüber dem Wirklichen, das ihn in die radikale Frage stürzt, ihn unbehaust sein lässt und ihm die Größe und Gefahr seiner Existenz, die er selbst sich zur Aufgabe gemacht hat, offenbart.[3] Das Wesen zwischen Ungewissheit und Wagnis fragt radikal und risikobereit und gibt damit seiner Freiheit Ausdruck und Gestalt. Die Faktizität seines Daseins zeigt ihm, dass er die Erfüllungsruhe nicht in sich selbst finden kann. Blondel findet für die Daseinssituation die jede Abstraktion vermeiden wollende Existenzweise des *état transnaturel*[4]. Die treibende Kraft in der dynamisch anthropologischen Faktizität des »Transnaturel« schreibt Blondel einer geläuterten Vernunft zu, die das philosophische Fragen in der vorgegebenen Wirklichkeit zwischen Reflexion und Prospection akthaft verwirklicht. Hier ist der Ort einer wahrhaftigen Philosophie: »La véritable philosophie est la sainteté de la raison« (A (442) 476/468).

Mit der Kraft einer »heiligmäßigen Vernunft« vermag der Mensch dem unstillbaren Verlangen nach Vollendung eine Richtung zu geben; die kritische Vernunft wird eingefaltet. Er fragt nach seiner Bestimmung, die weit über ihn selbst hin zu einem Anderen verweist, das unverfügbar für ihn zwischen absoluter Angewiesenheit und absoluter Empfänglichkeit im Gnadenhaften erfahrbar werden kann. Blondel beschreibt die Verhältnisbestimmung zwischen Natur und Übernatur mit dynamischen Dispositionen, die er ins Wortpaar *fait intérieur* und *fait extérieur* fasst. Das »fait intérieur« zeichnet die innere Dynamik auf die Verwirklichung entschiedenen Handelns, zu der der Mensch auf die noch anonyme und doch aktive Gegenwart der übernatürlichen Gnade gedrängt wird. Hier findet sich die Bewahrheitung der Unruhe, die sich zugleich als Ruf des Übernatürlichen hörbar macht. Das Übernatürliche erweist sich für sein Leben als »absolut unmöglich und zugleich absolut notwendig«.[5]

Dieses im »état transnaturel« erfahrene Absolute bleibt für das philosophische Fragen noch diffus. Blondel kann nur feststellen: »il faut que quelque chose du divin habite en lui«. Doch das Verlangen bezeichnet bereits die Gabe einer Gnade; »ce besoin même est un don« (A (388) 422/ 412f.).

Mit dem Ausgespanntsein auf das absolut Notwendige fasst Blondel zum einen die subjektive Notwendigkeit der Offenheit gegenüber dem Wirken des Übernatürlichen für die Existenz des Menschen. Zum anderen bleibt philosophisch letztlich unklar, wie das Handeln des Übernatürlichen mit dem Wirken und dem subjektiven Verlangen korrespondieren kann. Theologisch gewendet hieße die Frage: Wie kann sich das Übermaß göttlicher Gnade auf das Verlangen des nach dem Absoluten sich ausstreckenden Menschen einstellen? Mit dem Neologismus »transnaturel« findet Blondel den Schlüssel, um die faktische Heilsdynamik und damit die Bedingung jedmöglichen Handeln-Könnens zu fassen, gerade um einer christlichen Konzeption des Menschen und seiner Bestimmung zu entsprechen. Im

»Transnaturel« wird der Mensch selbst in einer dynamischen Sichtweise von Wirklichkeit gesehen und eine rein spekulativ und abstrakte Größe wie »natura pura« unnötig. Auch drückt Blondel mit »transnaturel« den »instabilen Charakter eines Seienden aus, das nicht mehr oder noch nicht das übernatürliche Leben besitzt, zu dem es gerufen oder zu dem es erneut aufgerufen ist ...« (Vocabulaire Lalande II, 1151). Der Anknüpfungspunkt für die Offenheit gegenüber dem Übernatürlichen ist gefunden, die Größe und Würde des zur Freiheit gerufenen Menschen grundiert, die »attente cordiale du messie inconnue« (A (388) 422/412) geschlossen.

Somit steht das philosophische Denken anfänglich zwar vor einer unüberschreitbaren Grenze der Vernunft, doch durch den neuen Denkstil wird es durch die Heiligkeit der Vernunft möglich sein, gerade in seiner bedingungslosen Offenheit gegenüber dem Faktischen sowohl den Ansprüchen der Philosophie als auch den Ansprüchen einer christlichen Theologie gerecht zu werden.[6]

Mit diesen Grundgedanken Blondels lässt sich gut beginnen.

Es ist mir eine besonders große Freude, dass die Internationale Forschungsstelle für Religionsphilosophie der Johannes Gutenberg-Universität Mainz und unsere Bistums-Akademie Mainz, Erbacher Hof, ein kleines Zentrum zur Förderung der Blondel-Forschung errichten konnten. Den Autoren und Herausgebern danke ich von Herzen genauso wie für die Möglichkeit, in bescheidenem, aber zielgerichteten Rahmen einen Förderpreis für Religionsphilosophie der Neuzeit auszuloben, der unter dem Namen ›Maurice Blondel-Preis‹ regelmäßig vergeben werden kann.

Besonders danken möchte ich dem Leiter der Forschungsstelle, Herrn Prof. Dr. Stephan Grätzel, und seinen Mitarbeiterinnen und Mitarbeitern sowie dem Direktor des Erbacher Hofs, der Akademie des Bistums Mainz, Herrn Prof. Dr. Peter Reifenberg.

Wir haben das Glück, dass wir hier in Mainz auf eine größere Gruppe von Blondel-Freunden zurückgreifen können. Durch die Begründung der Schriftenreihe ist es nun gelungen, dass auch die philosophische Dissertation des Seniors der Blondel-Forschung, Herrn Prof. Dr. Dr. h.c. Joachim Kopper, nach dem Krieg abgeschlossen, 1949 gedruckt und nun neu herausgegeben werden konnte (J. Kopper, *Die Struktur der Metaphysik Maurice Blondels* als Band 1 der Schriftenreihe der Internationalen Maurice Blondel-Forschungsstelle für Religionsphilosophie der Johannes Gutenberg-Universität Mainz im Jahr 2006 erschienen).

Anmerkungen

[1] Maurice BLONDEL: *L'Action. Essai d'une critique de la vie et d'une science de la pratique* [1893]. Paris: PUF ³1973 (erste Angabe); Oeuvres complètes, Tome I. Les deux thèses. Texte établi et présenté par Claude Troisfontaines. Paris: PUF 1995 (zweite Angabe); dt. Übers.: *Die Aktion (1893). Versuch einer Kritik des Lebens und einer Wissenschaft der Praktik.* Übers. v. R. Scherer. Freiburg: Alber 1965 (dritte Angabe) (=A).

[2] Karl KARDINAL LEHMANN: »Hermeneutik für einen künftigen Umgang mit dem Konzil«. In: Günther Wassilowsky (Hg.): *Zweites Vatikanum – Vergessene Anstöße, gegenwärtige Fortschreibungen.* Freiburg: Herder 2004 (QD 207), S. 71.

[3] Vgl. Karl KARDINAL LEHMANN: *Zuversicht aus dem Glauben. Die Grundsatzreferate des Vorsitzenden der Deutschen Bischofskonferenz.* Freiburg: Herder 2006, S. 318, insbesondere S. 319.

[4] Vgl. André LALANDE: *Vocabulaire technique et critique de la philosophie.* 2 Vol. Paris: PUF (Seizième édition, 1988) ³1993, II/1151. (=Lalande I, II).

Vgl. Peter REIFENBERG: *Verantwortung aus der Letztbestimmung. Maurice Blondels Ansatz zu einer Logik des sittlichen Lebens.* Freiburg: Herder 2002, S. 235 ff.

[5] A (388) 422/412: »Absolument impossible et absolument nécessaire à l'homme c'est là proprement la notion du surnaturel; l'action de l'homme passe l'homme«.

[6] Vgl. Peter HENRICI: *Aufbrüche christlichen Denkens.* Einsiedeln: Johannes 1978, S. 24.f.

Maurice Blondel:
Le point de départ de la recherche philosophique –
Der Ausgangspunkt des Philosophierens (1906 – 2006)

Werkgeschichtliche Einordnung – Inhaltlicher Überblick

Peter Reifenberg (Mainz)

»Wo beginnt die Philosophie? Etwa mit der ersten Reflexion auf die Gegebenheiten der Sinne und der Wissenschaft, mit der ersten Kritik der unmittelbaren Bewußtseinsdaten und der spontanen Hypothesen der Vernunft?

Oder bildet die Philosophie eine technische Disziplin, zu der man mit Hilfe einer bestimmten Methode gelangt, von einer klaren Demarkationslinie aus und indem man sich auf einen exakt definierten Blickpunkt stellt, um das Gesamt der Fragen, die sie behandelt, ins Auge zu fassen?«

Point (1906), [337] 529/69

I. Zur Blondel-Forschung in Mainz

In guter Tradition beging der Erbacher Hof, Akademie des Bistums Mainz, am 20. und 21. Oktober 2006 in Kooperation mit der Internationalen Maurice Blondel-Forschungsstelle für Religionsphilosophie des Philosophischen Seminars der Johannes Gutenberg-Universität Mainz das 100. Jahr seit dem Erscheinen des denkwürdigen und wichtigen Beitrags des wirkmächtigen französischen Philosophen Maurice Blondel *Le point de départ de la recherche philosophique* (1906).[1] Die Blondel-Forschung in Mainz zeitigt Früchte:

1. Im Jahre 1993 fand zum hundertjährigen Gedenken an das Erscheinen von *L'Action* (1893)[2] unter dem Titel »Philosophie der Handlung – 100 Jahre L'Action. Hinführung zu Grundgedanken einer Wegmarke« eine grundlegende Akademietagung statt:[3]

1

Peter Reifenberg

»Ja oder nein, hat das menschliche Leben einen Sinn, hat der Mensch eine letzte Bestimmung? Ich handle, ohne zu wissen, was das Tun ist, ohne das Leben gewünscht zu haben, ohne richtig zu wissen, wer ich bin, nicht einmal, ob ich überhaupt bin. Dieser Anschein von Sein, der sich in mir regt, diese leichten und flüchtigen Handlungen eines Schattens: sie tragen, so sagt man mir, eine ewigkeitsschwere Verantwortung in sich ...« (A (VII) 15/9).

Der Ausgangspunkt der Reflexion liegt in der Frage nach der schon vorangegangenen Wirklichkeit der prospektiven Handlung. In ihr verwirklicht sich der Sinn von Sein. Denn der Anfang liegt im synthetischen Apriori der Handlung, die sich zugleich auch als das die gesamte Wirklichkeit einfaltende Vinculum substantiale ausspricht. In ihr liegt auch die Vollendung der Letztbestimmung. Innerhalb der gänzlich Freiheit bedingenden Handlung – nach der Entscheidung – kommt dem Menschen unendliche Verantwortung zu.

Die Tagung beschäftigte sich vor allem mit der Frage, worin es begründet liegt, dass sich auch heute noch die Faszination für ein Werk, das kurz nach dem Erscheinen bald vergriffen war und von Schülern und Freunden voller Bewunderung mühsam abgeschrieben wurde, durchhält. Worin besteht das »Lebenswerte« über die Philosophie hinaus, die sich nicht mehr als Lehre, nicht mehr als Seinsmetaphysik, sondern selbst als Handlung / Tat aussagt und versteht? Worin besteht der innere Gehalt der »philosophie pratiquante« und welche Folgen zeitigt sie für das Selbstverständnis des Menschen, dann für sein Erkennen und sein Wollen zwischen Notwendigkeit und Freiheit? Welche Konsequenz ergibt sich für die autonome menschliche Natur angesichts der Grundentscheidung für oder gegen das »einzig Notwendige und absolut Unmögliche«? Das In-Eins von Sein und Denken, von Sein und Handeln, von Denken und Tun im sich wie eine Spirale fortsetzenden Handeln führte schließlich zur Frage nach der Möglichkeit einer Mystik zwischen Tun und Denken.

2. 1996 folgte ein Kongress in Kooperation mit dem Philosophischen Seminar der Johannes Gutenberg-Universität Mainz zum hundertjährigen Gedenken an die methodologische Grundlegung des Denkens Blondels, die er unter dem Titel *Lettre sur les exigences de la pensée contemporaine en matière d'apologétique et sur la méthode de la philosophie dans*

l'étude de problème religieux (1896)[4] veröffentlichte. Diese Tagung stand unter dem Thema »Wenn Handeln dem Denken vorausgeht. Maurice Blondels Ansatz zur ethischen und religionsphilosophischen Reflexion«. Das die Tagung auftaktende Wort war entnommen aus *Catholicisme social et monophorisme* (Paris 1910, 32.43. Vgl. Neuausgabe: *Une alliance contre nature: catholicisme et intégrisme*. M. Sutton [Hg.] Lessias, Bruxelles: 2000):

> »Den Ideen eignet nicht nur eine abstrakte Existenz, ein logischer Wert, eine objektive, allgemeingültige und erkennbare Wirklichkeit: sie besitzen ein subjektives Leben, d.h. auf konkrete und eigentümliche Weise stehen sie – durch die positiven Erfahrungen, die sie hervorrufen und die Reaktionen, die sie herausfordern – mit allen physischen, sozialen und religiösen Wirklichkeiten in Verbindung. Die statische Philosophie der Idee gibt einen wahren und nützlichen Aspekt wieder, aber sie ist bloß ein Teilaspekt einer dynamischen Philosophie, die sowohl eine Philosophie des Denkens als auch eine Philosophie des Tuns ist ....«
>
> »Niemand wird gegen alle Einsicht leugnen, dass ... unsere Gedanken in einem intimen Zusammenhang stehen, nicht allein mit den Wirklichkeiten, die Gedanken vergegenwärtigen, sondern auch mit dem tiefen Seelenleben, mit unseren sittlichen Haltungen, ja mit uns selbst als Ganzheit.«

Heute hat die ethische Reflexion große Mühe, mit den gesellschaftlichen, wissenschaftlichen Entwicklungen Schritt zu halten. Die Komplexität der Probleme lässt sie notgedrungen ins Hintertreffen geraten. Diese Art von Rückständigkeit wird umso schmerzhafter erfahren, als gesellschaftliche Ereignisse und technologische Errungenschaften oftmals so unvorhersehbar auftreten, dass sie in ihrer Vielschichtigkeit die Reflexion zunächst überraschen oder überfordern. Deshalb wird häufig von einem ethischen Vakuum gesprochen. Nicht ethische Gedankenspiele tun Not, sondern Grundvorstellungen, die dem Denken eine der Sachlage angemessene Flexibilität und Geschmeidigkeit vermitteln, die es der konkreten Reflexion ermöglichen, weit auszuholen, weil sie diese auch zutiefst verankern. Während Blondels Auswirkungen nun auf die Fundamentaltheologie und die Glaubensreflexion insgesamt allgemein anerkannt sind, stellt man staunend fest, dass die ethische Brisanz seiner Philosophie nur selten wahrgenommen wird.[5] Auch enthält dieses Denken einen Ansatz, der einerseits eine vorurteilsfreie Offenheit für die Faktizität vermittelt und andererseits einen Knotenpunkt von Wissenschaft, Ethik und Metaphysik heranführt. Seine ethische Reflexion vermag die Vielgestaltigkeit menschlichen Handelns personal und partnerschaftlich zu begleiten, weil sie sich in dessen innerer Logik ansiedelt. Somit bedarf es nicht einer vergeblichen Rechtfertigung irgendeiner außenstehenden Ideologie. Blondels *Lettre sur l'apologétique*, zunächst als Gelegenheitsschrift entworfen, wurde zum »discours de la méthode« des Philosophen von Aix.

3. In das Jahr 1999 fiel der 50. Todestag von Maurice Blondel, der mit einer internationalen Tagung – wieder in guter Kooperation mit dem Philosophischen Seminar und dem Blondel-Archiv des Institut supérieur de philosophie de Louvain-la-Neuve – zum Thema »Wirklichkeitserfahrung – Kopfarbeit oder Lebensvollzug? Philosophie des Erkennens im Lebenswerk Maurice Blondels« stattfand.[6] Der Grundgedanke, der uns in dieser großen Tagung leitete, ist in *L'illusion idéaliste* zu finden (Illusion [742] (117 f./213) 62f.):

> »Es ist unmöglich, dass der tatsächliche Fortschritt unserer Erkenntnis des Seins von der Kopfarbeit abhinge, ohne dass zuvor, gleichzeitig und danach eine Umwandlung unseres ganzen Seins stattfände ... je nachdem wie man gelebt, gehandelt, gewollt, geliebt hat, ist man anders, erkennt man anders, besitzt man (die Wirklichkeit) anders, hat man von den Dingen ein anderes Gespür, dringt man anders in sie durch und genießt man sie anders.«

Während Blondel zu Lebzeiten im Fadenkreuz heftiger kirchenpolitischer und geistesgeschichtlicher Auseinandersetzungen stand, scheint es um ihn in der heutigen Zeit still geworden zu sein. Seit dem Erscheinen des frühen Meisterwerks *L'Action* (1893) stieß sein Denken auf fast unausrottbare Vorurteile und Missverständnisse. Blondel jedoch ging den Polemiken nicht aus dem Wege, auch wenn er selbst den letzten Mut – wie etwa Laberthonnière – nicht aufbringen konnte. Den Theologen der sogenannten »nouvelle théologie«, so z. B. Père Henri de Lubac SJ, ist es zu verdanken, dass der Laie Blondel zusammen mit dem englischen Kardinal John Henri Newman – wie der Konzilstheologe Yves Congar OP einst bemerkte – zu den unerkannten Vätern des Zweiten Vatikanischen Konzils wurde. Weihbischof Peter Henrici SJ wird nicht müde, dies auch heute zu vertreten und wissenschaftlich zu belegen. Zum Leitfaden des internationalen Symposions dienten Blondels Überlegungen zur Theorie der Erkenntnis. Blondels eigene Sicht auf die Beschaffenheit der Erkenntnis überhaupt hat sich zu einer Philosophie des Erkennens entwickelt, die sich nie von der inhaltlichen Erfassung des Erkannten loslöst. Gerade diese gegenseitige Durchdringung von Theorie und Praxis des Erkennens, die Blondel ständig aufs Neue reflektierte, begründet auch seine gegenwärtige Aktualität. Auf diese Weise wird auch die jüngste Ideengeschichte philosophisch wie theologisch eigentlich erst aufgearbeitet und rezipiert. Darüber hinaus ereignet sich auf diese Weise eine Vermittlung zwischen der französischen und der deutschen Kultur, zwischen der deutschen und französischen Philosophie.

4. »Die Botschaft Gottes bewahren heißt, sie zunächst zu verwirklichen (garder la parole de Dieu c'est d'abord la pratiquer)« (HD 212 (440/79). Dieses Wort aus *Histoire et Dogme* (1904) gab schließlich den Auftakt zum 100. Jahresgedenken dieser Schrift im Jahre 2004. Die internationale Akademietagung im Erbacher Hof bedachte das grundlegende Verhältnis von Christentum und Geschichtlichkeit angesichts der nachpostmodernen Debatten um den Wahrheitsanspruch des einmaligen und unableitbaren Ereignisses der christlichen Offenbarung.[7] Die kritische Relecture von *Histoire et Dogme* (1904) war auch deshalb angezeigt, weil sich die Debatten um den Wahrheitsbegriff tief in das theologische Bewusstsein eingegraben haben. Bereits vor hundert Jahren führten genau diese Debatten zur modernistischen Krise. Maurice Blondel hat es wie kein anderer vermocht, die Diskussion um die Probleme von Wissenschaftskritik, Hermeneutik des Bibelverstehens, die Spannung zwischen Geschichtsverständnis und biblisch dogmatischer Aussage grundlegend philosophisch zu bedenken.

5. Aus der internationalen Akademietagung zum 80. Geburtstag des Blondel-Forschers der ersten Stunde und Mainzer Philosophen Joachim Kopper am 18.–20. September 2005 im Erbacher Hof zum Thema »Leben aus philosophischer Besinnung« ging das Büchlein *Die Struktur der Metaphysik Maurice Blondels* hervor.[8] Bereits im Jahre 1949 fertigte Kopper die Dissertation bei Josef Koch in Köln an. Da die Nachkriegsdissertation nur im

Manuskriptdruck vorlag, stellte es eine Notwendigkeit dar, durch einen ordentlichen Druck dieses Frühwerk einer breiteren interessierten Öffentlichkeit zur Kenntnis zu geben.

Die sich ausschließlich am Spätwerk Blondels orientierende Dissertation stellt unter vielfacher Hinsicht eine Pionierarbeit der deutschen Blondel-Forschung dar: der Entwurf verrät eine vollkommen unabhängige, selbständige Denker-Persönlichkeit, wie man sie bei einer Prädominanz von Philosophiehistorikern nur selten antrifft. Selbst wenn unter heutigem Blickwinkel der Blondel-Forschung die Arbeit manche Defizienz aufweist,[9] selbst wenn man den ungewohnten, manchmal anstrengenden Sprachgestus mit vielen Neologismen nicht immer mit zu vollziehen vermag, selbst wenn die gänzlich ungeschichtliche Weise der Interpretation Koppers diesen zu Fehlschlüssen verleitet, selbst wenn man deutlich verspürt, dass dem damals jungen Autor weder *L'Action* (1893) noch eine Reihe wichtiger Arbeiten Blondels zugänglich waren, selbst wenn sich mancher Interpret diesbezüglich heute von ihm abwendet, handelt es sich bei dem 87 Seiten umfassenden Werk um eine längst noch nicht eingeholte Glanz- wie Denkleistung ersten Grades innerhalb der Blondel-Forschung, die versucht, »die Philosophie Blondels aus sich selbst heraus zu fassen« (*Struktur*, Vorwort, 2006).

Kopper zielt auf eine Selbstexplikation (ein zu sich selbst Kommen der Vernunft). Dieses sei in einem nominalistischen Bewusstsein gefangen und an sich selbst verzweifelt. Denn im Moment des Begreifens wird das Handeln durch die sich anschließende nächste ›action‹ eingefaltet und »zersetzt«. Innerhalb einer scharfen Dialektik komme die Vernunft in der Abwehr ihrer »Selbstverstellung« über das Endliche zu sich selbst. Kopper denkt die Unterscheidung Blondels zwischen dem Noetischen als dem Ausdruck des Rationalen und dem Pneumatischen als dem Ausdruck des Irrationalen. Denn besteht zwischen beiden kein erkenntnismäßiger Bezug, so doch durch eine beide umfangende Dynamik ein lebensmäßiger Bezug. Selbst wenn man zugesteht, dass die stete Unruhe der Vernunft die Ungesichertheit alles Räumlichen aufzeigt, in dem die Einheit und der Sinn zunächst nicht zu finden sind, entfernen sich die Interpretationen Koppers von der prospektiv auf die Vollendung des Menschseins ausgerichteten Intention Blondels. Dennoch bleibt das Buch ein wichtiges Dokument der Blondel-Rezeption.[10]

Einem Denker nachdenken zu dürfen, lohnt sich für einen Philosophie-Treibenden immer.

6. Mit der fünften Akademietagung zum Leben und Wirken Maurice Blondels »*Ausgangspunkt und Ziel des Philosophierens*« gedenken die Forschungsstelle und die Akademie schließlich dem Beitrag Blondels *Le point de départ de la recherche philosophique* (1906). Es handelt sich hier um einen der bedeutendsten Texte des Philosophen von Aix.

Die bescheidene Aufgabe des nachfolgenden, einleitenden Beitrags wird es sein, Anlass, Inhalt und Ziel von *Point* (1906) nachzuzeichnen und zugleich einleitend auf die Folgebeiträge hinzuweisen. Dabei wird sich die Relecture von *Point* (1906) an den zentralen Fragestellungen des Textes selbst zu orientieren haben.

Der reife Selbstauslegungsversuch Blondels aus dem Jahre 1906 erschien zunächst in zwei Teilen in den *Annales de philosophie chrétienne*. In diesem wichtigen Aufsatz konkretisierte und präzisierte Blondel nicht nur in bestechender Klarheit die Begriffe Reflexion und Prospection (vgl. Beitrag Leclercq), sondern grenzte sich vor allem auch von der Philosophie Henri Bergsons und seiner *Introduction à la métaphysique* ab (vgl. Beitrag Vollet). Blondel entwickelt in *Point* (1906) sein Philosophieverständnis und geht erstmals von einer Analyse des Erkennens aus. Philosophie ist durchreflektiertes Begreifen des menschlichen Lebens im Gesamtzusammenhang. Wenn die Subjekt-Objekt-Beziehung nicht Grundschema des Erkennens sein kann, worin liegt dann der Grund und der Anhalt der Erkenntnis-Beziehung? In seinem Ansatz in der ›action‹ öffnete Blondel Tür und Tor für Missverständnisse: Realisten sahen den blanken Subjektivismus am Werk, die Transzendentalphilosophen einen Angriff auf die Vernunft. Blondel setzt bei den »aktiven Dispositionen« ein. Die Wirklichkeit ihrerseits ist dem Menschen im Handeln je schon gegenwärtig. Sie ist je schon »verwirklichte Wirklichkeit«, die sich in der Logik des sittlichen Lebens bewährt.

Ausgehend von den Grundgedanken Blondels ziehen die nachfolgenden Beiträge des vorliegenden Buchs die Kreise über Blondel hinaus und fragen nach seinem Verhältnis zu Bergson (vgl. Vollet) und Maréchal (vgl. Muck), zu Ricoeur und Nabert (vgl. Orth, D'Agostino). Es wird auch die von Blondel angestoßene Frage nach dem Tod als Ausgangspunkt der philosophischen Frage und nach dem Bösen als dem Ausgangspunkt des Philosophierens gestellt (vgl. D'Agostino).

Wenn Blondel die Frage nach Aufgabe und Ziel, nach Sinn und Wesen der Philosophie stellt, fällt dabei auf, dass er im Aufsatztitel formuliert »Le point de départ de la *recherche philosophique*« – dabei also die wissenschaftlich-philosophische Forschung betont, dann jedoch im Text selbst »la recherche philosophique«, also die Wissenschaftlichkeit der Philosophie nicht eigens in Frage stellt, sondern schlechthin nur von »philosophie« spricht und dabei immer die Philosophie als die Philosophie der ›action‹ und damit wahre Philosophie von einer »philosophie séparée« unterscheidet.

Bevor die Relecture des Beitrags in einem »résumé analytique« Niederschlag findet, wird der Sitz im Leben und die Gestalt des Textes bestimmt.

II. Der Sitz im Leben von *Point* (1906)

II.1 Thesen:

(1) Die Einleitung der Übersetzung von *Point* (1906) durch Albert Raffelt und Hansjürgen Verweyen[11] sagt Wichtiges zum »Sitz im Leben« des Beitrages. Nachfolgend soll deshalb nur das Erwähnung finden, was in dieser Einleitung ungesagt blieb: Die ersten philosophischen Aufsätze nach *L'Action* (1893) sind allesamt Exegesen der Hauptschrift und damit erwachsen sie auch alle aus der Urintuition des »Opus Magnum«.

(2) Dies gilt selbst für die von Blondel verfasste Besprechung des Zwillingsbuchs von *L'Action* (1893), des Buchs von Victor Delbos *Le problème morale dans la philosophie de Spinoza et dans l'histoire de Spinozisme* (Paris 1893). Blondel veröffentlichte zwei Artikel hierzu in den *Annales de philosophie chrétienne* erstmals unter dem Pseudonym Bernard Aimant.[12]

Auch in diesen äußerst komplexen Beiträgen spricht Blondel sehr viel weniger über Delbos als über die Klärung seiner eigenen philosophischen Position und damit um die Festigung der eigenen ›philosophie de l'action‹.

Legt er mit *Lettre* (1896) die Methode seiner Religionsphilosophie dar, so mischte er sich mit *Histoire et Dogme* (1904) mitten in die Auseinandersetzungen um den Modernismus. Kernpunkt war ein Vermittlungsversuch zwischen extrinsezistischer Theologie »in ihrem starren Verhältnis zu den Errungenschaften der kritisch-historischen Exegese und diese selbst in ihrer systematisierten Gestalt als Historismus« (Raffelt/Verweyen X).[13]

Im Jahre 1898, zwei Jahre nach *Lettre* (1896), verfasst Blondel *L'illusion idéaliste*[14] und wehrt sich gegen die neuscholastische Kritik des Do-

9

Peter Reifenberg

minikaners M. B. Schwalm, der ihn mit dem binnenkirchlich proble-
matischen Etikett des Kantianers versah. Blondel versuchte in diesem Beitrag, sowohl dem Intellektualismus als auch dem schlichten
Realismus und einem blinden Pragmatismus zu entgehen.[15]
Der schwierigste Aufsatz der philosophischen Beiträge dieser Jahre
bildet *Principe élémentaire d'une logique de la vie morale* (1900/
1903),[16] in dem Blondel sich als (katholischer) Philosoph beim internationalen philosophischen Kongress in Paris 1900 vorstellte. Hier
thematisiert er die grundlegende Frage, wie eine Ethik auf eine solide
und unbestreitbare Art begründet werden könnte. Er entwickelte die
»logique de l'action« aus *L'Action* (1893) in einem kongenialen Dialog zwischen Aristoteles und Kant; hier wird die »logique de l'action«
der abstrakten Logik gegenübergestellt und später in die »logique de
l'action« eingefaltet und ihr untergeordnet. Der innere Dialog mit
Aristoteles und Kant stellt einen Beweis der komplexesten Denk-
versuche Blondels dar.[17]

(3) Insgesamt kann festgehalten werden, dass es bei allen Aufsätzen
nach *L'Action* (1893) um philosophische Selbstreflexionen bzw. Selbst-
explikationen geht und damit um Exegesen der ›philosophie de
l'action‹.

II. 2 Urintuition und Ziel des Denkens von M. Blondel

Methodologisch soll jetzt durch vier verschiedene Texte aus lebensge-
schichtlich unterschiedlichen Epochen die Urintuition der ›action‹ Maurice
Blondels herausgearbeitet werden (Text a – c).

Text (a)

Point (1906) steht am Abschluss einer ersten Phase der Selbstexplikation
und geht ebenfalls von der grundlegenden philosophisch-apologischen
Intention einer laikalen Apologie aus. Dabei findet er sich mitten in den
ideengeschichtlichen Spannungen und Auseinandersetzungen seiner Zeit:
hier positivistisch-pragmatistische Universitätsphilosophie, dort rigorose
Neuscholastik, die sich im ehernen Gebäude einer eisernen Apologetik ein-

10

schließt. Oft wird vergessen, dass die Kraft und der Urgrund, diesen Vielfrontenkrieg überhaupt führen zu können, mit der Urintuition seiner *laikalen Apologie* zu begründen ist. Diese »philosophische Mission« beschreibt Blondel in *Mémoire* an den Sulpizianer Monsieur Bieil.[18] Dieser wichtige Text gilt als eine frühe Selbstauskunft zur eigenen philosophischen Standortbestimmung. Nachfolgend ein kleiner Ausschnitt aus diesem äußerst erhellenden Dokument, mit dem man vor allem unerfahrenen Blondel-Lesern einen guten Einstieg ermöglichen hilft:

> »Mein Ehrgeiz ist, zu beweisen, dass der Mensch, ... sich Gott unterwerfen muss, dass die höchste Anstrengung seiner Natur im Geständnis besteht, etwas, das ihn übersteigt zu brauchen, und dass sein Eigenwille ihn hindert, zu seinem wahren Willen zu gelangen ... An den Quellpunkten der Idee und Bewegung stehend, wende ich mich zu jenen, die dazu beitragen, die Strömung der öffentlichen Meinungen zu bilden ... zu den Quellen muss man zurückgehen, um das in der modernen Weltanschauung verbreitete Übel zu heilen« (CI 550 f./580f); *Mémoire* 89.

Text (b)

Eine *zweite* einführende Selbstauskunft gibt Blondel dreißig Jahre später, wenn er in unübertroffener Dichte die integrale Aufgabenstellung seiner denkerischen Aufgabe in *Projet de Préface pour L'Action* (1927 und 1929) diktiert:

> »Mein Wunsch war es, die intellektuelle Haltung des gläubigen und praktizierenden Katholiken in einem durch Idealismus, Rationalismus oder Dilettantismus durchsetzten Milieu zu rechtfertigen: Die *action* stellte für mich das Gegengift zum Ästhetizismus Renans, zum kantischen Formalismus und zum neochristlichen Symbolismus dar. Dies alles bedeutete die Rehabilitation der dogmatischen Genauigkeit, des Buchstabendienstes, der sakramentalen Treue, der intellektuellen, moralischen, sozialen, religiösen Disziplin; die *action* ist das Gegenteil von Träumerei und vom Wortschwall; sie bedeutet den Gesamtausdruck des Menschlichen (›composé humain‹), das Pfand der vollständigen und couragierten Aufrichtigkeit, das Bindemittel des sozialen Lebens, die Bedingung der nationalen Gemeinschaft, die Schule, an welcher die Lektionen der universellen Wirklichkeit gelehrt werden, die Bundeslade, in der die Tradition, die Offenbarung und das geistliche Lehramt die göttliche Unterweisung hinterlegen, die lebendige Zelle der Glieder, welche die Kirche belebt.«[19]

Text (c)

Blondel fühlte die ›philosophie de l'action‹ von Anfang an bedroht und sich selbst gänzlich missverstanden. Mit harten Worten versuchte er sich seither zu rechtfertigen. Die Kritik Brunschvicgs an *L'Action* (1893) aus dem Jahre 1894 und dessen Einlassung, Blondel werde unter den »Verteidigern der Vernunft« höfliche, aber entschlossene Gegner finden,[20] trifft ihn zeitlebens schwer. Dies gilt auch dann, wenn man das ›Glattbügeln‹ dieses Vorfalls durch Blondel im *Itinéraire* betrachtet. Blondel interpretiert die Umstände völlig in seinem Sinne und zu seinen Gunsten. Wenn überhaupt, beäugte man den Philosophen von Aix mit Skepsis. Dies gilt gerade auch für Léon Brunschvicg.[21] Mit paulinischem Eifer wollte Blondel Gleicher unter Gleichen sein. Diese Anerkennung wurde ihm jedoch verwehrt. Im *Itinéraire* liest sich die im Grunde vernichtende Absage der offiziellen Schulphilosophie in der Lesart Blondels:

> »Die *Revue de métaphysique* beginnt mich ihrerseits in einer Beilage vom November 1894 zu interpretieren und kündigt mir an, dass bei ihr ›diese Doktrin der reinen Transzendenz unter den Verteidigern der Vernunft und der Immanenz höfliche, aber entschiedene Gegner finden wird‹. ... Ich schreibe dem Direktor und Rezensenten; mit gepflegter Loyalität erkannten sie die formale Legitimität meiner Stellung als Philosoph an. Von da an war ich für die Blicke der Kompetenteren nicht mehr disqualifiziert. ... Léon Brunschvicg, der mit einem alles durchdringenden Verstand hinsichtlich des Lebens und des Geistes begabt ist, widmet mir einige Zeilen, die mich in diesem Bereich der Seelen, die sich auch da schätzen und lieben, wo ihre Vorstellungen sich bekämpfen, willkommen heißen. Ich hatte also auch da eine intellektuelle Bleibe, wo ich paradoxerweise eine zu finden gewünscht hatte – für ein Werk der aufrichtigen Erklärung, der Annäherung und der Zusammenarbeit um den Preis dieser Kämpfe selbst, die das Leben des Geistes beleben.«

Liest man die Entgegnung Léon Brunschvicgs allerdings (vgl. Anm. 20), so kommen diese Zeilen eher einem »fin de non-recevoir« gleich.

II.3 Sechs Thesen zum Sitz im Leben

Aus dem Gesagten ergibt sich für den Sitz im Leben von *Point* (1906): Blondels Aufsätze sind stark lebens- und situationsgebunden. Deshalb lässt sich ein *Sitz im Leben im weiteren Sinne*, der mit den drei Texten lokalisiert wurde, von einem *Sitz im Leben im engeren Sinne* unterscheiden.

Der Sitz im Leben im engeren Sinne findet sich in der Auseinandersetzung mit der Erkenntnistheorie Henri Bergsons; von ihm sieht er auch in hohem Maße die Erkenntnistheorie des Normalien Édouard Le Roy (1870–1954) abhängig. Dies betont Blondel im Briefwechsel mit Laberthonnière (vgl. BL, 190–194):

Text (d)

»Der Irrtum von Le Roy ist, das Denken nur als ein Ergebnis, als ein Epiphänomen, wenn Sie so wollen als eine *Frucht* anzusehen, ohne gleichzeitig zu sehen, dass es in jeder anderen Hinsicht eine originale und transzendente Synthese ihrer eigenen Bedingungen ist, ein Prinzip und ein *Samenkorn.*«

Im Brief vom 11. November 1905 formuliert Blondel sogar auf die Beziehung von Le Roy und Bergson hin (vgl. BL, 192):

»Insgesamt gibt es zwischen uns (wenigstens in dem Maße wie sich Le Roy von Bergson inspirieren lässt) eine sehr tiefe philosophische Entgegensetzung und wie Sie noch sehen werden und sich vorstellen können, wenn Sie meinen Beitrag über den Ausgangspunkt der philosophischen Forschung gelesen hätten. Denn während Bergson versucht, sich von der intellektuellen *Analyse* ganz unter Nützlichkeitserwägungen zu befreien, um sich auf die intuitive Sympathie zurückzuziehen, suche ich in der ›action‹ die natürliche Fortsetzung, die Anwendung und Bereicherung des Denkens ... .«

Blondels Kritik bezog sich besonders auf den in den *Annales de philosophie chrétienne* (Oktober, November und Dezember 1906) erschienenen Artikel »Essai sur la notion de miracle«. Er widmete diesem Beitrag eine Kritik in den *Annales de philosophie chrétienne* unter dem Pseudonym Bernard de Sailly mit dem Titel »La notion et le rôle de miracle« aus dem Juli-Heft 1907 der *Annales de philosophie chrétienne*. Aus all dem ergibt sich für den Sitz im Leben von *Le Point de départ* (1906):

1. Philosophische Beiträge Blondels nach 1893 sind jeweils Rechtfertigungsversuche der ›philosophie de l'action‹ – das heißt, dass auch *Point* (1906) stets von *L'Action* (1893) her zu lesen ist.

2. Der Aufsatz ist methodisch gesehen eine Transposition der philosophischen Probleme von *L'Action* (1893) und damit eine Konkretisierung

und Vertiefung seines philosophisch begrifflichen Instrumentariums. Tatsächlich entwickelt Blondel – wie Peter Henrici treffsicher feststellt[22] –»sein Philosophieverständnis erstmals von einer Analyse des Erkennens aus«: Henrici sieht den inneren Zusammenhang von *Point* (1906) und *Principe élémentaire* (1903) deutlich, wenn er schreibt:»Philosophie ist ... durchreflektiertes Begreifen des menschlichen Lebens in einem Gesamtzusammenhang – eine Reflexion, die möglich ist aufgrund der praxisimmanenten Logik des sittlichen Lebens, die sich aber eben deshalb immer wieder im wirklichen Tun bewähren muss. «

3. Inhaltlich müssen wir *Point* (1906) demnach als Besinnung des philosophischen Denkens auf die Bedingungen seiner Wirklichkeit und dann als eine philosophische Apologie selbst lesen.

4. Auch *Point* (1906) stellt wie alle anderen philosophischen Aufsätze einen Nukleus des gesamten Denkens Blondels dar und ist als solcher zu verstehen. Jeder Aufsatz enthält in sich als Kern die gesamte ›philosophie de l'action‹, die auch in ihm jeweils entfaltet wird.

6. Wir können mit *Point* (1906) eine Gesamtdiskussion zum Werk Blondels entfachen und sogar über den Beitrag hinaus ermöglichen, gerade auch deshalb, weil der »point de départ« und der »point final« der Philosophie in der ›action‹ selbst zu finden ist (vgl. Beitrag van Hooff).

III. Zur Gestalt des Textes

III.1 Äußere Gestalt

Bibliographische Anmerkungen:

Die zweiteilige Artikelfolge *Le point de départ de la recherche philosophique* erschien erstmals in den *Annales de philosophie chrétienne*, quatrième série, t. 1 (t. 151 de la collection) janvier 1906, 337–360; quatrième série, t. 2 (t. 152 de la collection), juin 1906, 225–249. Die Gesamtausgabe gibt an, dass kein Sonderdruck dieser beiden Bände erschien, obschon die Länge von 40 Druckseiten in der Gesamtausgabe und knapp 60 Seiten in der Übersetzung eine kleine Heft- oder Buchform durchaus rechtfertigte. In der Trilogie des Spätwerks erschien in *La Pensée* t. 1 im Exkursus 20 noch einmal unter dem Stichwort »prospection« die Seiten 340–342 von *Point* (1906). Hier fügt Blondel einen kurzen Kommentar hinzu. Für das *Vocabulaire Lalande* erarbeitet er die Begriffe »prospection« und »réflexion« (vgl. VT I, 230).

Es handelt sich bei *Point* (1906) um ein Kondensat Blondelscher Gedanken und Motive. Die inhaltliche Gliederung sowie der Aufbau sind ausgesprochen klassisch; jeder Punkt baut minutiös auf den anderen auf, greift ineinander über. Die für Blondel typischen Denkmotive und Fragestellungen halten sich von Anfang bis Ende durch. Wenn man also hier durchaus von einem grundlegenden Aufsatz spricht, der die gesamte ›philosophie de l'action‹ in sich einbirgt und sie verdeutlichend erhebt, so darf man nicht vergessen, dass Blondel als Eigner der *Annales de philosophie chrétienne* seit 1905 nach dem Tode von Abbé Charles Denis hier nicht unter dem Pseudonym schreibt, sondern ›Farbe bekennt‹ und in seiner eigenen Zeitschrift mit zwei prominenten eigenen Beiträgen auftritt. Anders als bei Albert Raffelt und Hansjürgen Verweyen wird hier die Auffassung vertreten, dass es sich bei den in der selben Zeitschrift erschienenen Beiträgen, die er unter dem Pseudonym Bernard de Sailly veröffentlichte, so etwa in *Les ingrédients de la philosophie de l'action* (APC, 151 [1905] 180–195) sowie *La tâche de la philosophie d'après la philosophie de l'action* (ebd. 153 [1906] 57–59), eben gerade nicht um »populär« gehaltene Aufsätze[23] handelt. Auch hier verrät der präzise und eloquente Stil Blondels die von ihm gewohnte Gedankentiefe. Dies gilt besonders auch für den die ›philosophie de l'action‹ in ihren Grundanliegen darstellenden Beitrag, den Blondel unter dem Pseudonym François Mallet mit dem Titel »La philosophie de l'action« in der *Revue philosophique* (9 [1906] 227–252) veröffentlichte.

Doch es ist nicht unerheblich zu wissen, dass die von Père Lucien Laberthonnière als ›secrétaire de la rédaction‹ betreuten *Annales de philosophie chrétienne* bis zu ihrer Indexverurteilung am 5. Mai 1913 und schließlich ihrer Schließung im Oktober im selben Jahr Blondel selbst gehörten (vgl. BL, 187–189).

Wenn zum Schluss der einführenden Überlegungen zu *Point* (1906) ein »résumé analytique« zu diesem wichtigen Artikel folgt, dann geschieht dies – freilich in aller Bescheidenheit – im Anschluss an Maurice Blondels häufig geübte Praxis selbst: er war ein Meister dieses Genre. Das »compte rendu« und das »résumé analytique« lassen auf die konzentrierte Arbeitsweise wie die philosophische Methodik Maurice Blondels schließen. Diese konzise Abwandlungsform des »compte rendu«,[24] das Blondel gezielt anwandte, um sich einerseits von der Gegenwartsliteratur inspirieren zu lassen, andererseits, um auf dem gegenwärtigen philosophischen Stand zu bleiben, praktiziert er schließlich mit dem »résumé analytique« eben immer auch mit der Absicht, aus dieser Form der werkgetreuen, zusammenfassenden Analyse eine dezidierte Materialsammlung zu gewinnen und damit auch aus ihr eigenen Nutzen zu ziehen.

So verfasst Blondel am Ende des popular-philosophisch gehaltenen Bestsellers Ollé-Laprunes *Le prix de la vie* (Paris 1894, [2]1896) am Ende des Werks ein bemerkenswertes »résumé analytique«. Diese Materialsammlung gestaltet er philosophisch aus, konkretisiert sie später zur »dialectique de l'action« für sein Hauptwerk *L'Action* (1893).

Noch deutlicher verhält es sich mit Ollé Laprunes Werk *La philosophie et le temps présent* (Paris 1890, ²1894). Wie gerade der fünfte Teil von *L'Action* (1893) zeigt, lässt sich Blondel von diesem Werk inspirieren. Auch hier besticht er in der zweiten Auflage von *La philosophie et le temps présent* durch ein das Werk erschließendes »résumé analytique«.²⁵ Der klassisch symmetrische Aufbau lässt sich nun anhand einer inhaltlichen Gliederung, die sich ganz an die Einteilung Blondels hält, nachvollziehen, um einen ersten inhaltlichen Durchblick zu wagen und um die Argumentationsstruktur des großen Philosophen zu verstehen.

III.2 Innere Gestalt [Résumé analytique]

Erster Beitrag »Vorbereitende Darstellung und Kritik«

Einleitender Problemaufriss unter der Fragestellung:
Wo beginnt die Philosophie? (*Point* (337–340) 529–531/69–72)

Was rechtfertigt die Qualität »philosophisch«? Was drückt die Philosophie aus?

Einerseits:	– Urinteressen des Menschen
	– Tiefe des Geistes
	– universale Jurisdiktion, von allem zu wissen
Andererseits:	– Warnung Blondels vor dem Vorurteil, die Philosophie existiere nur durch und in heterogenen »philosophischen« Systemen.
	– Abhandlung von Problemen, die ein Mysterium der Eingeweihten und Spezialisten bilden: Der Philosoph passt das universale Objekt seiner partikulären Methode an.

Kritik an der Entwicklung der Philosophie:
Sie scheint, obwohl »sie ihre *Materie* im allgemeinen Strom des geistigen Lebens der Menschheit findet, darauf reduziert, sich der *Form* nach mit den verschiedenen Systemen zufrieden zu geben« (Philosophie als Kunstwerk, als künstliche Technik).

Folge: Philosophisches Denken in Form der Ausarbeitung der Ideen entfernen sich vom Leben der Menschheit und bilden eine geschlossene Domäne abstrakter Ideologie (vgl. *Point* [339] 530/71).

These Blondels:

Es soll eine »Lehre realisiert werden«, »in der die menschliche oder ... universale Materie und die spezifische Form der Philosophie sich derart entsprächen, dass das Philosophieren ... dieses Leben selbst wäre« (vgl. ebd.).

Grundlegendes Problem: Die Lösung des Problems unserer Bestimmung.

Arbeitshypothesen

– Spezifische Form der philosophischen Erkenntnis.

– Philosophie muss gleichzeitig ›Sache‹ des Lebens wie der Wissenschaft sein.

[A] Die verschiedenen Arten der Erkenntnis

Durchgehendes Beispiel:
Realisierung des Schreibens des Artikels auf ein Blatt.

(1) **die direkte Erkenntnis** (›la connaissance directe‹): **Prospection**
(*Point* (340–342) 531–533/72–76)

   – Unvollkommene erste Erkenntnis, unmittelbar, im Dienst unserer wirklichen und aktuellen Absichten stehend, an den Lebensvollzug gebunden, auf Zukunft ausgerichtet, voraussehend und Klarheit und Präzision wachsend, ohne den synthetischen und praktischen Charakter zu verlieren.

   – Erkenntnis »ad usum« und Erkenntnis »ad summum« (auf das Höchste ausgerichtet) hält dabei die *Unruhe des Herzens* aufrecht [vgl. zum durchgehenden Motiv der *Unruhe des Herzens* auch *Point* (234) 556/107 und *Point* (242) 562/117]

   – Direkte Erkenntnis entspricht der Einfachheit des »age quod agis« und der Devise des hl. Paulus: »vergessend, was hinter mir liegt, und mich ausstreckend nach dem, was vor mir ist« (Phil 3,13). Vgl. zur »prospection« *Vocabulaire Lalande* (1913):

»Dieses Wort bezeichnet das auf das Tun ausgerichtete Denken, das konkrete, synthetische, praktische, finalistische Denken, das den ganzen Komplex der immer einzigartigen Lösung in den Blick nimmt ... .«

   – Direkte Erkenntnis als Erkenntnis der Klugheit, Überlegtheit und der Umsicht.

- Individuelle und konkrete Sichtweise, Einsatz des Lebens, resümiert die vergangenen Erfahrungen in einer Vorwegnahme, wird immer klarer, je synthetischer sie wird.

- Die Prospection orientiert sich zum »individuum ineffabile« hin.

2) **die inverse oder reflektierte Erkenntnis** (›la connaissance inverse ou réfléchie‹): **Réflexion**
(vgl. *Point* (343m–345) 533–535/76–79)

»Wir erkennen nicht nur, um zu handeln und handelnd, sondern wir handeln auch, um zu erkennen.«

- Das Tun wird zum Objekt der Aufmerksamkeit; analysierendes, abstrahierendes Denken. »Ich halte nicht an, ich orientiere mich anders.«

- Die Reflexion: erkannte Erkenntnis, bleibt der erkennenden und handelnden Erkenntnis zunächst fremd.

- In der Reflexion geschieht der Bruch der vitalen Lebenseinheit durch Abstraktion, Vergleich und Generalisierung. Die Reflexion zerteilt das Faktum (›fait‹) in Objekte, isoliert und prüft.

- Die Reflexion orientiert sich auf das »ens generalissimum«.

(3) **die philosophische Erkenntnis** (›la connaissance philosophique‹)
[vgl. *Point* (345–346) 535–536/79–80]

- An welcher Erkenntnis macht sie sich fest? Wo hat die philosophische Erkenntnis ihr Spezifikum?
historisch: Philosophie existiert lange Zeit vor der Vermischung der beiden Arten der Erkenntnis.

Einerseits ist die Philosophie der Unruhe der Seelen zugeneigt – Andererseits ist sie instinktiv reflektierend immer den Gründen (Aristoteles, Scholastik), den Bedingungen (Transzendentalphilosophie), den Ideen (Idealismus) zugewandt.

- Zusammenhang von Wahrheit und Leben.

- Die ›action‹ kann nicht mit der ›Idee der action‹ identifiziert werden.

[B] Die ›falschen‹ Ausgangspunkte der Philosophie

›falsch‹: philosophische Zerrbilder des Verhältnisses von *Prospection* und *Retrospection:*

(1) Überbetonung der Reflexion: Subjekt-Objekt-Spaltung (Thomismus). Reines Objektdenken.

(2) Das Opfern des Objekts gegenüber dem Subjekt (Transzendentalphilosophie im Kantianismus); Primat der praktischen Vernunft; Bildung eines Systems idealer und formeller Zwecke des Tuns.

(3) Überbetonung der Prospection bei Bergson.

(4) Psychologisierung und Verabsolutierung der Intuition bei Bergson.

zu (1)

– Geht die Philosophie ausschließlich von der Reflexion aus?
La philosophie procède-t-elle exclusivement de la réflexion?
(vgl. *Point* (347–350) 537–540/81–85)

– Ist das Reflektieren nicht der Urinstinkt, die traditionelle Aufgabe der Philosophie? Mit der Abstraktion entfernt man sich vom konkreten und singulären Akt: »Die Reflexion verwandelt den Akt in ein Faktum und das Faktum, Summe einer unbestimmten Vielheit von Fakten, ist nur ein Rahmen und ein abstraktes Schema«.

– Das ontologische Problem wird gesondert und zu früh behandelt (vgl. *A* (42) 76/66). Die Reflexion schöpft nie die vorhergehende Erkenntnis aus.

– Die exklusive Reflexionsphilosophie ist tot; hier wird das Sein als bloßes Abziehbild der Erkenntnis betrachtet.

zu (2):

– Geht die Philosophie von einer ausschließlich kritischen Haltung aus?
(vgl. *Point* (350–352) 540–541/85–87)

– Ausschließliche Reflexion auf das Subjekt (Subjektautonomie); Vollendung in einem Rationalismus durch künstlichen Charakter der Initiative des Denkens führt zum Fideismus. Die Konklusionen der Kritik der praktischen Vernunft haben nur vom Blickpunkt einer Reflexion aus Geltung, die das Faktum der Moralität abstrahiert und isoliert, um es ihren »exklusiven Vor-

gehensweisen zu unterwerfen«. Der Kritizismus gründet auf dem reflektierenden Urteil wie auf einer moralischen Intuition.

- Idee eines vollständigen Systems der reinen Vernunft. Diese Weise der
  Transzendentalphilosophie beginnt inmitten der abgeleiteten Formen der Reflexion und des Tuns.

zu (3)

- Geht die Philosophie von der psychologischen Intuition aus?
  (vgl. *Point* (352–360) 543–547/87–96): Ausführliche Auseinandersetzung
  mit der Philosophie Henri Bergsons (vgl. Beiträge Leclercq und Vollet).

- Unmittelbarkeit des inneren Sinnes? Fünf Sätze gegen den Prospectianismus
  Bergsons (vgl. Anmerkung *Point* (353f.) 542/88f.) gegen den Intellektualismus.

- Die mit ›Praktizismus‹ bezeichnete Ideologie transformiert die Prospection
  zur Retrospection, denn sie verkommt zur bloßen Theorie der Vorherrschaft
  der Praxis (vgl. *Point* (354) 543/89).

- Kennzeichnung der Philosophie Bergsons: »Gymnastik des reinen Denkens«
  (*Point* (354) 543/90).

- Blondel wittert »die Spur eines ursprünglichen Individualismus, der eine bloße
  Theoretisierung und Abstrahierung der ›action‹ im Sinne der Idee von der
  ›action‹ unternimmt«. Bergsons ontologisches Vorurteil.

- »Ebensowenig wie ›das Denken des Denkens‹ kann das Denken des Tuns
  sich genügen.« (*Point* (556) 545/92).

- Kritikpunkt:
  Die praktische und spekulative Erkenntnis zu isolieren und einander entgegenzusetzen ist – absolut gesagt – ein Unsinn ... (*Point* (357) 545/93).

- Reflexion als natürlicher unverzichtbarer Kunstgriff! (vgl. auch *Principe*
  (1900/1903)).
  Sie muss im Sinne einer solidarischen Arbeit des Denkens und Tuns gebraucht
  werden, um das Problem der Bestimmung zu lösen.

21

Zusammenfassung [B]

Gemeinsamer Fehler aller Lehren:

[1] Die philosophische Untersuchung um der Erkenntnis willen und durch die Erkenntnis.

[2] Die Philosophie kann nicht allein von der Reflexion (Weg der abstrakten Analyse) noch allein von der Prospection (praktischen Erkenntnis) ausgehen.

[3] Die Philosophie kann sich als Anfangsproblem nicht der Frage der Beziehung zwischen Prospection und Reflexion (Handlungsdenken/pensée en action und Objektdenken/pensée en objet) stellen.

Wie kann die Philosophie gleichzeitig Wissenschaft und Leben bleiben, gleichzeitig methodisch klar bestimmt und dem Gemeinsinn zugänglich sein?

Zweiter Beitrag »Anfang, Aufgabe und Ziel der Philosophie«
(*Point* (225–249) 548–569/97–127)

Wiederaufnahme der Problemstellung des ersten Artikels.

Wie kann die Philosophie eine Disziplin im technischen Sinne bilden und sich dennoch gleichzeitig in das gemeinsame Werk der Menschheit einreihen?
Erste These:
Das akthafte Erkennen schreitet immer gleichzeitig durch fragmentarische Reflexion und umgreifende Prospection voran; aber keine kann je ... die andere ersetzen. *(Ergebnis aus dem ersten Artikel)*

Einführung

1. Die Philosophie als technische Disziplin beginnt *vom Blickpunkt der Reflexion aus*, »wenn sie ihr gesamtes Forschen ausdrücklich dem einzigen und unausweichlichen Problem unterordnet, das in uns die Beziehung zwischen Bewusstsein und Tun aufwirft.«

    – Die Reflexion wird nur strikt philosophisch, wenn sie sich als Aufgabe vornimmt, die integrale Synthese der Prospection zu erhellen;

    Sie muss sich jeden verfrühten ontologischen Anspruch versagen.
    Sie muss die Wirklichkeit *»summatim et sub specie unius et totius«* betrachten.

2. Die Philosophie *vom Blickpunkt der Prospection aus* gesehen beginnt, wenn

sie die Aufgabe ergreift und praktiziert,»Letter für Letter« das Buch des
Lebens zu buchstabieren, von Anfang an alle fragmentarischen Errungenschaften der Reflexion zu reintegrieren.

- Jede verfrühte moralische oder religiöse Schlussfolgerung muss unter-
  bleiben.
- Die Methode ist dann einzeln und schrittweise zu gehen: *»singulatim et
  per gradus debitos«* (vgl. Conf. IX, X, 24).

Die Philosophie ist nicht ein simpler Auszug des Lebens, nicht ein Schauspiel
oder eine Repräsentation des Lebens, sie ist das Leben selbst. Sie zielt die Gleichung von Erkennen und Existenz an, sie entwickelt die Wirklichkeit unseres Seins
mitten unter den Seienden, sie entwickelt die Wahrheit des Seienden in uns (vgl.
Beitrag van Hooff).

- Der spekulative Aspekt wird den praktischen Aspekt der Wahrheit umgekehrt erleuchten und erhellen. Die Wechselseitigkeit von Prospection
  und Reflexion.

*[A] Von welchen Punkt kann die Philosophie
in ihrem ersten Urteil ausgehen?*
(*Point* (327–340) 550–560/99–115)

Das Urteil des Philosophen betrifft das Ganze.

Wie versteht man die Bedeutung dieser vorgängigen Forderung des Philosophierens?

Vor folgenden falschen Ausgangspunkten warnt Blondel:

(a) Von keinem bestimmten Punkt ausgehen, weil keiner für sich absolut be-
    stimmbar ist.

(b) Weder Subjekt noch Objekt für sich betrachten wegen der Interdependenz-
    Beziehung beider.

(c) Bei keiner Teillösung aufhalten, weil jede vorläufig und künstlich ist:

  - Die Dinge nicht als Empirist,
  - die Idee nicht als Idealist,
  - das Seiende nicht als Realist,
  - die Fakten nicht als Positivist,
  - die Bewusstseinszustände nicht als Phänomenalist

analysieren und begreifen, sondern Unterordnung unter die universale Frage mit dem Blick auf das Ganze, von dem ausgehen, was total und gültig ist (universalistischer Charakter der Philosophie).

Fünf Thesen

[1] *Premier verité harmonique de la note fondamentale:*
  – Vor jeder ontologischen Behauptung Rechenschaft von dem geben, wovon wir wirklich ein Seinsbewusstsein haben und was wir tatsächlich denken (*Point* (229) 551/102):»Statt also *hinter* dem *Gegebenen* ein immer fliehendes Phantom zu verfolgen, muss man in dem *Gegebenen selbst* einen immer dunkel gegenwärtigen Reichtum an Wirklichkeit entdecken.«
  – Der Ausgangspunkt der Philosophie muss – vor jedem Realismus oder Idealismus – bemüht sein, das Gegebene zu inventarisieren, festzustellen, was wir nicht umhin können zu denken, in der spontanen Bejahung unser Selbst einzuschließen und als Seiende zu begreifen (keine fiktive Dichotomie zwischen Subjekt und Objekt als getrennte Entitäten) (*Point* (221f.) 553/104).
  – Kann man in der Philosophie ohne einen fixierten Stützpunkt arbeiten?

[2] *Seconde vérité harmonique:*»Nie schöpft die Reflexion die Prospection noch sich selbst aus, weder in uns, noch außerhalb von uns gelangt man je auf spekulativem Weg zu festen, distinkten und irreduziblen Objekten, zu Atomen des Bewusstseins oder der Substanz, es sei denn durch eine praktisch unvermeidliche, aber philosophisch illegitime Fiktion.« (*Point* (232) 554/105)
  – Die philosophische Forschung (recherche philosophique) zielt darauf ab, den»Richtungssinn der Bewegung auszumachen, um die künftige Orientierung der Erkenntnis von den vergangenen Erfahrungen profitieren zu lassen«.
  – Das Sein kann man nicht im Ruhestand ergreifen und nicht in einer bloß statischen Definition fassen (wie eine Momentaufnahme einer Schwalbe im Flug). Gesetz der Entwicklung. Das Erkanntwerden, um das Gesetz der Natur und des Seins zu erkennen.
  – Die Philosophie zielt von ihrem Ausgangspunkt an auf die ständige Bewegung und sucht Festigkeit nur in der Ausrichtung ihres Ganges.

- Man darf nicht die in der Reflexion als fixierte Entität betrachtete Bewegung zu einer unbeweglichen und definitiven Erklärung erheben. Man darf den Dynamismus des Lebens nicht statisch behandeln: Frei bleiben von metaphysischen Konklusionen! (*Point* (233) 255/106)

- ›Ziel der Philosophie‹ (vgl. auch Beitrag van Hooff): Das Unbegreifbare ergreifen, das Unerkennbare erkennen.

- Ist die Philosophie reine Freiheit des Denkens?

- Ist sie Anarchie?

[3] Man muss das Problem der Beziehung zwischen Denken und Tun nicht als Festes, nicht als Mobiles, nicht als Relatives, nicht als Absolutes setzen, sondern *in Unruhe des unstabilen Gleichgewichts* belassen: Die immanente Wirklichkeit umfasst Ursprung und Ziel hinsichtlich unseres Denkens.

- Die Philosophie beginnt *in der* ›*action*‹ (Mischung von dunklen Virtualitäten, bewussten Tendenzen und impliziten Antizipationen).

- Die Philosophie beginnt, »wo sie sich ausdrücklich das Studium dieser inneren Ungleichheit vornimmt, um zu einer fortschreitenden Übereinstimmung des Impliziten und des Expliziten zu gelangen«.

- »Ihr eigentliches Objekt ist die ›action‹.«

- *méthode d'immanence*: Es geht Blondel um die bereits in uns enthaltene Wirklichkeit, die positive Zielrichtung, die Entfaltung des bestimmten Denkens wie des moralischen Lebens in jedem Menschen.

- Philosophie ist nicht anarchisch, denn: »Es gibt in dem einen und dem ganzen Tun, das unsere Person ausmacht, ein inneres Prinzip, das die fragmentarischen Gedanken und Taten orientiert, fordert und beurteilt.« (*Point* (235) 556/108) (logique de l'action).

- Die innere Regel ist gebietender als ein Meister (Pascal): »An die Stelle der abstrakten und chimerischen *adaequatio speculativa rei et intellectus* ... setzt die methodische Forderung zu Recht die *adaequatio realis mentis et vitae* ...« (*Point* (235) 556f./108f. Vgl. LP 300; ci 102/86) Premier Brouillion, no. 72. a 303/328.

- Verhältnis von Realismus und Idealismus: »Wechselseitig geht das Leben der Idee voran und bereitet es vor und befördert und stimuliert die Idee das seiner selbst bewusste Leben.« (*Point* (236) 557/109).

25

– Aufgabe des Menschen: In der Inadäquation (statt Relativität) sich selbst anzugleichen, sich selbst zu gewinnen und vollständig zu verwirklichen: Die Philosophie hält hierzu unaufhörlich in Bewegung.

– Als formalen und spezifischen Ausgangspunkt ist diese systematische Bejahung der aktuellen Inadäquation und der geforderten Solidarität zu sehen:»Denn wir können nicht zu den anderen Seienden gelangen, außer durch unser Sein, und wir realisieren uns selbst nur, indem wir sie zunehmend in uns realisieren« (Immanenzmethode).

[4]   Problem der inneren Angleichung (problème de l'équation intérieure) (*Point* (237) 558/110f.)

– Die Philosophie stellt gleichzeitig das Problem der universalen Realität in folgender zu lösender Form dar:»Vom augenscheinlichen *Ich* zum integralen *Ich* gibt es in der Tat ein Unendliches zu überschreiten ...«. (ebd.). »... um mich mir selbst anzugleichen und mich zu besitzen, habe ich das Universum und Gott in dieses Bedürfnis nach Sein, Ewigkeit, Glück zu setzen, das mich konstituiert«.

– Wie kann man mehr vom wirklichen Denken und mehr Gedachten realisieren?

– Methodischer Weg: Von den äußeren zu den inneren, von den inneren zu den höheren Dingen (vgl. Augustinus, *Ennerationes in psalmos*, Ps. 145, par. 5).

– »Man kann die Transzendenz nur auf dem Weg der Immanenz erreichen und definieren, das Äußere nur durch das Innere.« (*Point* (237) 558/111).

– Statt in den antithetischen Abstraktionen des Verstandes ist der Ausgangspunkt der Philosophie auf die ganz konkrete Anstrengung des Denkens und des Lebens zu verlegen,»um fortschreitend die Bedingungen ihres immer in Bewegung befindlichen Gleichgewichts zu bestimmen« (*Point* (238) 595/112).

– Ausschluss eines geschlossenen Systems oder einer Theorie! Es geht darum,»der Praxis die Orientierung, das Licht, die Verifikation zu bringen, die für den immer solidarischen Fortschritt des Denkens und Lebens wichtig sind« (ebd.).

- Ziel der Philosophie ist immer, die Wahrheit,»die wir schon immer im Herzen haben, zu voller Klarheit zu bringen, weil sich in ihr ... jede philosophische Blickrichtung entwirft« (ebd.). (Vgl. Beitrag van Hooff).

[5] Philosophie beginnt erst dann wahrhaft, wenn sie sich dem realen Tun, also wenn sie sich der realen ›action‹ unterwirft und *»philosophie pratiquante«* wird (vgl. *Point* (239) 559/113).

- Lebensspendende und wirkliche Wahrheit ist kein System des bloßen Raisonierens; das verwirklichte Tun ist eine integrierende Bedingung des philosophischen Erkennens: (Das Tun geht dem Denken voraus, das theoretische Denken kann nicht ersetzt werden, erleuchtet die Praxis).

- »Die Notwendigkeiten des Denkens haben uns zum Tun geführt; die Bedürfnisse des Tuns bringen uns wieder zum Denken zurück.« (*Point* (239f.) 560/114).

[B] Ursprung und Ziel – Wesen der Philosophie
(Point (240–249) 560–569/114–127)

Ganz einheitliches Wissen; synthetische Sehweise; Wissenschaft der ›action‹; ›philosophie pratiquante‹, die das Problem des Lebens lösen möchte.

philosophie négative, philosophie enfermée, séparée:
- Ideenpalast

- überhebliche Wissenschaft

- das Konkrete durch Abstraktionen beherrschen wollen

- klare Doktrinen mit bestimmtem Resultat, geschlossenes System

- Die Theorie schließt die Praxis ein

- Ideologisch überhebliche Wissenschaft

›philosophie pratiquante‹

»Der wahre Philosoph ist derjenige, der, je mehr er erkennt, desto besser handelt, der aus seiner Erfahrung selbst einen Zuwachs an Licht und Kraft zieht, der besser weiß, was er tut, was er zunächst getan hat, was er wusste.« (*Point* (239) 561/115).

27

Fünf Schlussfolgerungen

[1] Diktum der Philosophie:»primum vivere deinde philosophari« (zuerst le-
ben, dann philosophieren).
Die spontane ›action‹ geht der Reflexion voraus.
Theorie und Praxis sind nie einander äußerlich.
Ausschluss zweier Irrtümer:
  (a) Vorstellung, nach welcher das Erkennen ein einfaches Abziehbild des
  Seins ist.

  (b) Vorstellung, nach welcher Wissen und Tun einzig durch die äußere Beziehung der Idee zu ihrem Objekt, der Anwendung zu ihrem Prinzip
  miteinander verbunden wären:
  »In Wirklichkeit dispensiert nichts den Handelnden zu denken und nichts
  den Denkenden zu handeln, weil die ›action‹ und die Idee der ›action‹
  nicht äquivalent sind.«

– »In einem bestimmten Sinne ist die Wissenschaft der Philosophie nicht
  verschieden von der Philosophie des Lebens.«

– Für den Menschen ist das Leben kein Leben ohne das Denken, ebenso
  wie das Denken kein Denken ist ohne das Leben.

– ›action‹ und ›pensée‹ in der *Metapher des Rades*. Spekulative Reflexion und praktische Prospection.

– Die Philosophie zielt ursprünglich nicht darauf, unser Leben zu erklären, sondern es zu tun (*Point* (242) 562/116).

[2] Die Prospection in ihrem synthetischen Charakter bleibt auf direkte und ganzheitliche Lösung des Problems ausgerichtet. Erkenntnis, die sich in der Existenz durch die Unruhe und das ständige Unterwegssein anzeigt (ebd.).

– Der am schwersten zu berichtende Intellektualismus ist der, der sich
  für sein Gegenteil hält (Vorwurf an Bergson!) (vgl. Beiträge Vollet,
  Leclercq).

– Wir müssen durch die analytische Reflexion hindurch gehen, weil sie
  nicht weniger natürlich ist als die synthetische Prospection (vgl. *Point*
  (243) 563/118).

– Künstlich ist nicht die Reflexion, sondern der exklusive, verfrühte und
  ontologische Gebrauch von ihr.

- Im Namen der Reflexion muss das Denken respektiert und seine wirkliche Bedeutung aufrechterhalten werden (*Point* (244) 564/119).

[3] Auf welche Weise dient das diskursive Denken dazu, eine volle Erkenntnis, eine volle Synthese der Wirklichkeit zu bilden, die wahre Synthese des Wirklichen vorzubereiten?

- Befriedigung des Vernunftbedürfnisses ist notwendig.
- Das Denken bringt die wahre Erkenntnis dann hervor, wenn es sich mit der ›action‹ vermählt, aber wie?

[4] Nur handelnd nach reflektierten Ideen und objektiven Erkenntnissen gelangen wir dahin, besser zu denken und unser Bewusstsein unserem Sein und den Seienden anzugleichen (nicht direkte Reflexion auf die Reflexion und ihre Objekte).

- Die Methode geistigen Entdeckens ist nicht ideologisch, sondern positiv und praktisch.
- Die Erkenntnis geht in Richtung Wahrheit, wenn sie ein Aufruf zur ›action‹ ist und indem sie die Antwort der ›action‹ in sich aufnimmt.

[5] Die Philosophie erfasst das Ganze mit einem Blick.

»Wir urteilen über unsere eigene Existenz und die Wirklichkeiten, auf denen sie beruhen noch so, als ob wir ein Allegro hören, in dem alle 24 Stunde eine einzige Note folgt, während Mozart es von vornherein als Ganzes im Augenblick einer einzigen Impression gehört hätte.« (*Point* (247f.) 567/124).

- Die Philosophie setzt nicht bei einem besonderen Objekt an, sondern löst das Problem der menschlichen Bestimmung und die Frage nach dem Sein in einer ganzheitlichen Art.

- Das Denken ist ein Auszug, der dazu dient, die Bedingungen einer vollständigen Angleichung zu bestimmen (transzendentale Aufgabe des Denkens). Insofern ist die Philosophie in ihrer Form speziell und technisch, in ihrer Materie universelle Integration der hierarchisierten Anstrengung des menschlichen Lebens. Sie realisiert unser Sein durch die Realisation der Seienden und des Seins in uns, indem wir sie erkennen, uns ihnen angleichen und sie uns assimilieren.

- Wir handeln nur, um zu erkennen, damit wir schließlich erkennen, um zu handeln.

– Die Philosophie des Augenblicks und der faktischen Lösung, um die Unbekannte zu bestimmen. »Die Philosophie ist ein Erlernen des Todes.« (vgl. ›la philosophie est l' apprentissage de la mort‹) (vgl. *Point* (249) 569/126; hierzu auch den Beitrag von Simone D'Agostino).

Anmerkungen

[1] »Le point de départ de la recherche philosophique«, in: *APC* 151 (1906) z.1, 337m–360. 152 (1906) t.2, 225–249; auch in Œuvres II, 527–569. Im Folgenden abgekürzt *Point* (1906). Dt. Übers. in: *Der Ausgangspunkt des Philosophierens. Drei Aufsätze.* Übersetzt und hrsg. von Albert Raffelt und Hansjürgen Verweyen unter Mitarbeit von Ingrid Verweyen. Hamburg: Meiner (PhB 451), 1992, 69–127. Im Folgenden abgekürzt mit *Ausgangspunkt* (1992).

[2] *L'Action. Essai d'une critique de la vie et d'une science de la pratique.* Paris: PUF 1893 (³1973) Dt. Übers.: *Die Aktion (1893). Versuch einer Kritik des Lebens und einer Wissenschaft der Praktik.* Übers. v. R. Scherer. Freiburg: Alber 1965.

[3] Vgl. Albert Raffelt, Peter Reifenberg, Gotthard Fuchs [Hrsg.]: Das Tun, der Glaube, die Vernunft. Würzburg: Echter 1995.

[4] »Lettre sur les exigences de la pensée contemporaine en matière d'apologétique et sur la méthode de la philosophie dans l'étude de problème religieux«. In: *APC* 131 (1896) 337–347; 467–482; 599–616; *APC* 132 (1896) 131–147; 225–267; 337–350. Vgl. auch: *Les premiers écrits de Maurice Blondel.* Paris: PUF 1956, 5–95. Jetzt in: Oeuvres II, 9–173 (mit der einleitenden »Notice« (ebd., 97–99) und den wichtigen »Indications bibliographiques« 99–100). Dt. Übers.: *Zur Methode der Religionsphilosophie.* Eingeleitet von Hansjürgen Verweyen; übersetzt von Hansjürgen und Ingrid Verweyen. Einsiedeln: Johannes 1974. Ausführliche Einleitung: 13–100, Übersetzung: 101–212 (= Verweyen, *Methode* (1974). Zitationsweise: Die *erste* Ziffer bezeichnet die Originalausgabe in *APC* nouv. série t.33ff (1896), die *zweite* Ziffer markiert die Ausgabe in den *Premiers Ecrits* (1951); die *dritte* Ziffer hinter der Klammer gibt die Textstelle in Oeuvres II wieder; es folgt dann als *vierte* Ziffer die dt. Übersetzung von Verweyen, *Methode* (1974).

[5] Umfassend aufgearbeitet in: Peter Reifenberg, *Verantwortung aus der Letztbestimmung. Maurice Blondels Ansatz zu einer Logik des sittlichen Lebens.* Freiburg: Herder 2002 [= *Verantwortung* (2002)].

31

⁶ Die Referate der Tagungen von 1996 und 1999 werden – ergänzt durch neueste Beiträge – gesammelt noch veröffentlicht.

⁷ Diese Tagung wurde veröffentlicht in: Peter Reifenberg, Anton van Hooff [Hrsg.]: *Tradition und Dynamik von Bewegtheit und ständiger Bewegung.* Würzburg: Echter 2005.

⁸ Hrsg. und eingeleitet von Peter Reifenberg. London: Turnshare 2006. Im Folgenden abgekürzt mit *Struktur.*

⁹ Vgl. die Einleitung, in: *Struktur,* besonders IX, XI, XII–XXX.

¹⁰ Einer der Folgebände wird eine Übersetzung und Neuausgabe des *Itinéraire* von 1928 sein.

Zum 80. Geburtstag des Promotors der deutschsprachigen Blondel-Forschung, Weihbischofs P. Henrici SJ, ist ein Band mit seinen Aufsätzen zu Blondel in Planung.

Mit diesem ersten Band begann auch die vielversprechende *Schriftenreihe der Internationalen Maurice Blondel-Forschungsstelle für Religionsphilosophie der Johannes Gutenberg-Universität Mainz,* die von den Philosophen Stephan Grätzel und Joachim Heil herausgegeben wird.

¹¹ *Ausgangspunkt* (1992), VII–XXIX.

¹² »Une des sources de la pensée moderne. L'évolution du spinozisme«. Erstmals unter dem Pseudonym Bernard Aimant. In: *APC,* nouv. série 30 (t.128 de la collection) Juni (1894) 260–275; Juli (1894) 324–241.
Wiederabdruck in: *Dialogues,* 11–40. Vgl. Oeuvres II, (57–59 »Notice« und »Indications bibliographiques) Text: 61–88. Im folgenden abgekürzt mit *Spinozisme.* Dt. Übers. (Raffelt/Verweyen) in: *Ausgangspunkt* (1992) 3–40.
Zitationsweise: die *erste* Ziffer in der Klammer bezeichnet den Erstabdruck in *APC* (1894), die *zweite* Ziffer der Klammer den Wiederabdruck in *Dialogues.* Die *dritte* Ziffer markiert die jetzt gängige Ausgabe der Oeuvres II. Die *vierte* Ziffer bezeichnet je die dt. Übersetzung.)

¹³ Peter Reifenberg, Anton van Hooff [Hrsg.], *Tradition – Dynamik von Bewegtheit und Ständiger Bewegung.* 100 Jahre Maurice Blondels *Histoire et Dogme* 1904 –2004. Würzburg: Echter 2005.

¹⁴ »L'illusion idéaliste«, in: RMM t. 6. November (1898) 726 m–745. Wiederabdruck: *Premiers écrits de Maurice Blondel.* Paris: PUF 1956, 97–122. Jetzt in: Oeuvres II (1997) (195.196. »Notice« u. »Indications bibliographiques«) Text: 197–216. Deutsche Übersetzung (Raffelt/Verweyen), in: *Ausgangspunkt* (1992) 41–67.
Zitationsweise: die *erste* Ziffer bezeichnet den Erstabdruck in *RMM* (1898);

die *zweite* Ziffer den Wiederabdruck in den *Premiers écrits* (1956); die *dritte* Ziffer markiert den jetzt gängigen Fundort in Oeuvres II (1997); die *vierte* Ziffer bezeichnet die deutsche Übersetzung (Raffelt/Verweyen), in: *Ausgangspunkt* (1992).

[15] Vgl. *Verantwortung* (2002), 167ff.

[16] »Principe élémentaire d'une logique de la vie morale«, in: *Les Premiers Ecrits de Maurice Blondel*. Paris: PUF 1956, 123–147; auch: Oeuvres II, 365–387 (Notice: 365m –367); »Mémoire lu au Congrès de 1900 (publié en 1903)«, 367–387). Erstübersetzung und Gesamtinterpretation in: *Verantwortung* (2002). Der Text erschien zuerst in dem T. II von *La Bibliothèque du Congrès international de philosophie*, Paris: A. Colin 1903. Zitationsweise: Die jeweils *erste* Ziffer in der Klammer bezeichnet die Seitenangabe dieser Erstveröffentlichung (1903) 5–85. Die *zweite* Ziffer bezeichnet den Abdruck in den *Premiers écrits* (1956) 123–147. Die außerhalb der Klammer stehende *dritte* Ziffer bezeichnet die Seitenangabe in den Oeuvres II. (1997) 367–386. Die *vierte* Ziffer bezeichnet den Index des deutschen Übersetzungstextes in *Verantwortung* (2002) 524–537.

[17] Vgl. zu dem gesamten Faszikel die umfassenden Kommentierungen, in: *Verantwortung* (2002) 470–641. Sodann alle Beiträge in: D'Agostino, Simone [Hrsg.]: *Logica della morale. Maurice Blondel e sua recezione in Italia*. Roma 2006.

[18] *Mémoire à Monsieur Bieil. Discernant d'une vocation philosophique*. Présentation de Michel Sales s.j.. Texte établi par Emmanuel Tourpe. Paris: CERP (Parole et silence) 1999.

[19] Vgl.»Projet de Préface pour *L'Action*«, in: *EtBl* I. Paris: PUF 1951, 7–15, hier 7f.

[20] »Der moderne Rationalismus wurde durch die Analyse des Denkens dahin geführt, aus dem Begriff der Immanenz die Grundlage und Bedingung jeder philosophischen Lehre zu machen. Sich unmittelbar an die ›action‹ halten, um in jedem Akt eine unvermeidbare Transzendenz sichtbar werden zu lassen; von nichts, sogar von der Verneinung des moralischen Problems ausgehend, hinzielend auf alles, auf das wörtliche Praktizieren des Katholizismus, auf die eucharistische Kommunion, ohne zwischen diesen beiden Extremen einen Mittelweg zu vernachlässigen: individuelle ›action‹ oder *synergie,* soziale ›action‹ oder *coenergie*, religiöse ›action‹ oder *théergie*; schließlich zeigen, daß sich darin die Gesamtheit der philosophischen Probleme verdichtet, in die Ordnung der Praxis hin und gelöst dank dieser Transposition (Überführung, Verdichtung); hier ist das Ziel, das sich M. Blondel gesetzt hat.

Wahr ist, daß die Originalität seiner Methode, das Bemühen, die Beschreibung der Phänomene zu vollenden und sie in einer Formel auf den Punkt zu bringen, ein methodisch vergebliches Bemühen ist, da jedes Phänomen sich selbst überschreiten und sich selbst widersprechen muß, um eine höhere Ordnung zu enthüllen; dies bringt eine unentwegte Spannung zwischen Analyse und Stil mit sich, die zeitweise für den Leser ermüdend wird.

Ebenfalls ist es angemessen hinzuzufügen, daß, dabei die Echtheit, die Breite der Konzeption, den dialektischen Scharfsinn M. Blondel würdigend, er unter den Verteidigern der Rechte der Vernunft höfliche, aber entschlossene Gegner finden wird; und angesichts gewisser Formeln dieser bemerkenswerten These fragt man sich, ob M. Blondel bei diesem Versuch zur Erkenntnis und zur Wahrheit zu gelangen, nicht ›umhüllt‹ (enveloppé) und durch seine Liebe zur Finsternis und sein Bedürfnis nach dem Geheimnisvollen irregeleitet war.«

[21] Vgl. *L'Itinéraire philosophique de Maurice Blondel*. Propos receuillis par Frédéric Lefèvre. Paris: Spes 1928. Neuauflage Paris: Aubier-Montaige 1966, 87f./50. (Zuerst wird die Erstauflage von 1928 zitiert, dann die Neuauflage von 1966).

[22] Peter Henrici, in: *Maurice Blondel* (1987), 580.

[23] Vgl. Verweyen/Raffelt, *Ausgangspunkt* (1992), Einleitung.

[24] Vgl. hierzu: VT 20/23 Blondel, Maurice, »L'unité intellectuelle et morale de la France«, in *APC* 123 (1892) 421–443, auch in: ders., *Léon Ollé-Laprune. L'Achèvement et l'Avenir de son œuvre*. Paris : Bloud & Gay 1923, 213–257.

[25] Vgl. VT 29/28.

Réflexion et prospection:
Maurice Blondel et Henri Bergson

Jean Leclercq (Louvain La Neuve)

Introduction

La pensée philosophique de Maurice Blondel pourrait être comprise comme une mise en tension perpétuelle de deux orientations majeures des efforts de la rationalité; d'une part, le travail cognitif et la quête de la »vérité vraie« et, d'autre part, le travail logique et pratique de la recherche de la solution (une solution, surtout) à la question décisive du problème et du sens de la destinée. En ce sens, Blondel retrouve, sur ce point, la grande tradition des philosophes qui exigent de la philosophie qu'elle soit aussi, si pas par définition, un »exercice spirituel«, exactement au sens où l'entend Pierre Hadot,[1] c'est-à-dire une articulation entre discours philosophique et choix de vie (comme forme de vie), entre la plus haute activité théorétique (en ses différents aspects) et la mise en évidence d'attitudes existentiel-les. Eu égard à cette typologie, il y a bien, pour P. Hadot, un idéal de vie qui informe toute pensée philosophique, une tension constante entre la philosophie et la sagesse, selon des »pratiques« qui sont d'ordre physique (une ascèse), discursif (un »dialogue« ou une »méditation«, voire d'autres genres littéraires) ou intuitif (une contemplation dont l'objet varie) et qui visent donc, corollairement, à une transformation du sujet,[2] si bien qu'il n'est plus performatif, voire prospectif, d'isoler les modalités de l'acte philosophique, les deux versants d'une rationalité qui est à la fois pratique et théorique.

Or Blondel a bien travaillé en ce sens. On en prendra pour preuve ce qu'il écrit dans *L'Action*: »Toute grande philosophie, loin d'être une simple construction de l'esprit, a son principe et sa fin dans une conception de la destinée humaine: la pratique l'oriente, et elle oriente la pratique à son tour. Morte et verbale, toute idée qui ne procède pas d'une expérimentation réelle de la volonté; morte surtout et fictive, toute connaissance qui ne se tourne pas à agir.«[3] Cependant, c'est bien d'une tension qu'il s'agit, car la connaissance et l'action ne se rejoignent jamais, avec perfection, dans le travail d'élucidation philosophique, précisément en raison de l'opération de la réflexion, qui n'égale jamais l'action, puisque, note le philosophe, dans sa collaboration au Vocabulaire de Lalande:»J'entends par action ce qui enveloppe l'intelligence, la précédant et la préparant, la suivant et la dépassant; ce qui par conséquent dans la pensée, est synthèse interne plutôt que représentation objective.«[4] Précision décisive, surtout si l'on sait combien, dans *L'Action* de 1893, Blondel avait cherché, après une approche analytique faite dans le corps du texte présenté devant la Sorbonne, à tenter une approche synthétique dans son célèbre »chapitre additionnel«, notamment pour examiner »le lien de la connaissance et de l'action dans l'être«. Par la suite, sans doute pour affiner le propos, il émettra dans »L'illusion idéaliste« (1898), puis dans le »Principe élémentaire d'une logique de la vie morale« (1903), des hypothèses neuves et suggestives sur la double démarche, théorique et pratique, de la philosophie et sur la logique de la privation (sterèsis) propre à l'action.

Or cet effort se marque très nettement dans ce court traité d'épistémologie qu'est »Le point de départ de la recherche philosophique« (1906), un texte d'une haute densité conceptuelle et d'une heureuse orientation existentielle, particulièrement avec et grâce à la distinction entre la prospection et la réflexion, qui est une anticipation remarquable de la distinction entre la pensée notionnelle et la pensée réelle, dont on sait combien elle sera la structure conceptuelle du »Procès de l'intelligence«.[5] Bien sûr, en ces moments complexes, Blondel reste en prise avec la pensée Édouard Le Roy et, par-delà celui-ci, avec la philosophie de Bergson, notamment en raison de la conceptualisation de la notion d'intuition. Car, en effet, comment la recherche d'une intuition pure – antérieure à tout discours, et s'opposant à toute pratique discursive et utilitariste tentant de morceler la réalité –, comment une telle recherche pouvait-elle consoner avec le projet blondélien de l'articulation des exigences techniques de la réflexion et des apports de la prospection, ne voulant en rien se priver de l'apport du concept, tout en prenant rigoureusement appui sur l'analyse pour atteindre la synthèse? Il s'agit, en somme, d'un dialogue pratiquement impossible, surtout si l'on convient que, pour l'époque, l'application de la thèse philosophique au discours sur le fait religieux, en particulier sur le dogme, provoque de profonds désaccords. Impensable, dès lors, pour Blondel de s'en tenir à une attitude pragmatiste, opposant intuition et discours, dans la mesure où la réduction utilitariste du discours conceptuel reconduit corollairement la religion à une forme d'irrationalité ineffable, donc d'une probable et inquiétante »fausse mystique«.

L'argument du »Point de départ«

Ces remarques contextuelles étant avancées, nous voudrions nous en tenir, pour l'essentiel, à la première livrée de l'article, celle de janvier 1906, relatif au »Point de départ de la philosophie«, en le suivant, tel un exégète scrupuleux, dans sa lettre, pour voir vers quel esprit de la philosophie il conduit et selon quelles médiations.

Ainsi, dès l'ouverture du propos, on notera que c'est le travail historique et conceptuel sur la réflexion qui est le philosophème majeur et qu'elle entend se faire dans le cadre de la dichotomie objet-sujet, pour faire valoir que l'on peut, soit privilégier la séquence objet vers sujet, mais au risque de tomber dans un réalisme étroit; soit, privilégier la séquence sujet vers objet, mais au risque de revenir à un subjectivisme formel. Or, par un jeu immédiatisé d'opposition, la pensée sur la prospection, elle, se fait dans le cadre de la catégorie de l'intuition, sensée conférer plus d'intelligibilité que la pensée discursive.

Dès lors, le propos blondélien commence par une interrogation radicale sur la tâche philosophique, prise dans les propres dichotomies de la rationalité: l'universel et le singulier, l'abstrait et le concret, le théorique et le pratique, le général et le spécifique, ou, poussé plus à l'excès une tension tragique entre la »vie commune de l'humanité« et le »domaine fermé de l'idéologie abstraite«. D'où la grande question inaugurale: »Ne peut-on concevoir cependant, ou, pou mieux dire, ne peut-on réaliser une doctrine dans laquelle la matière humaine ou même universelle, et la forme spécifique de la philosophie se répondraient de telle façon que, tout à fait technique par sa méthode et, dès son point de départ, séparée de toute autre espèce de connaissance par une ligne de démarcation absolument nette, la recherche philosophique serait en continuité parfaite avec le mouvement naturel de la vie, bien mieux serait cette vie même en tant qu'elle s'emplit de lumière et de réalité, et qu'elle se subordonne expressément aux conditions d'où dépend la solution effective du problème de notre destinée?«[6] Thèse évidemment hautement problématique, surtout programmatique de l'œuvre blondélienne, pour des raisons que nous ne pourrons pas aborder ici.

Quoi qu'il en soit, Blondel entreprend donc de distinguer la connaissance philosophique, puis de montrer qu'elle ne s'origine pas dans une »réflexion vague«, ensuite de statuer sur sa dimension radicalement formelle et sur ses exigences techniques, mais surtout en rappelant qu'elle peut faire »œuvre de vie et de science«. Bien sûr, comme très souvent, il convient de dénoncer ce que Blondel appelle, non sans une arrogance feinte, les »erreurs d'orientation«, les »impasses«, les »faux chemins«, en somme pratiquer une remise en ordre conceptuelle, mais surtout historique, avant de construire une synthèse personnelle. Pour l'essentiel, trois grandes systématiques sont visées: le réalisme néo-thomiste fin de siècle, ce qui est très audacieux, ne l'oublions jamais; le criticisme surtout néo-kantien et, enfin, la philosophie naissante de Bergson, mais que – nous allons le montrer – Blondel touche, sinon effleure, par personnes interposées, surtout par le biais d'une figure tutélaire, sur laquelle nous reviendrons: Victor Delbos. Nous serons bref sur les deux premiers moments, plus nuancé sur le troisième, puisqu'il évoque la pensée de Bergson.

Cependant, avant d'aborder ces études de cas, Blondel propose de distinguer trois types de connaissance: une connaissance directe, une connaissance inverse ou réfléchie et, enfin, la connaissance philosophique. La première est précisément la connaissance de »prospection«, elle est

»attentive«, »concrète« et est constituée par l'objet vers lequel elle s'oriente, mais, très fortement marqué et imprégné par les leçons de l'épistémologie de son maître Boutroux, Blondel fait déjà observer que le factuel le plus radical laisse émerger une subjectivité qui fait que la réduction cognitive au fait est impossible, dans les termes. La deuxième connaissance est donc »inverse« ou »réfléchie«. Mais, cette fois, il y a plus qu'un mouvement d'inhibition, ou d'action d'arrêt, comme ce fut le cas dans *L'Action* de 1893, il y a ici une tension vers l'être le plus général, »l'ens generalissimum«. Quant à la troisième connaissance, avant de la définir, mais bien plus tard dans le corps du texte, Blondel pose la question de sa relation intellectuelle et méthodologique aux deux premières. Il n'y a pas de réponse positive à cette question, si ce n'est que l'on sent déjà poindre la mise en évidence d'une nécessaire philosophie de l'action, qui ne confondrait plus action et idée de l'action. Blondel le redit donc avec insistance: connaissance pratique et conscience de cette connaissance, en définitive, approche réflexive et approche prospective, sont en interaction. C'est donc sur ce socle qu'il convient d'aborder trois cas de figures historiques de la confusion entre réflexion et prospection, ces trois moments que sont les prolongements du réalisme aristotélicien, l'idéalisme kantien et l'intuitionnisme bergsonien.

La première figure historique de la confusion fonctionne sur la polarité sujet-objet, en conférant un primat au second, dans l'exercice de la réflexion. La thèse est alors qu'il est »artificiel et décevant« de »prendre ce qu'est la réflexion pour ce qui est, et de regarder, comme la mesure et la vérité même de l'être, le résultat toujours fragmentaire de son effort et le terme actuel de sa régression proche ou lointaine« (O. C., p. 537). Cette philosophie – une »reconstitution des êtres avec les données de la réflexion et les seules représentations objectives« – est déclarée comme étant »morte« ou, si elle vit encore, elle ne le fait que par une sorte de »fidéisme initial et latent«, dans la mesure où il n'est pas de différence entre représentation et constitution ontologique, mais une simple mimèsis, un »décalque«, pour reprendre un mot de Schwalm que Blondel égratigne au passage, en citant son article sur »La Crise apologétique«, dans la *Re-*

vue Thomiste de mai 1897, véritable pamphlet dirigé contre Laberthonnière et où Blondel, bien sûr, se sent visé.

La deuxième figure historique fonctionne toujours sur la même polarité, mais confère ici tout son primat au sujet. C'est le criticisme, qui est donc mis sur la scénette, puisqu'il n'échappe pas à »la tentation de conférer une sorte de valeur ontologique à une part privilégiée de la connaissance« (O. C., p. 540). La transition par rapport à la première figure est simple: »ce que la réflexion sur l'objet n'a pu fournir, la réflexion sur le sujet, là surtout où il apparaît dans la pureté de son autonomie, le pourra-t-elle donner?« (idem), affirme Blondel au gré d'une modalité interrogative. Le plus surprenant est qu'ici Blondel se retranche derrière l'avis de son ami Delbos, amplement cité, considéré comme le »plus pénétrant historien du Kantisme«.[7] Or le reproche n'est pas nouveau: les antinomies développées au niveau de la métaphysique, certes, mais surtout le fait que celle-ci est assimilée, voire identifiée, au »tout de la pensée spéculative«, avec ceci: une réduction du »fait de la moralité« aux seuls procédés d'abstraction de la Raison pratique, interdisant, par conséquent, toute prise en compte de la vitalité morale et pratiquant, par là même, un réductionnisme rationaliste. D'où le constat, très rapide il est vrai, de Blondel: »Ici encore la philosophie manque d'un point de départ distinct et original: elle débute au milieu des formes dérivées de la réflexion et de l'action; elle reste asservie aux résultats de l'effort antérieur dont elle est issue elle-même, au lieu de s'attacher à cet effort initial.« (O. C., p. 541)

C'est sans doute la troisième figure historique – celle de »l'intuition psychologique« – qui fait certainement l'objet du traitement le plus détaillé. Disons d'emblée que si c'est le système bergsonien qui est au cœur du propos – Blondel le dit explicitement dans une note très dense, articulée en cinq points – c'est surtout, suggérons-nous, la critique que Delbos vient de publier, en 1897, dans la *Revue de Métaphysique et de Morale* sur *Matière et Mémoire*, qui est au cœur du propos. Nous y reviendrons bientôt. Un texte auquel il conviendrait encore d'ajouter l'article »Introduction à la métaphysique« que Bergson vient de publier, dans la *Revue de Métaphysique et de Morale* (1903, pp. 1–36).

Cependant, avant cette opération de lecture contextualisée, il importe de suivre, très rapidement, la progression du raisonnement blondélien sur cette »philosophie inédite« qui se déploie autour de la notion d'intuition qui serait une forme d'»immédiation du sens intime« se portant sur »l'hétérogénéité qualitative« et la »compénétrabilité concrète des choses et de l'esprit«, au gré du »progrès réel et total de la vie«. En fait, la question que pose Blondel est de savoir si, en focalisant sur l'intuition et une recherche de la pure pratique, il n'en restera pas moins que la prospection est encore une réflexion, si bien que derrière le »prétexte de s'affranchir des préjugés de l'action« ou de »rentrer en soi-même par un vigoureux effort de réflexion«, selon les formules bergsoniennes, se cacherait ultimement un intellectualisme aigu, très subtil. Une assertion est particulièrement tranchée: »Et si en effet on se contentait de cette théorie sur la ›pensée-action‹ sans la compléter par la pratique de ›l'action-pensée‹ qu'aurait-on fait en somme? On aurait, à l'idéologie qui fixe artificiellement les contours des objets par d'épais traits rigides, simplement substitué une sorte d'imagerie impressionniste, plus esthétique sans doute et plus propre à exercer l'agile subtilité du regard intérieur, mais toujours secrètement dominée par le préjugé ontologique, par l'immédiate ambition spéculative.« (O. C., p. 544)

C'est donc que l'opposition entre la pensée spéculative et la pensée pratique est contre-productive, comme le fait de penser que la réflexion serait un »artifice« de la pensée. Dans cette mesure, la réflexion seule est insuffisante à une pratique philosophique, identiquement d'ailleurs à l'usage de la seule prospection; encore que le propos est très nuancé, car Blondel tient que »l'action ne se produit elle-même, elle ne produit ses effets utiles qu'au prix d'une réflexion qui lui fournit ses moyens et qui, à mesure qu'elle lui permet d'atteindre ses fins successives, l'aide à discerner, à poursuivre son terme supérieur, […] car nous ne vivons, nous ne sommes que pour ce qui n'est pas encore, pour cette sperandum substantia rerum à laquelle, de fait et de désir, de pensée et d'action, nous sommes suspendus.« (O. C., p. 545). C'est donc la destinée qui se retrouve, à nouveau, placée comme horizon de sens du projet philosophique, celle-ci devenant même le critère de toute consistance et de toute problématologie, avec cet avertissement de la rationalité: »Aussi je n'existerais pas pour moi-même, sans la puissance d'abstraire du continuum primitif de la conscience et de la sensation des objets dont j'ai raison, pour soutenir mon analyse, d'affirmer qu'ils sont, même quand je ne sais que rudimentairement ce qu'ils sont et ce que c'est qu'être.« (O. C., p. 545)

C'est de la sorte que la réflexion est relativement nécessaire, mais sans être la fin en soi, surtout dans le cadre d'une théorie de l'action, comme M. Blondel nous y a habitués. Dit autrement, ni réflexion seule et isolée ni prospection seule et isolée, si bien, fait observer Blondel, que »la philosophie ne peut non plus se proposer comme problème initial la question du rapport de la prospection et de la réflexion, de la pensée en action et de la pensée en objet; car ce ne serait toujours qu'une façon de réaliser des abstractions, de transformer l'action en objet, de spéculer en somme sur des entités et des généralités; et, confondant encore fatalement la connaissance de l'action avec l'action réelle et connue, ce serait charger cette connaissance pratique, traitée spéculativement, d'une fonction, qui, d'après la thèse même, ne saurait appartenir d'aucune manière à la connaissance: en sorte qu'au prétendu réalisme intellectuel de l'action se superposerait, se substituerait l'agnosticisme pratique de la pensée.« (O. C., p. 547)

Telle est la conclusion majeure de la partie »négative« de la recherche d'un »point de départ de la philosophie«. Il reste alors à Blondel à construire une nouvelle philosophie de l'action, forgée, cette fois, sur une pensée qui, forte des mouvements qu'elle a suscités, et parce que résolument agissante, reprend cet ensemble où le tout n'égale jamais la somme des parties, pour parvenir à une recherche d'égalisation et d'assomption de la conscience subjective à la conscience ontologique. C'est certainement dès ce stade de son travail philosophique que Blondel commence à mieux penser la portée cognitive de sa pensée de l'action. D'où ce constat: »Ainsi, loin de tendre soit à ramener la prospection à la réflexion comme si le concret était fait avec de l'abstrait, soit à sacrifier la connaissance discursive à l'intuition comme si le travail de la science n'était qu'un artifice provisoire, la philosophie solidarise ces deux mouvements également primitifs et essentiels de la pensée vivante: ils sont nécessaires au progrès l'un de l'autre. Et de leur mutuelle dépendance résulte une conception de la réalité toute différente de celle qu'en donnaient le réalisme ou l'idéalisme. La réalité [...] est faite de la synthèse des relations multiples qu'analyse la réflexion toujours discursive et qu'exprime, en sa vérité supérieure, une intuition qui en est la cause finale et la raison d'être.« (O. C., p. 565–66)

Il est ici une attitude philosophique que Blondel estime proche de celle de Berkeley, en s'inspirant sans doute d'un article de Delbos,[8] qu'il convient désormais d'aborder, où l'ami de toujours écrit notamment qu'il y a, chez Berkeley, une »tentative pour ramener l'objet construit pas les métaphysiciens à la donnée psychologique, à la donnée immédiate, pour retrouver derrière les artifices que crée l'entendement et que consacre le langage ce qui est réel indépendamment de toute forme logique, pour substituer à l'usage des idées générales abstraites la clarté naturelle de l'intuition: libérée des conventions philosophiques, la pensée humaine reviendrait d'elle-même au sens commun.« (p. 380)

La médiation philosophique de Victor Delbos

Il est plus nettement évident que, dans l'articulation réflexion / prospection, l'attitude bergsonienne, selon Blondel, se porte par précellence sur le second terme et que la pensée discursive est, de la sorte, sous-estimée, par une théorie de l'intuition ineffable. Pour mieux le comprendre, il convient de se concentrer sur cette étude de Delbos, déjà citée, particulièrement inspirante pour Blondel, d'autant qu'il l'utilise amplement dans »Le Point de départ«. Or bien que son étude soit – en son début tout au moins – élogieuse pour le style et le contenu de la pensée de Bergson, elle va se faire particulièrement critique et devenir disponible pour l'argumentaire blondélien que nous venons d'exposer.

En réalité, Delbos s'attache d'abord à montrer comment Bergson entend se détacher de l'abstraction conceptuelle, pour aller vers le concret de la pensée, mais surtout comment il propose une nouvelle théorie de la perception qui est »d'abord un acte objectif par lequel nous nous plaçons d'emblée dans les choses, et ce qu'il faut rechercher, c'est comment cet acte revêt des formes intérieures et subjectives« (p. 356). Il s'agit donc d'une recherche sur la place, voire le partage, des affects et de la représentation, dans la perception des sensations, dont, selon Delbos, Bergson pense que »l'affection est la perception de nous en nous, l'action de nous sur nous«, alors que la »représentation ordinaire porte sur des objets extérieurs«, ceci selon un rapport de dualité, certes très complexe, reconduisant le rapport corps – monde.

Cependant, la thèse bergsonienne ne permet pas un traitement mineur de la question de l'affection, dans la mesure où elle possède bien un statut de perception, si bien que, d'une part, on constate qu'en toute perception, il y a »un fond d'intuition réelle«, avec un rapport à la mémoire et aux images qu'elle associe et, d'autre part, que la matière peut être pensée comme une »donnée immédiate de la perception« et l'esprit comme »immédiatement révélé par la mémoire«. Nous passons ici sur les développements que Delbos consacre à l'analyse de la mémoire chez Bergson, via ses connexions éventuelles avec les fonctions cérébrales, pour mettre en évidence ce constat de Delbos, qui aura trouvé un écho assuré chez Blondel, distinguant deux attitudes intellectuelles majeures: »[d'une part], une conception associationiste qu'accepte au fond l'école physiologique en la transposant dans une autre langue, et d'après laquelle la réalité psychologique se constitue par le rapprochement mécanique d'éléments plus ou moins inertes; [d'autre part] la conception déjà soutenue autrefois par M. Bergson, d'après laquelle la réalité psychologique est en son fond un progrès dynamique, que les nécessités de la pratique et les exigences de l'entendement discursif morcellent en phases discontinues, fixées même comme des choses.« (p. 368)

Pourtant, Delbos souligne une évolution par rapport à la thèse de 1889, à la soutenance de laquelle il avait assisté, Blondel étant pour sa part empêché mais ayant prié Delbos de le tenir informé, dans la mesure où une »tendance dualiste«, celle manifestée par la distinction entre le moi profond et le moi superficiel, »esclave du langage et de l'action«, devient plus précisément une »transition«, selon des degrés et des moments envisagés comme des »plans de conscience«. Delbos, résumant parfaitement le propos de Bergson, note: »[…] la mémoire n'intervient pas comme une fonction dont la matière n'aurait aucun pressentiment; capable, elle aussi, de conserver le passé dans le présent, la matière imite l'esprit, sans atteindre seulement à ce pouvoir de sélection et de concentration par lequel l'esprit dégage des choses ce qui l'intéresse et contracte en un moment de sa vie une énergie dont les effets se propagent sur des moments infiniment plus nombreux de l'existence matérielle.« (p. 379)

D'où, corollairement, une puissante critique de l'associationnisme chez Bergson qui met en évidence une »méthode psychologique« que Delbos rapporte comme étant »une analyse contre l'analyse«, formule que reprend d'ailleurs Blondel, en changeant toutefois l'article indéfini du premier terme de la définition en un article défini. Ou mieux encore, Delbos écrit: »Tout autre acte qu'un acte d'intuition immédiate ne peut nous faire connaître du réel que des formes partielles et discontinues. L'intuition immédiate, c'est le réel se saisissant lui-même dans son progrès concret, dans son unité indivisée et indivisible, avant les déterminations distinctes qui le morcellent. *Omnis determinatio negatio est.* La pensée de M. Bergson est toute pénétrée de la vérité de cette formule, dont elle prétend trouver la confirmation dans un sentiment adéquat de la continuité de la vie intérieure.« (p. 374)

Mais que pense exactement Delbos de l'effort bergsonien, tel qu'il l'a patiemment décrit? En réalité, il fait d'abord observer que Bergson aurait une tendance à subordonner l'intelligibilité à la réalité, au point de faire de l'intelligibilité la »forme abstraite de leur réalité«. Or, s'il en est ainsi, il ne peut y avoir adéquation au tout du réel, d'autant que, note Delbos, le déplacement de l'immédiat au sein même de la conscience, tel qu'opéré par Bergson, n'amène que le doute parce que »s'il y a un lieu où l'immédiation ne justifie jamais complètement une certitude, c'est la conscience humaine, où le sentiment du réel peut se développer à des plans différents et se fortifier autant de la tension de nos facultés que de l'influence ou de la résistance des choses« (p. 387). C'est ce que Delbos appelle un »idéalisme naturaliste«, tenant qu'il y a antérieurement à nous une »perception universelle et impersonnelle du réel« où »la science telle qu'il l'entend suppose réalisées dans les choses à titre de propriétés les formes de la représentation ou de la connaissance dont la métaphysique et la critique s'appliquent à déterminer la signification et la portée« (p. 388). Telle est donc l'articulation bergsonienne entre intellectualisme et matérialisme, celle d'une expérience »objective en son fond« et »subjective parce que faite comme telle«, si bien qu'il y a là la signature d'une »immanence de la pensée«.

Conclusion: la réflexion en perspectives

Pour poser en contexte et consonance cette croisée des pensées, sur l'horizon de l'effort bergsonien, nous pourrions prendre appui sur les *Notes philosophiques* de Maurice Blondel, préparatoires à la thèse de 1893, où l'on trouve cette étrange pensée: »A. Comte avait raison de dire que la réflexion dénature et trouble les faits spontanés qu'elle étudie. Elle est un état supérieur et tout nouveau, elle nous affranchit contre les mouvements spontanés. C'est un pouvoir arbitral d'inhibition et de libération.«[9] Il est vrai que toute la philosophie d'expression française, à la fin du XIXᵉ siècle, travailla ce concept. Ainsi, Félix Ravaisson, dès 1840, insistait sur le rôle majeur de la réflexion pour montrer le passage de la »volonté motrice« à la »volonté pure«, même s'il ouvrait la porte à une fusion de la réflexion avec le moi. Ce qui fut d'autant plus vrai qu'avec une notion lui autorisant un saut qualitatif, Ravaisson choisissait, contrairement à Blondel, le chemin de l'esprit à la nature, allant des »claires régions de la conscience« vers »la sombre nuit de la nature«. Quoi qu'il en soit, pour ces penseurs du »second spiritualisme«, il importait surtout de différencier la »réflexion« et »l'imagination«, afin de ne pas réduire la compréhension de la liberté à un fonctionnement cérébral, qui resterait le produit de l'évolution et se perpétuerait au gré des modifications physiologiques et de la lutte entre les espèces.

Or, un peu paradoxalement, c'est bien en reprenant le vocabulaire de la psychophysiologie, que Blondel expliquait que, dans le dynamisme interne qui accompagne la conception de l'action, se produisent des moments d'»arrêt« et d'»inhibition«, expliqués par la présence du conflit, qui trouvent leur »sommet« dans la réflexion, entendue, selon une formule de *L'Action* jamais reniée, comme une »puissance supérieure des contraires« et un »tiers« qui intervient dans l'opposition des motifs, précisément en les paralysant et en les inhibant. Du conflit des motifs, dans la spontanéité, doit alors émerger cette force supplémentaire qu'est la réflexion, comme raison de l'action, dont on mesure clairement que si elle est bien la »force des forces«, elle possède un pouvoir inhibitif qui lui donnera, bientôt, un statut »propulsif«.

En réalité, pour penser, en cette »fin de siècle«, le phénomène de la liberté, il importait de comprendre comment la réflexion est préparatoire à ce moment, selon un principe essentiel puisque, d'une part, elle émerge de la spontanéité et que, d'autre part, par son pouvoir d'inhibition, elle la dépasse. Celle-ci est donc, déjà, un mode de connaissance du déterminisme et c'est par un passage du déterminisme à la détermination qu'advient une compréhension minimale de la liberté, comme un pouvoir apparent, ou comme une simple capacité, de reprendre »à son compte« les réalités antécédentes. Par la suite, c'est naturellement par l'exercice volontaire de cette »idée« que ce qui est alors un »acte de libre volonté« pourra passer de »l'effort intentionnel« à la »première expansion extérieure« de l'action. En définitive, selon cette procédure, la liberté émerge, bien que sous la forme d'une idée, des déterminismes de la nature et de l'inhibition rationnelle de la réflexion, mais elle est aussitôt intégrée au projet d'une philosophie de la volonté. La liberté génère, de la sorte, une téléologie non mondaine, même si le monde est bien le lieu et l'espace de son exercice, car l'action est bien une »synthèse a priori«. On se rappellera que, dans *L'Action* de 1893, la force de la réflexion était de donner un caractère d'autonomie et de transcendance à l'action qui, de la sorte, devenait plus que la nature et n'apparaissait plus, également, comme résultant d'un conditionnement des antécédents objectifs ou subjectifs. Cette capacité était bien le lieu ourlant du pratique et du théorique, le lieu de la corrélation entre la pensée spéculative et la pratique morale, parce que, notait Blondel, »en opérant dans la nature et en s'y cherchant elle-même [que] la volonté est amenée à placer, hors de l'ordre réel, un système de vérités métaphysiques; et c'est parce que ces conceptions recèlent encore une impénétrable virtualité – impénétrable à la pensée qui s'y arrête, mais accessible au mouvement de l'action – que la volonté s'affranchit, sans renier ses origines, et poursuit librement, dans ce domaine nouveau, ses synthèses morales a priori«.[10]

Or, s'il fallait désormais élargir la portée de notre propos, on rappellerait combien le champ sémantique de la notion de »réflexion« est vaste, en ajoutant que l'on pourrait, sans prétendre à l'exhaustivité, distinguer la »réflexion« comme ressaisissement de l'acte, l'»analyse réflexive« comme condition de possibilité du sens et la »méthode réflexive« comme régénération de l'existence[11], le plus souvent pour saisir, par un travail de reprise, l'acte de conscience dans le cadre des catégories du savoir objectif.

Mais alors, comment ne pas évoquer, ici, la figure, trop sous-estimée, de J. Lacroix qui a été le plus loin dans cette recherche, en faisant valoir que ce »courant« de pensée, prenant ses racines bien loin, notamment chez J. Lachelier (1832–1918) et J. Lagneau (1851–1894), et s'exprimant magnifiquement chez J. Nabert (1881–1960),[12] cherchait une réconciliation du théorique et du pratique, voyant, dans l'éthique, un »éclaircissement du vouloir profond de l'individu«. En effet, pour Jean Nabert, la réflexion n'est pas le réfléchissement d'un absolu universel dans une conscience particulière, le sol de sa pensée n'étant pas sur l'horizon d'un absolu infini. C'est ainsi la philosophie réflexive »d'inspiration réaliste« qu'il écarte, de cette façon. Mais, elle n'est pas non plus le retour d'une conscience finie vers son principe, qui pourrait être celui d'une transcendance.

Dans ce cas, la réflexion est marquée par différents particularismes: la finitude de la conscience, le mouvement nécessaire de retour vers un principe révélateur d'une réflexivité ontologique (tenir l'être de l'Être qui se réfléchit dans), selon l'immédiation méthodique (mais le contraire est aussi possible) et la constitution (voire l'autoconstitution) d'un sujet, par un principe épistémologique fonctionnel qui vient rompre une continuité. Nabert évoquait, de cette façon, les philosophies où l'Être et l'Absolu sont des termes visés, au regard desquels la conscience cherche à s'égaler ou à y participer. En réalité, la réflexion exige que la conscience se comprenne elle-même, se re-prenne, se re-cueille, sans minimiser la moindre expérience existentielle, ainsi que les manifestations de ce qui est compris et vécu comme une finitude, comme les apories les plus complexes de l'existence. En ce sens, la »méthode« est donc bien un effort de transcription, la visibilité d'une partition dont la trame est une expérience originaire et originale, si bien qu'il y a, par conséquent, une »pratique« de la réflexion, dont la méthode est la dimension analytique, donc pas le tout.

A ce niveau de la progression du propos, on nous permettra donc de citer ce long passage, tellement lumineux, de J. Lacroix sur cette tension entre les projets respectifs de Blondel et Nabert: »Si L'expérience intérieure s'efforçait de dégager la spécificité de la causalité de la conscience, les Éléments constituent pour l'essentiel une analyse réflexive de l'existence. Ils ne portent plus sur l'histoire de la liberté, mais sur celle de ce désir d'être dont l'approfondissement se confond avec l'éthique elle-même. ›Quelque contingente que soit pour chaque conscience cette histoire, l'éthique doit parvenir à en fixer les moments essentiels et aider par là même à l'éclaircissement du vouloir profond de l'individu.‹ C'est le programme même de L'Action de Blondel. Cette priorité de l'analyse réflexive sur la synthèse déductive implique et que la philosophie est réflexion et que toute réflexion est seconde. Nabert ne cherche pas un point de départ radical. Tout est déjà éprouvé, mais tout reste à comprendre, à ›ressaisir‹, suivant un terme qu'il affectionne. Aussi étudie-t-il d'abord les données de la réflexion, c'est-à-dire les sentiments qui mettent la réflexion en mouvement: la faute, l'échec et la solitude, expériences fondamentales auxquelles se rattachent la plupart des sentiments qu'engendre l'expansion du moi. [...] L'appropriation totale de notre être est donc impossible: la réflexion reste désir. La nécessité même de ces sentiments témoigne en tout cas que l'expérience morale ne saurait résulter d'une expérience purement intellectuelle, mais surgit du mouvement même de l'existence. Elle ne nous révèle pas seulement la loi, au sens kantien, mais ces sentiments premiers et négatifs où s'exprime une insatisfaction essentielle qui éveille l'homme à sa destinée. Mais elle n'y parvient aussi que dans la mesure où la négation qu'elle comporte suppose une certitude plus profonde, une ›affirmation originaire‹. L'analogie avec Blondel devient saisissante. La certitude de la présence à soi et de l'affirmation de soi ne quitte jamais la conscience en dépit de sa distance invincible à elle-même. […] L'affirmation originaire ne peut être saisie à part dans une intuition désincarnée, mais la conscience qui se laisserait absorber par le souci de l'action en viendrait à oublier ce principe qui cependant la fait agir et dont elle tire sa force. La liberté ne va pas sans un obstacle interne qui est un véritable non-être: la nature n'est pas seulement extérieure à la liberté, comme l'a cru Kant, elle lui est intérieure.«[13]

Bien évidemment, on devrait aussi rappeler que P. Ricœur prôna, surtout dans la *Philosophie de la volonté I. Le volontaire et l'involontaire*, une structure triadique (décider, mouvoir et consentir) de la volonté, qui, finalement, est assez similaire à la triade blondélienne, même si la technique de la réduction eidétique est moins présente chez Blondel, pour des raisons historiques[14]. En revanche, c'est peut-être la place accordée à la réflexion qui diffère et l'articulation posée, rapidement, entre les déterminismes et la liberté, sous la modalité de la »genèse nécessaire«. Chez Ricœur, en effet, la réflexion est une méthode de la médiatisation qui appelle une herméneutique. La réflexion est d'ailleurs une herméneutique. Chez Blondel, si cette dimension n'est pas absente, la réflexion est d'abord un opérateur, épistémologique puis éthique, venant conforter une herméneutique qui, synchroniquement et diachroniquement, tourne court ou, alors, n'a plus comme double porte de sortie que le pessimisme ou l'ontologisme dont on sait, par ailleurs, que la première posture est une contradiction dans les termes, dans le cadre du plan volitif, et que la seconde est méthodologiquement différée puisque l'on veut comprendre le sens (ce que refuse le pessimisme) de ce qui reste bien un non-sens.[15]

Sur ce point, tout semble s'être confirmé, certes dans un contexte historique, textuel et conceptuel différent, dans »Le Point de départ«, texte où Bergson n'en reste pas moins présent dès l'ouverture, puisque se demandant où commence la philosophie, Blondel évoque aussitôt en écho à la thèse de 1889: les »données des sens« et, bien sûr, les »indications immédiates de la conscience«. Pourtant, au regard du parcours de ce texte de 1906, la différence est bien nette. Certes, chez Bergson, la compréhension de la liberté est conjointe à une conception du moi puisque l'acte libre, en définitive assez rare, est celui où le moi exprime, au plus haut point, sa concentration originaire. Or comme celle-ci n'est pas quantifiable, elle ne peut être réduite par une loi scientifique et, surtout, elle ne peut faire l'objet d'une prédiction. Un acte libre est une sorte d'irruption imprévisible, porteuse, ici aussi, d'une radicale nouveauté dont la nécessité est absolument intérieure et personnelle. Dit autrement, dans l'acte libre, le moi profond et intérieur se rassemble dans une unité qui échappe aux prétentions des sciences quantitatives, au point que si la liberté est un fait, elle ne devient un problème qui si l'on applique l'espace à la durée.

Or chez Blondel, qui n'est pas dans une pensée de la dichotomie, le dynamisme ne supprime pas le mécanisme; il le relativise, l'explique et puis le transcende, en l'intégrant dans le projet de la reprise volontaire. Il semble, dès lors, que l'insistance est plus nettement placée sur l'intervention de la subjectivité. Aussi, si l'originalité de l'action, comme le pense encore Blondel, est toujours irréductible à ses antécédents, l'articulation entre le déterminisme et la liberté est, par conséquent, moins problématique. Le sujet blondélien, en exigence d'agir, apporte un surcroît de subjectivité aux déterminismes et, de la sorte, l'action est dotée d'une vertu plus nettement positive, alors que Bergson lui confère, de son côté, une dimension nettement plus utilitaire. Si ce dernier estime que l'action déforme le réel, et exige de revenir à une intuition originaire, Blondel, pour sa part, demande une adaptation constante aux phénomènes, pour en percevoir sans cesse la nouveauté et en assimiler la réalité. L'intuition n'est pas originaire, mais propulsive.

S'il en est ainsi, peut-être »Le Point de départ de la philosophie« nous permettrait-il de mieux mesurer que, contrairement à Bergson, Blondel ne s'engage pas dans une philosophie du temps et de la durée, si ce n'est lorsqu'il faut, presque obligatoirement, considérer le moment de l'option, étape existentielle où émerge la notion d'éternité, énigmatique et problématique corollaire du »poids de l'action«. Tout ceci, selon l'esprit de cette Note philosophique que nous mettons en exergue terminal pour ouvrir le propos: »Être, ce n'est pas être, c'est agir: se connaître, ce n'est pas exister. La réflexion transforme et complète son sujet; elle ne le constitue pas. Pour faire ce que prétendent faire les panthéistes allemands, il faut vivre; après toute théorie dialectique, ramener un exemple réel, un sentiment dû à la vie, quelque chose qui surgisse dans la conscience et que chacun produise, comme le demande Pascal.«[16]

Notes

[1] P. HADOT, *La philosophie comme manière de vivre. Entretiens avec J. Carlier et A. Davidson.* Paris : Albin Michel 2001.

[2] Voir du même P. HADOT, *Exercices spirituels et philosophie antique*, Paris: Albin Michel 2002.

[3] M. BLONDEL, *L'Action*, 1893. Selon l'édition des *Œuvres complètes*, t. I, Paris: Presses universitaires de France [PUF] 1995, p. 296.

[4] M. BLONDEL, »Collaboration au *Vocabulaire* de Lalande au mot *action*«, 1902. Selon *Œuvres complètes*, t. II, p. 341.

[5] Voir à ce sujet, M. BLONDEL, »Collaboration au *Vocabulaire* de Lalande aux mots *prospection, prospectif*«, 1913. Selon *Œuvres complètes*, t. II, p. 807. Dans ce texte, Blondel rapproche déjà la rétrospection de la connaissance *per notionem* et la prospection de la connaissance *per connaturalitatem et unionem*.

[6] Nous citons selon l'édition des *Œuvres complètes*, t. II, ici p. 530. Nous donnerons désormais les références dans le corps du texte.

[7] On rappellera cette *Note philosophique* (n°267, p. 50, dans l'édition HENRICI): »Quelle illusion que de considérer le subjectif comme moins réel que l'objet. C'est la valeur subjective de la connaissance qu'il faut établir. Kant a été dupe de l'idole de la matière et n'a point su reconnaître l'incomparable prix de la forme. Distinction radicale et accord du sujet avec l'objet, de la matière avec la forme. En quel sens la matière est spiritualisable ou spiritualisée? Et comment l'acte opère la synthèse, la réalité connaissable, connue, connaissante?«

[8] V. DELBOS, »Études critiques. *Matière et mémoire. Essai sur la relation du corps à l'esprit*, par Henri Bergson«, dans *Revue de Métaphysique et de Morale*, 1897, p. 353–389. Nous donnons les références suivantes en corps de texte.

[9] *Note philosophique* n°368, p. 191.

[10] M. BLONDEL, *L'Action*, 1893. Selon l'édition des *Œuvres complètes*, t. I, Paris: PUF 1995, p. 300.

[11] On devrait aussi évoquer le texte de P. RICŒUR, »Réflexion primaire et réflexion seconde chez Gabriel Marcel« (1984), dans *Lectures 2. La contrée des philosophes*, Paris: Seuil 1992, p. 49–66.

[12] Si l'on peut reconnaître qu'il y a bien, dans une attitude commune, une priorité

de l'analyse réflexive, au sens général du terme, sur la synthèse déductive, il faut noter que Blondel, fidèle à sa »logique«, n'a pas vraiment posé une analyse phénoménologique des sentiments et des valeurs. C'est l'avis de R. VIRGOULAY, dans »Réflexion philosophique et expérience religieuse d'après *L'Action* de M. Blondel et·Le désir de Dieu de J. Nabert«, dans *Revue des Sciences religieuses*, 49, octobre-décembre 1975, p. 319–351.

[13] J. Lacroix, *Panorama de la philosophie française contemporaine*. Paris: PUF 1966, p. 16–18.

[14] Voir sur ce point G. LARCHER, »Blondel und Ricœur: Thesen zu ihrem Beitrag für die Fundamentaltheologie«, dans *Glaubenserfahrungen im Handeln und Denken. Fundamentaltheologische Skizzen*. A. VAN HOOFF, P. REIFENBERG et W. SEIDEL (éd.), Würzburg: Echter 1998, p. 43–66. On notera que, dans sa thèse de 1950, Ricœur avançait (p. 34) que Blondel n'avait pas fait droit à la problématique de »l'accident de la faute«, dans le cadre même de l'immanence, au point d'aboutir à une »méthode d'innocence«.

[15] Voir sur cette question de la réflexion le texte suggestif de P. COLIN, »L'héritage de Jean Nabert«, dans *Esprit*, n°7–8, juillet-août 1988, p. 119–128.

[16] *Note philosophique* n°397, p. 199.

Blondel und Bergson in
»Le point de départ de la recherche philosophique«

Matthias Vollet (Mainz)

I. Vom Philosophieren und seinem Ausgangspunkt

Es gibt eine besondere Eigentümlichkeit der Philosophie: wohl jeden Philosophen drängt es, zu bestimmen, was Philosophie sei. Und diese Bestimmung impliziert nahezu immer, dass das bisher von anderen Betriebene eben keine Philosophie sei. Höchstens gesteht man zu, dass es lediglich *noch* keine war, oder eine noch leicht unvollkommene Art und Weise von Philosophie.

Offensichtlich gibt sich die Philosophie nicht mit einem eigenen Vollzug als denkerischem Handeln, dem eigenen voranschreitenden Tun, zufrieden; sondern sie will auch vor sich selbst über sich Rechenschaft ablegen, indem sie sich selbst in oder mit einer spezifischen Reflexion begleitet; eine Reflexion darüber, was die eigenen Anfänge und Mittel sind und ob sie dem Ziel des Denkens entsprechen.

Blondel hat im »Point de départ«[1] eine Reflexion unternommen, die davon handelt, wie Philosophie zwar immer auch Reflexion ist, aber zugleich mehr sein muss und kann als bloße Reflexion. Die Reflexion dieses Aufsatzes ist zugleich ebenso sehr selbst ein Vollzug von Philosophie, in der Weise nämlich, wie im Text nur Reflexion und Prospektion zusammen als wahrhaft philosophisches Denken ausgemacht werden.

Im Zuge dieser Reflexion sucht Blondel den Ausgangspunkt des Philosophischen Denkens; dazu gehört, neben der Bestimmung der Denkweisen, die Bestimmung der Ausgangssituation des Denkenden. Zur Bestimmung dieses Denkens gehört jedoch ebenso sehr sein Ziel. Von diesem

55

Ziel her bestimmen sich Anfang und Methode, und dieses Ziel lässt auch die Ausgangssituation überhaupt erst als solche erscheinen. Das Ziel ist letzten Endes die »Ruhe der Schau« (126/568). Von daher bestimmt sich die existentielle Ausgangssituation des Philosophierenden: »Unruhe«, »Unterwegssein«, »unaufhörliche Bewegung« (117/562). Die Philosophie hat dieses Ziel der Ruhe nicht in sich; ihr fällt eine »Vorläuferrolle« und »Kupplerrolle« zu (113/560), ist doch die Erreichung des letzten Zieles in diesem Leben nicht möglich. Ihre Aufgabe ist, gewissermaßen als Zwischenziel, die »Einmündung in den Ozean der Wirklichkeit«, der »Zusammenfluss mit dem Leben« (119/564). Übersetzt in weniger poetische Termini hat die Philosophie also zur Aufgabe, dem Menschen seinen tätigen Platz in der Gesamtheit des Seins zu weisen und diesen zugleich auszufüllen; es handelt sich also um das »Problem der [menschlichen] Bestimmung und die Frage nach dem Sein« (125/568). Die hierin festgeschriebene »ganzheitliche Art« (125/568) ist es, die die Philosophie von anderen wissenschaftlichen Untersuchungsweisen abhebt. Die Aufgabe der Philosophie ist also letzten Endes zweierlei: »Angleichung« an mich selbst, das »integrale Ich« (110/558), und über die Brücke des Ich die »Einigung mit allem« (111/558).

Die Aufgabe der Philosophie, eine vorläufige Integration zu erreichen, eine Integration in sich und im Ganzen des Lebens bzw. der Wirklichkeit, wirft ein neues Licht auf ihre Ausgangssituation; der Ansatzpunkt der Philosophie ist durch eine problematische Situation geprägt, die in der Geschichte der Philosophie zu verschiedenen Weisen des Philosophierens (und Meinungen dazu, wie Philosophieren zu geschehen habe) geführt hat, nämlich die Aufteilung ›Leben - Denken‹ oder, um diese Unterscheidung ins Denken selbst einzuholen, in vollziehendes, d. h. im Sinne Blondels agierendes, prospektives Denken einerseits und reflektierendes Denken andererseits. Dem »unausweichlichen Problem« der »Beziehung zwischen Bewusstsein und Tun« soll nun die Philosophie ihr gesamtes Forschen unterordnen, um »sub specie unius et totius« »das Buch des Lebens zu buchstabieren« (98/549), den spekulativen und praktischen Aspekt (99/550) des Denkens zu integrieren.

»So begriffen erscheint die Philosophie nicht mehr als ein simpler Auszug des Lebens, als eine Repräsentation, als ein Schauspiel; sie ist das Leben selbst, das Bewusstsein von sich und Führung über sich gewinnt, dem Denken seine ganze Rolle und nichts als seine legitime Rolle gibt, die Gleichung von Erkennen und Existenz anzielt und gleichzeitig die Wirklichkeit unseres Seins mitten unter den Seienden und die Wahrheit des Seins in uns entwickelt« (99).[2]

Die Philosophie ist nur wahrhafte Philosophie, wenn sie »gleichzeitig Wissenschaft und Leben« bleibt (96, 71/547, 531). – Dieser Aufgabe, so Blondel, hat die Philosophie bislang nicht entsprochen. Sie ist Fehlorientierungen unterlegen oder in Sackgassen geraten (71/531). Die beiden Aufsätze über den »Ausgangspunkt des Philosophierens« beginnen mit diesem Problem, das in einem Missverhältnis zwischen Form und Materie des Philosophierens (70/530) besteht. Materie meint: »die Urinteressen« (69/529) des Menschen; Form: die Neigung der Philosophie, auf die Weise der Reflexion aufzutreten und die Form einer spezifischen Denktechnik anzunehmen, deren Technizität alle ihre Materie untergeordnet wird, indem sie zunehmend präzisiert und systematisiert wird (69 f./529 f.). Reflexion und Prospektion[3] sind in der Geschichte der Philosophie nicht zur Deckung gebracht worden,

»weil man gewöhnlich nicht nur das Tun (*action*) mit der Idee des Tuns identifizierte, sondern auch die praktische Erkenntnis mit dem Bewusstsein verwechselte, das man von ihr hat, indem man, kurz gesagt, die Prospektion auf eine bloße Reflexion reduziert hat, und dies in verschiedenem, einander sehr entgegengesetztem Sinn« (80).[4]

Blondel macht in einer Übersicht drei falsche Ausgangspunkte des Philosophierens aus. Der gemeinsame Fehler der drei ist, »dass sie die philosophische Untersuchung der ›Erkenntnis um der Erkenntnis willen und durch die Erkenntnis‹ unterordnen«, die Philosophie »der Tyrannei der alleinigen Reflexion aussetzen« und solcherart der *action* ihren Platz verwehren (94 f./546 f.). Im Einzelnen: die einseitige Verfolgung der Reflexion in der Aufstellung diverser Metaphysiken (80–85/536–540); die einseitige Stützung auf die praktische Vernunft als Konsequenz einer auf die Spitze getriebenen Kritik an der Reflexion (81; 85–87/536; 540 f.); die Überwältigung der durchaus gesehenen Prospektion durch die Reflexion in der

Zurückführung auf die psychologische Intuition (81; 87–94/536; 541–546). Mit dieser zuletzt genannten Position greift Blondel eine Facette der bergsonschen Philosophie an; dieser Kritik sei der Hauptteil dieses Beitrags gewidmet.

II. Bergson in der Kritik Blondels

Bergson (1859, Paris – 1941, Paris) war Zeitgenosse Blondels (1861, Dijon – 1949, Aix-en-Provence), beide waren Schüler der ENS, beide galten in der Zwischenkriegszeit als herausragende philosophische Persönlichkeiten Frankreichs. Man könnte also eine gewisse gegenseitige Wahrnehmung vermuten. Sucht man jedoch nach Nennungen Blondels im Werk Bergsons, ist man schnell am Ende angelangt. Weder in den *Œuvres* noch in den *Correspondances* erscheint der Name im Index; in den *Mélanges* fällt der Name an drei Stellen (796 f., 1176, 1178).[5] Die beiden letztgenannten Stellen gehören zu einem Text »La philosophie française«, der 1915 von Bergson und Edouard Le Roy für die Weltausstellung in San Francisco verfasst und 1933 stark überarbeitet wurde. In diesem Text erscheint Blondel zweimal als Vertreter einer »pensée religieuse«.[6] Interessanter ist der Text der *Mélanges* (796 f.), der uns später noch begegnen wird, wenn es darum geht, Blondels Bergsonkritik zu bewerten.[7]

Ganz anders ist die Rolle Bergsons bei Blondel, die für heute allerdings nur im »Ausgangspunkt« betrachtet werden soll.[8] Im »Ausgangspunkt« ist die Rolle Bergsons vordergründig eine rein negative. Weil sie so ins Auge springt, soll sie natürlich dargestellt und daraufhin untersucht werden , ob die Kritik den Kritisierten zu Recht trifft. Dabei jedoch kann man nicht stehen bleiben; denn bereits bei der Bestimmung der Position Blondels im über Bergson handelnden Teil, vor allem aber in der Einleitung und anderen »positiven« Teilen des Textes werden zahlreiche Parallelen bei Gedankenfiguren und Stoßrichtungen des Denkens, aber auch bei grundlegenden Ansätzen des Philosophierens sichtbar, die hier zwar nicht alle behandelt werden können, aber wenigstens in ihren wichtigsten Punkten angesprochen werden sollen. Dazu gehört vor allem, Ausgangs-

punkt und Ziel (oder: Ausgangspunkte und Ziele) der Philosophie
Bergsons zur Sprache zu bringen, die manche Parallelen und manche Unterschiede zu Blondel erst begreiflich machen.

Ehe Blondel auf Bergson zu sprechen kommt, federt er seine Stöße durch
eine salvatorische Klausel ab (88 f., Fn. 9/542), die der Einfachheit halber
ernst genommen werden soll. Eine vergleichbare Klausel findet sich gegen Ende des Werkes in einer zweiten Kritik einiger Formulierungen
Bergsons (117 f., Fn. 29/563). In diesen Klauseln gibt Blondel an, dass er
lediglich einige Aspekte, Begriffe und Formulierungen aus dem Gesamt der
Philosophie Bergsons herauslöst, um sie unter Gesichtspunkten zu betrachten, aus denen sie betrachtet werden könnten und auch schon worden
seien, »Tendenzen, denen sie als Vehikel dienen könnten« (118, Fn. 29/
563), »wenn auch weniger seinem Geist getreu als seinem Buchstaben«
(88, Fn. 9/542), und »wenn diese Fragmentierung [in Blondels Vorgehen,
M.V.] auch für die Klarheit günstig scheint, so ist sie doch schädlich für
die Wahrheit« (118, Fn. 29/563).

Auch für diesen Beitrag möge eine salvatorische Klausel gelten: im folgenden wird nicht nur der Blondel 1906 bekannte Bergson, sondern werden auch dessen späteren Werke genutzt werden – also mehr von Bergson,
als Blondel zur Zeit der Abfassung des »Point de départ« kennen konnte.
Blondel greift vor allem auf *Matière et mémoire* von 1896,[9] aber wohl auch
auf die *Introduction à la métaphysique* von 1903 zurück; hätte er seinen
Aufsatz ein Jahr später, 1907, in Kenntnis von *L'évolution créatrice*, geschrieben, sähe seine Stellungnahme vielleicht etwas anders aus; schon
gar, nimmt man noch spätere Schriften von Bergson hinzu. Blondels Aufsatz von 1943 spricht hier ein klare Sprache. – Ich will also mehr dem Geist
als den Buchstaben getreu zu sein versuchen.

Der *Ausgangspunkt der von Blondel angegriffenen bergsonschen Position* ist ihm zufolge das Verlassen »der ausgetrockneten Wege und erschöpf-
ten Felder der Abstraktion« (87/541) – hin zu einem unbefangenen Blick
auf die Dinge und auf sich selbst, hin zur Unmittelbarkeit des inneren Sinns,
zur Intuition, die »das Leben des Geistes im Geburtszustand ergreift« (87/
541), um die »reiche Komplexität, die qualitative Heterogenität, die kon-

krete wechselseitige Durchdringung der Dinge und des Geistes zu erfassen« (88/542). Angezielt ist eine »intellektuelle Sympathie«, eine enge Verbindung mit dem »wirklichen und totalen Fortschritt des Lebens«, welche Blondel nach dem, was er selbst zum Ziel der Philosophie erklärt hat, durchaus ebenfalls sympathisch sein müsste (88/542) – gerade wenn man das vorne zitierte Wesen der Philosophie bedenkt, das Leben selbst zu sein, das Bewusstsein von sich gewinnt (99/550). In diesem Bezug auf das Leben, der bei Bergson freilich erst in der *Évolution créatrice* ganz deutlich wurde, stehen sich Bergson und Blondel näher, als Blondel es hier zuzugeben vermag. Umso bedrohlicher wirken auf ihn die »subtilen Gefahren«, die von der so verstandenen Philosophie Bergsons ausgehen.

Aus der Kritik an Bergson lassen sich zwei Argumentationszusammenhänge unterscheiden, die der Übersicht halber getrennt betrachtet werden sollen, wobei die beiden bergsonkritischen Abschnitte zusammengefasst werden: der Zusammenhang Analyse-Intuition (Transformation der Prospektion in Reflexion) und die Rolle der *action* (das Verständnis der Praxisorientiertheit und Leibverhaftetheit der Erkenntnis und der Umgang mit dieser Orientierung). Nach ihrer kurzen Darstellung soll dann die bergsonsche Position umrissen werden, um zugleich die Kritik bewerten zu können.

Der eine *Hauptvorwurf Blondels* ist, dass Bergson zwar von Intuition spreche, aber doch in einem Intellektualismus verbleibe. Bergson nämlich sage zwar, dass die Intuition gegen die Analyse gehe, er bleibe aber dann doch rein analytisch. In der Lehre von der Intuition bei Bergson liege somit ein Intellektualismus vor, der sich für sein Gegenteil hält (118/563). Bergson verfehle das, was er anstrebt, nämlich die direkte Erkenntnis in der Intuition, geradezu gezielt, weil er sie lediglich in eine Formel gieße, welche er dann für die Sache selbst nehme. Dies geschehe dann, wenn Bergson davon rede, sich (die ›Analyse nach hinten überspringend‹) unmittelbar ins Zentrum des konkreten Lebens versetzen zu wollen, um die der Analyse vorgängige Intuition als unmittelbare Erkenntnis unmittelbar zu erreichen. Der erste Fehler besteht also tatsächlich schon darin, die Analyse überhaupt austreiben zu wollen (89/543), weil sie dann nämlich umso kräftiger zurückkehrt, um das wieder zu erobern, was Bergson mit der Intuition als Gegenstück zwar anspricht, aber gar nicht sauber fasst. Blondel sagt zum Versuch der intuitiven Erkenntnis ohne Reflexion:»Das hieße, man denke, ohne zu denken« (118/563) – denn zum Denken gehört die Reflexion wesentlich dazu. Blondel fasst hier also Bergsons Lehre von der Intuition so auf, als ob sie sich gegen jegliche Art von Analyse richte und ganz ohne, ja gegen sie angezielt werde, um die Unmittelbarkeit des konkret Gegebenen zu erreichen. Dabei, so Blondel, ist die Analyse ein unhintergehbares, natürliches und notwendiges Instrument.

Es ergibt sich aber noch eine Verschärfung des Problems, die in folgendem Gedankengang deutlich wird: Durch die solcherart vorgelegte schiere Behauptung der angezielten Unmittelbarkeit des Konkreten kann man das Konkrete nicht nur nicht erreichen, weil es bei der bloßen erkenntnisorientierten Behauptung ohne jede Berücksichtigung der *prospection*, also eines tatsächlichen Tuns bleibt; sondern man erreicht es erst recht nicht, weil nämlich die Analyse nur durch eine weitere Analyse ausgetrieben wird (89/543) – indem Bergson »die Analyse gegen die Analyse richtet«, eine »bewusste und reflektierte Rückkehr zu den Vorgaben der Intuition« anstrebt, bleibe er eben doch und erst recht im Ambitus der Reflexion. So erfährt man aber, so der Gedankengang Blondels, keine wahre Intuition, so integriert man nicht die Prospektion mit der Reflexion, sondern redet nur auf intellektualistische Weise von der psychologischen Intuition – sich aber antiintellektualistisch gebend. Die angeblich ausgetriebene Reflexion kehrt so hinterrücks zurück, die Situation des Denkenden ist noch schadhafter als zuvor. Blondel vermisst also (nach dem bereits fehlerhaften, von Bergson behaupteten Ausschluss der Reflexion) so etwas wie eine Erfüllung, eine Aktualisierung der behaupteten Intuition, eine unmittelbare Begegnung mit dem Konkreten und Lebendigen, wie er sie in der *action* sieht. Das ›Reden über ...‹ ist noch kein ›Vollzug von ...‹, ja verhindert ihn geradezu. Insgesamt, so Blondel, verkennt Bergson die positive Naturgegebenheit der Reflexion, fasst sie als »künstliches Instrument der philosophischen Perversion« (90/543) auf, aber nur, um sie ungewollt zu verstärken – und so die Intuition (Prospektion), die er ja anzuzielen behauptet, zugunsten des analytischen Weges aufzugeben; um (in *Matière et mémoire*) aus der Ausgangseinsicht in die Praxisorientiertheit der Erkenntnis doch nur Erkenntnisse über die Erkenntnis zu ziehen, ohne sie wirklich praktisch werden zu lassen (89/543). Sie bleibt eine leere intellektualistische Behauptung. Die Reflexion wird so von einem »künstlichen Instrument der philosophischen Perversion«, als die sie doch bekämpft werden sollte, unversehens zu einem »natürlichen Instrument des Heils« - eines Heils, das auf diese Weise aber doch nicht erreicht werden kann. Blondels Gegenposition lautet:

> »Wir müssen durch die analytische Reflexion hindurchgehen und wir gehen wirklich und unvermeidlich durch sie hindurch. Sie ist nicht weniger natürlich als die synthetische Prospektion: Unter ihrem fragmentarischen Aspekt, durch die Rückwirkung der Sinne und die Auflösung des Verstandes, erfassen wir die Dinge. Und wir können nicht anders« (118).[10]

Anzustreben ist, wie weiter vorne schon angezeigt, eine Integration der beiden Erkenntnisweisen mit Blick auf das Ganze der Wirklichkeit.

Der *andere Kritikpunkt*, eng verquickt mit dem ersten, aber scheinbar einfacher zu formulieren und auch deswegen sehr viel kürzer zu fassen, bezieht sich auf die Rolle der *action*, des Tuns bzw. der Handlung, die ja in Bergsons *Matière et mémoire* eine wichtige Rolle spielt, andererseits der zentrale Begriff in Blondels Philosophie ist. Zwar, so kann man den Gedankengang Blondels zusammenfassen, erkennt Bergson den engen Zusammenhang Erkennen-Handeln – das reflektierte Denken ist, so Bergson laut Blondel, ein Instrument im Dienst des Tuns (89, 91/543 f.) –, jedoch optiert er dann dafür, gerade das reine Erkennen dieses Zusammenhanges ohne die Beimischung der wahren Handlung zu suchen und verliert so das Wesentliche (was ja der Philosophie erst ihre Materie gibt), nämlich die *action*. Solcherart aber wird ebenfalls die Prospektion in eine simple Reflexion transformiert, die Rede vom Denken als Instrument des Tuns eine Rede »*in abstracto und in genere*« (91/544).

Die Probleme, die Blondel bei Bergson sieht, lassen sich also abstrakt wie folgt benennen (92f f./544 f.): Herabwürdigung der natürlichen Reflexion;

Verfehlung des eigentlichen Wesens der Intuition; Nichtausfüllung der *action* durch die Verfehlung der solidarischen Arbeit des Denkens und des Tuns; und somit auch ein Verfehlen der Bestimmung des Menschen durch das Beharren auf der »Erkenntnis um der Erkenntnis willen« (94/546).

III. Bergson zum Ausgangspunkt der Philosophie; zu Analyse und Intuition; zu Erkenntnis, Leib und Handlung

Sieht Blondel diese Probleme zu Recht bei Bergson? Oder, besser und einfach direkt gefragt, da Blondel ja seine salvatorische Klausel nicht ohne Grund geschrieben hat und zudem ein wahrhaft philosophischer Umgang mit einem Philosophen nicht dazu da ist, diesem in erster Linie gerecht zu werden, sondern etwas mit ihm anzufangen: Wie sieht bei Bergson das angesprochene Verhältnis Analyse-Intuition aus; welche Rolle hat bei ihm die *action* (was zwei Fragen beinhaltet: welche Bedeutung hat »*action*« im Rahmen seiner Philosophie, und gibt es bei ihm so etwas wie die Blondelsche *action* – was Blondel ja übersehen haben könnte)? Beginnen wir aber zunächst ganz kurz mit dem Ausgangspunkt der Philosophie Bergsons.

(1) Ausgangspunkt(e) der Philosophie bei Bergson

Ausdrückliche Auskünfte zu Anfängen bzw. Ansatzpunkten *der* oder *seiner* Philosophie gibt es bei Bergson mancherlei; neben dem, was vorne schon als Blondelsche Darstellung des Ausgangspunktes der Philosophie Bergsons erwähnt wurde, der ja mit Blondels Grundanliegen erstaunlich zu konvergieren scheint, soll im folgenden auf zwei Punkte hingewiesen werden, die zudem mit den beiden Kritikpunkten zusammenhängen:

Den **systematischen Ausgangspunkt** finden wir im paradigmatischen Eingangssatz der 1920 verfassten Einleitung seines letzten, 1934 publizierten Buches *La pensée et le mouvant*:

»Was der Philosophie am meisten gefehlt hat, ist die Präzision. Die philosophischen Systeme sind nicht auf die Wirklichkeit, in der wir leben, zugeschnitten«.[11]

Das Blondel nicht unähnliche Ziel, das philosophische Denken der Realität, in der wir leben, anzupassen, anzuschmiegen, ja im Idealfall der philosophischen Intuition sich unmittelbar in sie einzufühlen, also letzten Endes eins zu werden mit der *durée* bzw. dem Leben – worin die gesuchte Präzision besteht –, hat Bergson seit jeher den Vorwurf oder das Lob des Antiintellektualismus eingebracht, da es sich direkt gegen die auf Analyse gebaute bisherige Philosophie stellt.[12]

Dieser Vorwurf scheint sich auf die ersten Sätze des ersten Werkes Bergsons zu stützen zu können, in denen auch schon die Wurzel des zweiten blondelschen Kritikpunkts an Bergson deutlich wird:

»Wir drücken uns notwendig durch Worte aus, und wir denken fast immer räumlich. Mit andern Worten, die Sprache zwingt uns, unter unsern Vorstellungen dieselben scharfen und genauen Unterscheidungen, dieselbe Diskontinuität herzustellen wie zwischen den materiellen Gegenständen. Diese Assimilation ist im praktischen Leben von Nutzen und in der Mehrzahl der Wissenschaften notwendig. Es ließe sich jedoch die Frage aufwerfen, ob nicht die unübersteiglichen Schwierigkeiten, die gewisse philosophische Probleme bieten, daher kommen, dass man dabei beharrt, die Erscheinungen, die keinen Raum einnehmen, im Raume nebeneinander zu ordnen, und ob sich der Streit nicht oft dadurch beenden ließe, dass man von den allzu groben Bildern abstrahiert, um die er sich abspielt«.[13]

Man erkennt die Konkurrenz zweier Arten von Präzision, die Präzision des begrifflichen Zusammenhalts und die Präzision des Zuschnitts auf die Wirklichkeit; und dadurch auch zwei Arten der Anpassung, die Anpassung des Denkens an die Verhältnisse materieller Objekte und der auf sie zugeschnittenen alltäglichen Praxis sowie der an diese sich anschließenden Wissenschaft, und (in der Präzision mitschwingend) die Anpassung an das Leben. Man erkennt auch das Entstehen philosophischer Probleme, das dieser Anpassung an die Praxis geschuldet ist.

Man erkennt das Bedürfnis nach der Erlangung einer neuen Präzision, einer Beendigung des bisherigen, praxisorientierten und sprachgeprägten Anpassungszusammenhangs, um zur Wirklichkeit, in der wir leben, vorzustoßen und sich in sie als lebendige zu integrieren.

In der ersten Einleitung zu *Matière et mémoire*, aus der Blondel zitiert, setzt sich diese Stoßrichtung des Denkens fort: Diese ursprüngliche Einleitung, die 1911 zur siebten Auflage durch eine neue ersetzt wurde, beschreibt, wie aus der Handlungsorientierung des ›normalen‹ Denkens (falsche) Probleme für das ›spekulative‹, erkenntnisorientierte Denken entstehen können und wie diese durch eine klare Abgrenzung der Felder der Handlung und der Erkenntnis aufgeklärt werden können.[14] Das Erkenntnisinteresse ist hier also klar beherrschend; *spéculation* und *pratique* werden in einer Weise gegenübergestellt, die für Blondel, im Ausgang von seinem Begriff der *action*, provozierend sein musste. Dazu aber gleich mehr.

Der *chronologische Ausgangspunkt* der Philosophie Bergsons ist bekanntermaßen die *durée*. Das Wesen der Zeit wird üblicherweise als Quantum, und d. h. für Bergson verräumlicht, angesetzt, wodurch man aber das eigentliche, qualitative Moment der Zeit verliert. Dauer (*durée*) meint stetige qualitative Veränderung des Bewusstseins als seine Zeitlichkeit, die einer Quantifikation prinzipiell nicht, d. h. nur bei Verlust ihres ›Wesens‹ zugänglich ist.[15] Unsere eigene Dauer ist es, die als erstes und einfachstes einer Intuition zugänglich ist, wie folgendes Zitat aus der *Introduction à la métaphysique* von 1903 deutlich macht:

> »Eine Wirklichkeit gibt es mindestens, die wir alle von innen her durch Intuition und nicht durch einfache Analyse erfassen, das ist unsere eigene Person in ihrem Fluss durch die Zeit. Es ist unser Ich, welches dauert. Mit keinem anderen Gegenstand können wir intellektuell oder vielmehr geistig sympathisieren, aber wir sympathisieren sicher mit uns selbst«.[16]

Diese Rede von der Intuition als konträrem Gegenstück zur Analyse, als Sympathie mit sich selbst führt uns zum ersten Einwand Blondels: was bedeutet die Intuition bei Bergson?

(2) Intuition

Die Intuition der Dauer ist der Ausgangspunkt, das grundlegende Zentrum der Philosophie Bergsons, wie er es selbst im berühmten Brief an Harald Höffding von 1915 schreibt.[17] Die Intuition ist das Erkenntnisvermögen, das den Wellenbewegungen des Wirklichen zu folgen vermag,[18] das sich in die Dauer der Wirklichkeit zu versetzen vermag, um diese in ihrer Beweglichkeit selbst zu erfassen (und d. h. diese mitzuvollziehen), welche ihr Wesen ist. Wenn Bergson sie als Schau des Geistes durch den Geist (unseren Geist!) bezeichnet, als unmittelbares Bewusstsein, muss man immer mitdenken, dass der Geist, das Bewusstsein wesentlich zeitlich ist, in seiner *durée* besteht. Diese Zeitlichkeit unterschlägt Blondel ganz und gar, obwohl sie doch das Herz des bergsonschen Denkens ausmacht und zugleich das stärkste Argument gegen Blondels Kritik in sich birgt: denn Dauer heißt bei Bergson immer Bewegung, heißt Kreativität. Dadurch aber ist Intuition auch immer mehr als ›nur‹ Erkenntnis, wie später noch näher beleuchtet wird. Nicht umsonst sind die Standardbeispiele Bergsons für intuitionsgeleitete Menschen Künstler und Mystiker.

Die Intuition konterkariert die Analyse, das spezifische Vorgehen der diskursiven Intelligenz, die statt Bewegungen als solche wahrzunehmen nur Positionen feststellt – so die Position Bergsons in seinen frühen Schriften, wo allerdings der terminus technicus ›Intuition‹ kaum auftaucht. Bergson hat die Intuition, wie er 1920/34 in der Rückschau sagt, zu seiner philosophischen Methode gemacht und dabei gezögert, ihr diesen Namen zu geben.[19] Die Intuition ist ein besonderer Erfahrungsmodus der Wirklichkeit; auf ihrer Grundlage entwickelt Bergson seine erfahrungsgestützte oder induktive Metaphysik. Die jeweilige Intuition, so wird mit ihrer Ausarbeitung zur Methode deutlich, fällt aber nicht vom Himmel, sondern entsteht erst nach einer Phase der Analyse, wie Bergson in den mittleren und späteren Werken immer deutlicher macht. Zum Problemkreis Analyse-Intuition gibt der schon genannte kurze Text von 1909 erste Hinweise: Es handelt sich um einen Ausschnitt einer Diskussion in der *Société française de philosophie* am 1. Juli 1909 unter der Überschrift »Sur le rapport de l'intuitif et du discursif«.[20] In diesem Ausschnitt spricht Blondel, wie auch im »Ausgangspunkt« (122/566), über Descartes, der (4. Regel des *Discours*, 7. Regel der *Regulae*) durch vollständige Aufzählung den Übergang vom diskursiven, analytischen zum überblickshaften, intuitiven Denken unternimmt. Blondel nimmt dies als Vorlage seines Anliegens, dass die Intuition die Analyse nicht immer ausschließt, sondern evt. sogar ihr folgt

und sie ›belohnt‹: Prospektion und Analyse müssen integriert werden.
Bergson stimmt ihm nun darin zu; für die Erlangung einer »metaphysischen« Intuition ist eine vorgängige analytische Beschäftigung jedenfalls unerlässlich. Die Intuition[21] ist ein auf die analytische Intelligenz nicht zurückführbares Erkenntnisvermögen, durch das der Mensch sich in das Innere seiner selbst wie auch »äußerer« Erkenntnisgegenstände versetzen kann; und doch benötigt sie, wie Bergson schon in der *Introduction à la métaphysique* (die Blondel ja zur Zeit der Abfassung unseres Artikels kannte) schreibt, vorgängige Analysen, die zu einer *longue camaraderie* mit den äußeren Manifestationen des gesuchten Gegenstandes führen, ohne die der Sprung in die Intuition nicht zu leisten wäre. Es handelt sich also bei der Intuition nicht um eine plötzliche Erleuchtung, sie ist eine Anspannung; aber auch nicht um eine intellektualistische Behauptung, die doch nur eine Art von Analyse ist; sie ist eine integrale Erfahrung.

»Denn man gewinnt von der Wirklichkeit nicht eine Intuition, d. h. man bringt es zu keiner geistigen Sympathie mit ihrem innersten Wesen, wenn man nicht durch eine lange Vertrautheit mit ihren oberflächlichen Bekundungen ihr Vertrauen gewonnen hat. [...] Aber wenn man auch nur durch gesättigte Materialkenntnis zur metaphysischen Intuition vordringen kann, so ist sie doch etwas ganz andersartiges als das Resumé oder die Synthese dieser Erkenntnisse. Sie unterscheidet sich davon, wie der Bewegungsantrieb sich von dem Weg unterscheidet, den das bewegte Ding durchläuft, wie die Spannung der Feder sich unterscheidet von den sichtbaren Bewegungen des Pendels. In diesem Sinn hat die Metaphysik nichts gemein mit einer Verallgemeinerung der Erfahrungen, und nichtsdestoweniger könnte sie doch als die integrale Erfahrung definiert werden«.[22]

Mit den letzten Zeilen langen wir an einem Punkt an, der für die Bewertung der Kritik Blondels an Bergson wichtig ist, und auf den wir im allerletzten Abschnitt dieses Beitrags nochmals zurückkommen werden: die Intuition ist für Bergson nicht einfach eine Erkenntnis um der Erkenntnis willen, sondern ein motorischer Impuls, eine Spannung, eine integrale Erfahrung, die in eine Aktivität führt. Hier begegnet uns wiederum gerade einer der zentralen Begriffe, die Blondel für sich gegen Bergson in Anspruch nimmt, auf Bergsons Seite. Spätestens in den *Les deux sources de la morale et de la religion* ist dann zu sehen, dass die Intuition in Gestalt der mystischen Erfahrung eine immense religiöse Bedeutung hat.

Doch kommen wir zunächst noch zum Thema des zweiten herausgehobenen Kritikpunktes Blondels an Bergson:

(3) Action

Der Begriff der *action*, auf den sich Blondel bezieht, hat bei Bergson seinen Hauptort in *Matière et mémoire* (wenn auch schon vorher die Praxis als spezifischer Erkenntnisbereich thematisch wurde). Einen ersten Anklang haben wir schon angeführt, und auch jetzt soll zunächst die erste Einleitung zu Wort kommen.[23] Handlung bedeutet hier zunächst nicht mehr als die Position und aktive Bewährung in materiellen Zusammenhängen. In *Matière et mémoire* wird durch das rechte Verständnis der handlungsorientierten Wahrnehmung das Feld dafür bereitet, philosophische Erkenntnis und praxisverhaftete Denkweisen auseinander zu halten. Dadurch können die Irrtümer, die aus der Übertragung der Verfahren dieser praktischen auf die spekulative Erkenntnis entstehen, aufgeklärt werden. *Matière et mémoire* setzt also zunächst bei der aufzulösenden Vermischung von mittelbarer und unmittelbarer Erkenntnis an. Zugleich aber besteht die eigentliche Leistung dieses Buches darin, das Mitwirken der Erinnerung, also des Bewusstseins qua *durée*, bei jeder (stets materieorientierten) Wahrnehmung aufzudecken. Grundlegender Ausgangspunkt ist hier also der Befund der vermischten Existenz des Bewusstseins in einem Medium, das es ablenkt und bricht in verschiedene Facetten. Diese Facetten nennt Bergson *plans de conscience*.[24] Diese Ebenen des Bewusstseins bedeuten verschiedene Stufen der Verräumlichung des Bewusstseins, d. h. unterschiedliche Grade der Orientierung an unterschiedlichen Realitätsebenen. So steht der Bereich der Handlung und des ihr entsprechenden Erkennens auf einer bestimmten Ebene der Realität (nämlich der Materialität) und des Bewusstseins (nämlich des materieorientierten), der Bereich der Intuition auf einer anderen Ebene desselben Bewusstseins. Im Grunde ist der ganze Spielort von *Matière et mémoire* ein anderer *plan de conscience* als

z. B. der des *Essai sur les données immédiates de la conscience*, indem dort versucht wird, zum reinen, d. h. durativen Bewusstsein vorzustoßen, während hier das Bewusstsein in seinem Bezug auf die Materie betrachtet wird.

Der bergsonsche Gebrauch des Begriffes *action* ist hier also von dem Blondels grundverschieden, und von dem grundlegenden Missverständnis der Bedeutungsgleichheit, dem Blondel in seiner Kritik zu unterliegen scheint, speist sich ein Teil seiner Kritik; er sitzt letzten Endes einer Äquivokation auf. *Action* ist bei Blondel die Grundweise des Menschen, sich in sich und die lebendige Wirklichkeit zu integrieren, um den ersten Schritt zu tun zur Verbindung mit der Transzendenz. Bei Bergson bedeutet *action* in *Matière et mémoire* zwar auch in bestimmter Weise die Integration in eine Wirklichkeit seiner selbst und des Universums, aber nur, insofern die Wirklichkeit als materielle betrachtet wird; *action* bei Bergson bedeutet Verankert-Sein in der Immanenz der Materialität, die aber nicht die ganze Wirklichkeit, sondern nur eine bestimmte (Bewusstseins-)Ebene des ganzen Wirklichkeitsgeschehens ausmacht, so dass die Handlungsverhaftetheit für ihn auch eine bestimmte, gewissermaßen niederere Bewusstseinsebene besetzt als die Intuition. Das heißt nicht, dass sie falsch oder wertlos wäre; es heißt nur, dass mit ihr der tiefste Kern der lebendigen Wirklichkeit nicht erreicht werden kann.

Bergson sieht auch *action* als den ursprünglichen Modus der Begegnung auch des vermeintlich vor allem erkennenden, aber eben materiellen Lebewesens Mensch mit seiner materiellen Umwelt, und nicht die Erkenntnis.[25] Deswegen auch sieht er in *Matière et mémoire* den geeigneten Ausgangspunkt der Untersuchung bei der *action* als Grundlage jeder ›Erkenntnis‹:

> »[Wir] gehen ... von der Tätigkeit aus, d. h. von unserer Fähigkeit, Veränderungen in den Dingen zu bewirken, einer Fähigkeit, die uns das Bewusstsein beglaubigt und in die alle Kräfte des organischen Körpers einzugehen scheinen«.[26]

Die Handlung wird in der Wahrnehmung vorbereitet: die Perzeption des höheren, d. h. bewussten Lebewesens umschreibt die mögliche Aktionen des wahrnehmenden Subjekts auf seine (so herausgestellten) wahrgenommenen Objekte und stellt so eine Widerspiegelung der Objekte im Subjekt dar; es geschieht eine Auffächerung möglicher Handlungsweisen, die sich am Interesse des Lebewesens orientieren.[27]

Diese Beziehung, die in den oben erwähnten *plans de conscience* ihren Niederschlag findet, steht in Funktion zu dem, was Bergson als *attention à la vie*, ›Aufmerksamkeit auf das Leben‹ bezeichnet.[28] Hierbei meint ›Leben‹ das praktische, tätige, auch soziale Leben des Oberflächen-Ich, nicht das Absolute der späteren *Evolution créatrice* – so, wie Handeln hier das normale Handeln in materiellen Kontexten meint, und nicht die Integrationsleistung des Menschen wie bei Blondel. Das nach der *attention à la vie* bestimmbare Maß der Orientierung auf eine Handlung hin bestimmt so das Maß der »Verräumlichung« des Denkens[29] qua Absorption durch die zwei Außenwelten des Geistes (die des äußeren Ich und die der materiellen äußeren Welt), und so auch die Weise seines Denkens: je mehr es hin auf Handlung denkt, um so weiter ist es von der Denkweise der Intuition entfernt.

Der Vorwurf Blondels, Bergson missachte den wahren Stellenwert der *action*, obwohl er den Begriff doch benutze, handle also selbstwidersprüchlich, trifft demzufolge nicht, weil für Bergson in *Matière et mémoire* die *action* eine gänzlich andere Bedeutung hat. Zudem ist der Bereich der *action* für Bergson nicht grundlegend als metaphysisch irreführend abzulehnen: schon in der *Introduction à la métaphysique*, in *L'évolution créatrice* und danach sagt er ausdrücklich, dass auch die der *action* zugehörige, natürliche Erkenntnisweise der Analyse ein Absolutes berührt, weil ja solcherart ins Auge gefasste materielle Zusammenhänge ein Teil der Wirklichkeit sind.

Als *Zwischenergebnis* kann man also festhalten, dass man Bergson in der von Blondel kritisierten Weise der Rede von der Intuition zumindest nicht lesen muss – keinesfalls, nimmt man den ganzen Bergson in den Blick, aber schon auch nicht unbedingt, nimmt man die Textgrundlage, über die Blondel verfügen konnte – vorausgesetzt, man versteift sich nicht darauf, auch die Rede von der integralen Erfahrung als leere Worthülse zu nehmen. Was die *action* betrifft, so gibt es für *Matière et mémoire* gar nicht die Bedeutungsbasis, auf der Bergson in der blondelschen Weise zu kritisieren wäre, da hier Handlung sich allein auf die Realitätsebene der Materialität bezieht.

Kann man aber nun, wenn *action* hier diese eingeschränkte Bedeutung hat, Bergson einen Denker der reinen Erkenntnis nennen, dem die Dimension der Integration der Transzendenz gänzlich fehlt (was ja *action* bei Blondel meint)? Für diese Frage soll zum Schluss auf die Bestimmung des Menschen bei Bergson eingegangen werden.

(4) Die Bestimmung des Menschen bei Bergson

Ist die präzise Erkenntnis der Wirklichkeit nur Erkenntnis um der Erkenntnis willen? Hat die Intuition lediglich Erkenntniswert, oder reicht sie (auch) bei Bergson darüber hinaus, in eine Sphäre, die bei Blondel mit dem Begriff der *action* angezielt wird?

Bergson hat sich die Bestimmung des Menschen immer wieder zum Thema genommen[30] – nicht als stets offen zutage liegendes, ausgesprochenes Grundmovens seines Denkens, sondern verstreut, am Ende mancher seiner späteren Vorträge oder Aufsätze wie z. B.»Le possible et le réel«, prägnant aber auch am Ende seines letzten monographischen Werkes, *Les deux sources de la morale et de la religion:*

>»Halten wir uns aber an die Tatsachen. Die Zeit ist unmittelbar gegeben. ...
Stellen wir einfach fest, dass es in ihr ein tatsächliches Hervorquellen von unvorhersehbar Neuem gibt. Die Philosophie wird dabei gewinnen, in der beweglichen Welt der Phänomene etwas Absolutes zu erfassen. Aber wir werden auch dabei gewinnen, indem wir uns fröhlicher und stärker fühlen. Fröhlicher, weil die Wirklichkeit, die vor unseren Augen schöpferisch entsteht, jedem von uns ununterbrochen gewisse Befriedigungen verschafft, wie sie die Kunst dann und wann den Günstlingen des Glücks gewährt; sie wird uns jenseits der Festigkeit und Eintönigkeit, die unsere Sinne zuerst bemerkten, die unaufhörlich wieder entstehende Neuheit, die bewegliche Originalität der Dinge entdecken lassen. Aber wir würden vor allem stärker sein, denn an dem großen Werk der Schöpfung, das den Urgrund von allem bildet, und sich vor unseren Augen vollzieht, fühlen wir uns als Mitwirkende, als Schöpfer unserer selbst. Unsere Fähigkeit zu handeln wird intensiver dadurch, dass sie zum Bewusstsein ihrer selbst kommt. Von einer vermeintlichen Notwendigkeit als Sklaven gedemütigt, werden wir uns wieder zu Herren erheben, die mit einem größeren Herrn verbündet sind. Dieses soll der Abschluss unserer Studie sein. Hüten wir uns, in einer Untersuchung über die Beziehungen des

Möglichen zum Wirklichen nur ein bloßes Gedankenspiel zu sehen. Es kann eine Vorbereitung zum richtigen Leben sein«.

»Freude wäre in der Tat die Einfachheit des Lebens, die durch eine weit-verbreitete mystische Intuition in der Welt fortgepflanzt würde. Freude wäre auch die Einfachheit, die in einer geweiteten wissenschaftlichen Erfahrung automatisch einer Jenseitsvision folgen würde. Mangels einer so vollständigen sittlichen Reform wird man zu Notbehelfen greifen müssen, man wird sich einer immer heftigeren staatlichen ›Reglementierung‹ unterwerfen und eins nach dem andern die Hindernisse abtragen müssen, die unsre Natur gegen unsre Kultur aufrichtet. Aber ob man sich nun für die großen Mittel entscheidet oder für die kleinen – eine Entscheidung drängt sich auf. Die Menschheit seufzt, halb erdrückt, unter der Last der Fortschritte, die sie gemacht hat. Sie weiß nicht genügend, dass ihre Zukunft von ihr selbst abhängt. Es ist an ihr, zunächst zu entscheiden, ob sie weiterleben will, an ihr, sich weiter zu fragen, ob sie nur leben oder außerdem noch die nötige Anstrengung leisten will, damit sich auch auf unserm widerspenstigen Planeten die wesentliche Aufgabe des Weltalls erfülle, das dazu da ist, Götter hervorzubringen«.[31]

Wenn der Mensch für Bergson eine Bestimmung in der Welt hat, dann ist es die, dem Bewusstseinsstrom zu immer größerer Freiheit zu verhelfen. Die Philosophie ist ebenso bei Bergson wie bei Blondel dem Leben verpflichtet und hat einen starken Handlungsimpetus. Der hier in der Einleitung zitierte Satz Blondels von der Philosophie als das »Leben selbst, das Bewusstsein von sich und Führung über sich gewinnt«, dieser Satz könnte so auch von Bergson stammen. – Dies hat aber bei beiden religiöse Implikationen, über die öffentlich zu sprechen Bergson sich stets gescheut hat (und diese Scheu ist es wohl, die Blondel dazu bringt, Bergson nicht ganz über den Weg zu trauen, wie es auch in seinem Beitrag zu *Essais et témoignages* zu bemerken ist).[32] Bedeutet Intuition den Eintritt in den Lebensstrom, so bedeutet sie gerade den unmittelbaren Mitvollzug dieses Stroms, gerade höchste Anspannung und Aktivität und gerade nicht die Abständigkeit einer Analyse. Die mystische Intuition ist ein Teilhaben am göttlichen Wesen,[33] also auch an seiner handelnden Liebe und schöpferischen Energie.[34] »Jetzt handelt Gott durch sie, in ihr: die Vereinigung ist vollkommen und damit endgültig«[35]. Gott ist für den Bergson der *Deux sources* ein handelnder, und Bestimmung des Menschen ist es, in ihm zu handeln. Zudem also Bergson auf die christliche Mystik zurückkommt, wird seine Denkbewegung derjenigen Blondels deutlich ähnlich. Man kann ohne Zweifel sagen, dass der späte Bergson den Menschen stets aus der Perspektive einer Transzendenz betrachtet hat, die dem Menschen Ursprung und Ziel ist.

Anmerkungen

[1] Maurice BLONDEL: »Le point de départ de la recherche philosophique«, in: *Œuvres complètes II, 1888-1913: La philosophie de l'action et la crise moderniste*. Texte établi et présenté par Claude Troisfontaines. Paris: PUF 1997, 529–569. Ursprünglich zwei Artikel in: *Annales de philosophie chrétienne*, 4ᵉ série, t.1 (janvier 1906), 337–360; 4ᵉ série, t. 2 (juin 1906), 225–249. (Der Text der Gesamtausgabe übernimmt Korrekturen Blondels an seinem Annales-Exemplar). Deutsche Übersetzung: »Der Ausgangspunkt des Philosophierens«, in: Maurice BLONDEL: *Der Ausgangspunkt des Philosophierens. Drei Aufsätze*. Übersetzt und herausgegeben von Albert Raffelt und Hansjürgen Verweyen. Hamburg: Meiner [PhB 451] 1992, 69–127.
Im Folgenden werden die zitierten bzw. angesprochenen Textstellen im Text selbst in Klammern angegeben, und zwar zunächst die Seitenzahl der deutschen Übersetzung, dann die der *Œuvres*.

[2] BLONDEL, *Œuvres II*, 549f:»Car ainsi comprise la philosophie n'apparaît plus comme un simple extrait de la vie, comme une représentation, comme un spectacle; elle est la vie même prenant / conscience et direction d'elle-même, donnant à la pensée tout son rôle et rien que son rôle légitime, tendant à l'équation de la connaissance et de l'existence, et développant simultanément la réalité de notre être au milieu des êtres et la vérité des êtres en nous«.

[3] Näheres zu diesen Begriffen im Beitrag von Jean LECLERCQ in diesem Band.

[4] BLONDEL, *Œuvres II*, 536:»parce que, non seulement l'on a d'ordinaire identifié l'action avec l'idée de l'action, mais encore l'on a confondu la connaissance pratique avec la conscience que l'on en prend, ramenant en somme la

prospection à n'être encore qu'une réflexion, et cela en plusieurs sens opposés«.

5 Henri BERGSON: *Œuvres* (»Édition du centenaire«). Textes annotés par André Robinet. Introduction par Henri Gouhier. Paris: PUF ¹1959, ⁵1991; *Mélanges*. Textes publiés et annotés par André Robinet avec la collaboration de Marie-Rose Mossé-Bastide, Martine Robinet et Michel Gauthier. Avant-Propos par Henri Gouhier. Paris: PUF 1972; *Correspondances*. Textes publiés et annotés par André Robinet avec la collaboration de Nelly Bruyère, Brigitte Sitbon-Peillon, Suzanne Stern-Gillet. Avant-Propos par André Robinet. Paris: PUF 2002. Zitiert als *Œuvres, Mél, Corr.*

6 *Mél* 1176, 1178.

7 Auf diese Stellen bezieht sich auch einer der sehr wenigen Aufsätze zum Verhältnis Blondel-Bergson: Michel JOUHAUD: »Bergson et Blondel: Cosmologie et philosophie de la destinée«, in: Claude Troisfontaines (Hg.): *Journée d'études 9-10 novembre 1974. Blondel-Bergson-Maritain-Loisy.* Louvain: Peters [Institut supérieur de philosophie, Centre d'Archives Maurice Blondel 4] 1977, 7–29, zu den Spuren der gegenseitigen Wahrnehmung insbes. 7–13. Weitere Literatur: Claude BRUAIRE: »Le droit du concept chez Blondel et Bergson«, in: Troisfontaines, *Journée d'études*, 31–36 (dort 37–38 Diskussion der beiden Beiträge); Pierre LACHIÈZE-REY: »Blondel et Bergson«, in: *Les Études philosophiques* n.s. t.7, N. 5 (1952), 383–386.

8 Neben den Überlegungen Blondels in seinem Spätwerk (s. JOUHAUD, 8) gibt es den Beitrag zum Bergson-Gedenkband »Essais et témoignages« von 1941: Maurice BLONDEL: »›La philosophie ouverte‹ «, in: Albert BÉGUIN, Pierre THÉVENAZ (Hgg): *Henri Bergson. Essais et témoignages inédits.* Neuchâtel: La Baconnière, ²1943, 73–90. Dort spricht Blondel, in Kenntnis des Spätwerks von Bergson, stets vom »élan vital et spirituel« (z. B. 73, 75, 76) (und widerspricht so implizit und von vorhinein der Kennzeichnung Lachièze-Reys, der 10 Jahre später den Unterschied der beiden Autoren durch den Unterschied von ›élan vital‹ und ›élan spirituel‹ ausgedrückt sieht: Lachièze-Rey 383). Er gesteht Bergson zu: »Le grand mérite de Bergson, ce fut d'entrer dans la voie qui aboutit vraiment à nous mettre en face de la décision suprême« (80).

9 Allerdings ist Blondel hierbei geprägt von der Darstellung Victor Delbos' – s. den Beitrag von Jean LECLERCQ in diesem Band.

10 Maurice BLONDEL. *Œuvres II*, 563: »En fait, il nous faut passer et nous passons, effectivement, inévitablement, par la réflexion analytique, et elle n'est pas moins

naturelle que la prospection synthétique: c'est sous leur aspect fragmentaire, par le réactif des sens et les dissolvants de l'entendement, que nous prenons les choses; et nous ne pouvons faire autrement«.

[11] Henri BERGSON: *Denken und schöpferisches Werden. Aufsätze und Vorträge.* Mit einem Nachwort von Konstantinos P. Romanòs. Übers. v. Leonore Kottje. Mit einer Einführung hg. v. Friedrich Kottje. Frankfurt/M.: Syndikat 1985, 21; *La Pensée et le mouvant,* 1 (in *Œuvres,* 1253):»Ce qui a le plus manqué à la philosophe, c'est la précision. Les systèmes philosophiques ne sont pas taillés à la mesure de la réalité où nous vivons«.

[12] Stellvertretend für viele: Heinrich RICKERT: *Die Philosophie des Lebens. Darstellung und Kritik der philosophischen Modeströmung unserer Zeit,* Tübingen: Mohr / Siebeck 1920, 1922.

Zur Bergson-Rezeption in Deutschland s.a.: Matthias VOLLET: *Die Wurzel unserer Wirklichkeit. Problem und Begriff des Möglichen bei Henri Bergson.* Freiburg / München: Alber 2007, 19–27.

[13] Henri BERGSON: *Zeit und Freiheit.* Mit einem Nachwort von Konstantinos P. Romanòs. Frankfurt/M.: Athenäum ²1989, 7; *Essai sur les données immédiates de la conscience,* 1 (in *Œuvres,* 3):»Nous nous exprimons nécessairement par des mots, et nous pensons le plus souvent dans l'espace. En d'autres termes, le language exige que nous établissions entre nos idées les mêmes distinctions nettes et précises, la même discontinuité qu'entre les objets matériels. Cette assimilation est utile dans la vie pratique, et nécessaire dans la plupart des sciences. Mais on pourrait se demander si les difficultés insurmontables que certains problèmes philosophiques soulèvent ne viendraient pas de ce qu'on s'obstine à juxtaposer dans l'espace les phénomènes qui n'occupent point d'espace, et si, en faisant abstraction des grossières images autour desquelles le combat se livre, on n'y mettrait pas parfois un terme«.

[14] *Matière et mémoire,* in *Œuvres* 1491:»Telle est la méthode que nous avons appliquée déjà au problème de la conscience, alors que nous cherchions à dégager la vie intérieure des symboles pratiquement utiles qui la recouvrent pour la saisir dans sa fuyante originalité. C'est cette même méthode que nous voudrions reprendre ici en l'élargissant, pour nous placer cette fois avec elle non plus simplement à l'intérieur de l'esprit, mais au point de contact entre l'esprit et la matière. La philosophie ainsi définie n'est qu'un retour conscient et réfléchi aux donnés de l'intuition«. Liegt der ›negative‹ Ausgangspunkt Bergsons also bei einem Ungenügen am bisherigen Denken, so ist er darin Blondel – zumindest

in seinem formalen Vorgehen im »Ausgangspunkt« – sehr verwandt; Bergson hat in seinem Vortrag »L'intuition philosophique« beschrieben, wie der Philosoph sich stets zunächst gegen etwas wendet und in dieser Negation größere Sicherheit hat als in dem, wofür er optiert; dieses wofür, der positive Teil einer Philosophie, klärt sich erst mit der Zeit.

[15] Dieser Verlust wird sich in der üblichen Konstruktion des Freiheitsproblems widerspiegeln, da es dann unter Verzicht auf die qualitative Perspektive angegangen wird und deswegen in der Sackgasse endet.

[16] »Einführung in die Metaphysik«, in *Denken und schöpferisches Werden*, 184; »Introduction à la métaphysique«, in *La pensee et le mouvant*, 182 (in *Œuvres*, 1396):»Il y a une réalité au moins que nous saisissons tous du dedans, par intuition et non par simple analyse. C'est notre propre personne dans son écoulement à travers le temps. C'est notre moi qui dure. Nous pouvons ne sympathiser intellectuellement, ou plutôt spirituellement, avec aucune autre chose. Mais nous sympathisons sûrement avec nous-mêmes«.Vgl. auch den ersten Satz des ersten Kapitels von *L'évolution créatrice*.

[17] *Mél.* 1148:»... ce que je considère comme le centre même de la doctrine: l'intuition de la durée. La représentation d'une multiplicité de ›pénétration réciproque‹, toute différente de la multiplicité numérique – la représentation d'une durée hétérogène, qualitative, créatrice – est le point d'où je suis parti et où je suis constamment revenu. Elle demande à l'esprit un très grand effort, la rupture de beaucoup de cadres, quelque chose comme une nouvelle méthode de penser (car l'immédiat est loin d'être ce qu'il y a de lus facile à apercevoir)«.

[18] *Denken und schöpferisches Werden*, 43; *La pensée et le mouvant*, 26f. (*Œuvres*, 1272).

[19] *Denken und schöpferisches Werden*, 42; *La pensée et le mouvant*, 25 (*Œuvres*, 1271).

[20] *Mél* 796f.:»1er juillet 1909. Discussion à la Société française de philosophie. Sur le rapport de l'intuitif et du discursif. – M. Blondel: Dans la quatrième règle de sa méthode, Descartes, comme il le fait encore plus explicitement dans les *Regulae*, nous prescrit les *dénombrements* et les *exercices* qui rendent la pensée de plus en plus agile, au point que ce qui était d'abord successif et discursif, peut finalement être embrassé tout d'une vue, *simplici mentis intuitu*. C'est au point de vue de la pensée savante et, si l'on peut dire, quantitative, qu'il parle ainsi. Mais dans l'ordre qualitatif, la compétence acquise du ›connaisseur‹ n'est-elle pas une *intuition* laborieusement et lentement obtenue? L'intuition ne précède ou n'exclut donc pas toujours la réflexion discursive et

la pensée analytique; elle peut aussi la suivre et la récompenser – M. Bergson approuve cette remarque. L'intuition (au sens où il l'entend), est sans doute une opération originale de l'esprit, irréductible à la connaissance fragmentaire et extérieure par laquelle notre intelligence, dans son usage ordinaire, prend du dehors une série de vues sur les choses; mais il ne faut pas méconnaître que / cette manière de saisir le réel ne nous est plus naturelle, dans l'état actuel de notre pensée; pour l'obtenir, nous devons donc, le plus souvent, nous y préparer par une lente et consciencieuse analyse, nous familiariser avec tous les documents qui concernent l'objet de notre étude. Cette préparation est particulièrement nécessaire quand il s'agit de réalités générales et complexes, telles que la vie, l'instinct, l'évolution: une connaissance scientifique et précise des faits est la condition préalable de l'intuition métaphysique qui en pénètre le principe«.

²¹ »Einführung in die Metaphysik«, in: *Denken und schöpferisches Werden*, 216; »Introduction à la métaphysique«, in *La pensée et le mouvant*, 216 Fn. (*Œuvres*, 1424): »Nous avons désigné par ce mot [scil. intuition] la fonction métaphysique de la pensée: principalement la connaissance intime de l'esprit par l'esprit, subsidiairement la connaissance, par l'esprit, de ce qu'il y a d'essentiel dans la matière, l'intelligence étant sans doute faite avant tout pour manipuler la matière et par conséquent pour la connaître, mais n'ayant pas pour destination spéciale d'en toucher le fond«.

²² »Einführung in die Metaphysik«, in: *Denken und schöpferisches Werden* 225 [Schluss]; »Introduction à la métaphysique«, in: *La pensée et le mouvant* 226 (*Œuvres*, 1432): »Car on n'obtient pas de la réalité une intuition, c'est-à-dire une sympathie spirituelle avec ce qu'elle a de plus intérieur, si l'on n'a pas gagné sa confiance par une longue camaraderie avec ses manifestations superficielles. ... Mais l'intuition métaphysique, quoiqu'on n'y puisse arriver qu'à force de connaissances matérielles, est tout autre chose que le résumé ou la synthèse de ces connaissances. Elle s'en distingue comme l'impulsion / motrice se distingue du chemin parcouru par le mobile, comme la tension du ressort se distingue des mouvements visibles dans la pendule. En ce sens, la métaphysique n'a rien de commun avec une généralisation de l'expérience, et néanmoins elle pourrait se définir l'*expérience intégrale*«.

²³ *Matière et mémoire*, in *Œuvres*, 1491: »Mais, pour nous guider au travers de ces difficultés métaphysiques, nous avions, comme fil conducteur, cette même psychologie qui nous avait entraînés au milieu d'elles. S'il est vrai en effet que notre intelligence tende invinciblement à matérialiser ses conceptions et à

jouer ses rêves, on peut présumer que les habitudes contractées ainsi dans l'action, remontant jusqu'à la spéculation, viendront troubler à sa source même la connaissance immédiate que nous aurions de notre esprit, de notre corps, et de leur influence réciproque. Beaucoup de difficultés métaphysiques naîtraient donc peut-être de ce que nous brouillons la spéculation et la pratique, ou de ce que nous poussons une idée dans la direction de l'utile quand nous croyons l'approfondir théoriquement, ou enfin de ce que nous employons les formes de l'action à penser. En délimitant alors soigneusement l'action et la connaissance, on verrait s'éclaircir bien des obscurités, soit que certains problèmes arrivent à se résoudre, soit qu'il n'y ait plus lieu de les poser«.

[24] Im *Avant-propos*, *Matière et mémoire* in *Œuvres*, 1490; *Materie und Gedächtnis*, 239ff; *MM* 269ff. (in *Œuvres*, 369ff.) S.a. VOLLET, *Wurzel* (wie Anm.12), 94–98.

[25] *Matière et mémoire*, 14 (in *Œuvres*, 171): »Mon corps est donc, dans l'ensemble du monde matériel, une image qui agit comme les autres images, recevant et rendant du mouvement [...] Mon corps, destiné à mouvoir des objets, est donc un centre d'action; il ne saurait faire naître une représentation«. *Materie und Gedächtnis*, 3.

[26] *Matière et mémoire*, 65 (in *Œuvres*, 211): »Nous partons de l'action, c'est-à-dire de la faculté que nous avons d'opérer des changements dans les choses, faculté attestée par la conscience et vers laquelle paraissent converger toutes les puissances du corps organisé«. *Materie und Gedächtnis*, 51.

[27] *Matière et mémoire*, 47 f. (in *Œuvres*, 197): »Autant il y a pour mon corps de genres / d'action possible, autant il y aura, pour les autres corps, de systèmes de réflexion différents, et chacun de ces systèmes correspondra à un de mes sens. Mon corps se conduit donc comme une image qui en réfléchirait d'autres en les analysant au point de vue des diverses actions à exercer sur elles. Et par suite, chacune des qualités perçues par mes différents sens dans le même objet symbolise une certaine direction de mon activité, un certain besoin. [...] Percevoir toutes les influences de tous les points de tous les corps serait descendre à l'état d'objet matériel. Percevoir consciemment signifie choisir, et la conscience consiste avant tout dans ce discernement pratique. *Materie und Gedächtnis*, 34. Vgl. auch *Matière et mémoire*, 257 (in *Œuvres*, 360): »C'est donc que percevoir consiste à détacher, de l'ensemble des objets, l'action possible de mon corps sur eux. La perception n'est alors qu'une sélection«.

[28] *Matière et mémoire*, 7 (in *Œuvres*, 166): »Il y a donc enfin des tons différents de vie mentale, et notre vie psychologique peut se jouer à des hauteurs différentes, tantôt plus près, tantôt plus loin de l'action, selon le degré de notre attention à

la vie. Là est une des idées directrices du présent ouvrage, celle même qui a servi de point de départ de notre travail«. *Materie und Gedächtnis*, VI.

[29] *Matière et mémoire*, 7 (in *Œuvres*, 166):»Ainsi notre état cérébral contient plus ou moins de notre état mental, selon que nous tendons à extérioriser notre vie psychologique en action ou à l'intérioriser en connaissance pure«. *Materie und Gedächtnis*, VI.

[30] Zum Problem der ›destinée‹ s. z. B. JOUHAUD 22ff.

[31] Der Abschluss von »Das Mögliche und das Wirkliche«, in: *Denken und schöpferisches Werden*, 125; »Le possible et le réel«, in: *La pensée et le mouvant*, 116 (in *Œuvres*, 1344f.): »Tenons-nous en aux faits. Le Temps est immédiatement donné. ... Il y a jaillissement effectif de nouveauté imprévisible. La philosophie y gagnera de trouver quelque absolu dans le monde mouvant des phénomènes. Mais nous y gagnerons aussi de nous sentir plus joyeux et forts. Plus joyeux, parce que la réalité qui s'invente sous nos yeux donnera à chacun de nous, sans cesse, certaines des satisfactions que l'art procure de loin en loin aux privilégiés de la fortune; elle nous découvrira, par delà la fixité et la monotonie qu'y apercevaient d'abord nos sens hypnotisés par la constance de nos besoins, la nouveauté sans cesse renaissante, la mouvante originalité des choses. Mais nous serons surtout plus forts, car à la grande œuvre de création qui est à l'origine et qui se poursuit sous nos yeux nous nous sentirons participer, créateurs de nous-mêmes. Notre faculté d'agir, en se ressaisissant, s'intensifiera. Humiliés jusque-là dans une attitude d'obéissance, esclaves de je ne sais quelles nécessités naturelles, nous nous redresserons, maîtres associés à un plus grand Maître. Telle sera la conclusion de notre étude. Gardons-nous de voir un simple jeu dans une spéculation sur les rapports du possible et du réel. Ce peut être une préparation à bien vivre.«

Die zwei Quellen der Moral und der Religion, 317; *Les deux sources de la morale et de la religion*, 338 (in *Œuvres*, 1245):»Joie serait en effet la simplicité de vie que propagerait dans le monde une intuition mystique diffusée, joie encore celle qui suivrait automatiquement une vision d'au-delà dans une expérience scientifique élargie. A défaut d'une réforme morale aussi complète, il faudra recourir aux expédients, se soumettre à une ›réglementation‹ de plus en plus envahissante, tourner un à un les obstacles que notre nature dresse contre notre civilisation. Mais, qu'on opte pour les grands moyens ou pour les petits, une décision s'impose. L'humanité gémit, à demi écrasée sous le poids des progrès qu'elle a faits. Elle ne sait pas assez que son avenir dépend d'elle. A elle de voir d'abord si elle veut continuer à vivre. A elle de se demander ensuite si elle veut vivre seulement, ou fournir en outre l'effort nécessaire pour que s'accomplisse, jusque sur notre planète réfractaire, la fonction essentielle de l'univers, qui est une machine à faire des dieux«.

[32] Vgl. die Schlussbemerkung Blondels (*La philosophie ouverte*, 90): »C'est peut-être pour rester dans son rôle de savant, de psychologue, de philosophe que Bergson s'est abstenu de décrire intellectuellement les étapes sécrètes de sa vie intérieure, se bornant à des allusions confiées à quelques amis de son âme: ne préjugeons donc rien de la nature d'une adhésion sur laquelle il semble avoir voulu garder son secret«.

Die (mit der zweiten Auflage des Bandes nicht mehr) offene Frage der Konversion Bergsons zum Katholizismus hat viele seiner katholischen Leser bewegt und auch ihr Urteil mitgeprägt, wie man sieht.

[33] *Les deux sources de la morale et de la religion*, 262 (in *Œuvres*, 1185); *Die zwei Quellen der Moral und der Religion*, 245.

[34] *Les deux sources de la morale et de la religion*, 252f. (in *Œuvres*, 1177f.); *Die zwei Quellen der Moral und der Religion*, 235.

[35] *Die zwei Quellen der Moral und der Religion*, 229. (in *Œuvres* 1172); *Les deux sources de la morale et de la religion*, 245.

Der Grundgedanke von Joseph Maréchals (1878–1944) *Le point de départ de la métaphysique* (1922ff) in Hinblick auf Maurice Blondel

Otto Muck (Innsbruck)

Einleitung

In dieser Tagung wurde uns die Schrift »Le point de départ de la recherche philosophique«[1] von Maurice Blondel vorgestellt. Zwei Jahrzehnte nach dieser Schrift erschien der entscheidende fünfte Band des Werkes von Maréchal mit dem ähnlich klingenden Titel *Le point de départ de la métaphysique*. Mir fällt die Aufgabe zu, Ihnen die Grundgedanken dieses Werkes nahe zu bringen – wohl nicht ohne Seitenblicke auf Maurice Blondel, soweit mir das möglich ist.

Der Belgier Joseph Maréchal SJ (1878–1944) hatte sich neben dem Studium der Philosophie und Theologie zunächst mit Biologie beschäftigt, mit Psychologie und besonders auch mit der Psychologie der Mystik. 1919–1935 war er in Löwen Professor der Geschichte der Philosophie.

Der Titel seines Hauptwerkes kennzeichnet tatsächlich sein Anliegen. Nicht zufällig trägt der von Paul Gilbert SJ (Rom) herausgegebene und im Jahr 2000 erschienene Sammelband zum Gedenken an Maréchal den Titel *Au point de départ*.[2] Durch den Hinweis im Untertitel wird das Anliegen genannt: Tatsächlich bewegt sich Maréchal im Spannungsfeld »zwischen kantischer Kritik und thomistischer Ontologie«. Darin kommt Maréchals Bedeutung zum Ausdruck: Er hat einen Zugang zu bleibenden Einsichten der klassischen Metaphysik (und Theologie) gesucht, in Auseinandersetzung mit und Weiterführung von neuzeitlichem Denken, besonders Kant, und hat dadurch Einfluss auf die Theologie ausgeübt – z. B. auf Karl Rahner und Bernard Lonergan.

Mit Kant verbindet Maréchal das Anliegen, gegenüber empiristischer Kritik die Möglichkeit naturwissenschaftlicher Erkenntnis so zu verstehen, dass sie nicht zu einer materialistischen Weltanschauung führt. Kant tat dies durch Begrenzung des Wissens. Maréchal sucht demgegenüber eine Grundlage für eine kritische Klärung weltanschaulicher Fragen nicht nur unter Rekurs auf Postulate der praktischen Vernunft. Die Grundlage dafür sieht er in der für unser Wissen konstitutiven Seinsbejahung, der metaphysischen Affirmation, die sich im Dynamismus des menschlichen Geistes ausdrückt und das menschliche Leben trägt. Mit dieser Grundlage ist aber nicht notwendig der zeitliche oder methodische *Anfang philosophischer Untersuchungen* gemeint.

Damit sind schon die Stichworte genannt, denen ich mich widmen muss und die erwartet werden, wenn von Maréchal gesprochen wird: *Dynamismus des menschlichen Intellekts*, *Weiterführung von Kant* zur *Grundlegung von Metaphysik*, einschließlich des Aufweises von *Gott als Ziel dieses Dynamismus'*. Mit einigen Hinweisen auf eine Struktur, die ich *integrierende Synthese* nenne, möchte ich Vergleichspunkte zwischen Maréchal und Blondel nennen.

1. Deutung der Erkenntnis als Dynamismus des Intellekts

Eine frühe Form dieses Grundgedankens von Maréchal finden wir bereits 1908/1909 in einer Arbeit über das Bewusstsein von der Realitätsgegebenheit.[3] Darin zeigt sich eine Anwendung der metaphysischen Affirmation zur Deutung der Erfahrung und zur Kritik unzureichender Modelle der Erfahrungserkenntnis.[4] Er setzte sich mit damals gängigen erkenntnistheoretischen Versuchen auseinander. Diese fragten, wie wir, ausgehend von Inhalten des Bewusstseins, die im Alltag angenommene Erkenntnis einer dem Bewusstsein vorgegebenen Wirklichkeit rechtfertigen können. Wie, so fragten diese Versuche, ist die »Brücke« zwischen Bewusstsein und der Realität zu schlagen?

Maréchal vertritt hier die Ansicht, dass alle diese Versuche nicht ihr Ziel erreichen, weil das Problem der »Brücke« *falsch gestellt* ist, weil ein irreführendes Modell zugrunde gelegt wird. Es geht nicht darum, wie wir vom Zweifelhaften zur zweifelsfreien Erkenntnis, vom subjektiven Erlebnis zur objektiven Erkenntnis der Realität gelangen. Schon um das Modell anzugeben und zu formulieren, muss man bereits die grundsätzliche Möglichkeit der Wirklichkeitserkenntnis voraussetzen.

Er sagt: »Als ursprünglich [fait primitif] müssen wir das Reale, die Bejahung und das Objektive ansetzen und fragen, wie diese Tatsache sich aufgliedert zum Irrealen, zum Zweifel und zum Subjektiven.« (a. a. O.) Maréchal gibt zu, dass zwischen dem Gehalt [contenu] einer Vorstellung, der auch bei einer Täuschung vorliegt, und dem Realitätscharakter [caractère réel], der dem Vorgestellten in der Behauptung zugesprochen wird, unterschieden werden muss. Aber das Erfassen des Realitätscharakters kann nicht allein aus den formalen Bestimmungen des Erkenntnisbildes abgeleitet werden. Es bedarf vielmehr der Berücksichtigung der *dynamischen Ausrichtung der Vernunft auf das Sein*. Diese erklärt die *grundsätzliche Realitätsbezogenheit* der Erkenntnis. Zugleich aber erklärt das Wirken der dynamischen Ausrichtung auf das Sein auch die durch *aktive Assimilierung der Sinnesgegebenheiten* konstituierten formalen Bestimmungen der Erkenntnisgehalte.

So ist für Maréchal das Primäre die absolute Seinsbejahung, die grundsätzlich objektiv ist und sich auf das Reale bezieht. Diese Ausrichtung der Vernunft nimmt das sinnlich Gegebene als Material der Bejahung auf und tendiert dazu, es gemäß dem Grundgesetz des Geistes, dem Widerspruchsprinzip, zu verstehen und zu bejahen und zu einer *integrativen Synthese* zu führen: Insofern die bejahten Inhalte gegen eine totale Einheit der Gesamtheit der Erkenntnis tendieren, werden sie als real behauptet, insofern sie davon divergieren, als unreal. So erst kommt es zur Unterscheidung von Wirklichkeit und Schein, von Gewissheit und Täuschung. In dieser Konvergenz erweist sich die Angemessenheit des Erkennens an die Wirklichkeit: zunächst die grundsätzliche Angemessenheit, fortschreitend aber auch die Angemessenheit im Einzelnen.

Dazu zwei Bemerkungen:

Zunächst wird bei manchen, die das hören, das Bedenken aufsteigen, dass diese kühne Deutung der Erfahrungserkenntnis durch den Dynamismus des Intellekts in einem Gegensatz steht zu dem *hinnehmenden Charakter der Erfahrung*. Dem gegenüber gebe ich aber zu bedenken, dass es Maréchal gerade darum geht, die *grundsätzliche* Geltung der spontanen Erfahrung gegenüber unzureichenden Deutungen verständlich zu machen. Für ihn wird die Aufmerksamkeit auf die Inhalte dieser Erfahrung nicht überflüssig, auch nicht die Prüfung unserer Erfahrungserkenntnis im Einzelnen. Vielmehr bietet die Deutung der Erkenntnis durch den Dynamismus Maréchal erst einen *Rahmen*, in dem derartige Fragen verfolgt werden können, ohne dass man sich durch Bedenken aus unangemessenen Modellen irreführen lässt. In diesem Sinn könnte man den Dynamismus auch als *Korrektur anderer Modelle* der Deutung der Erkenntnis verstehen – wie dem Modell der Brücke oder der Abbildung. Diesen Modellen gegenüber wird die Aufmerksamkeit auf jene rationalen Faktoren gelenkt, durch welche im Erkennenden jener Erkenntnisakt konstituiert wird, für dessen intentionalen Inhalt Geltung für die Wirklichkeit beansprucht wird.

Die zweite Bemerkung betrifft eine Ähnlichkeit der Auffassung Maréchals mit Bemühungen, lebenstragende Überzeugungen nicht nur psychologisch zu untersuchen, sondern auch in ihrem rationalen Kern wahrzunehmen. Das kann ein kurzer Ausblick auf spätere Entwicklungen der Analytischen Religionsphilosophie zeigen.

In der Diskussion um die *Eigenart der Rationalität der religiösen Sprache* in der zweiten Hälfte des zwanzigsten Jahrhunderts wurde die Aufmerksamkeit auf Einstellungen gelenkt, die unser Leben tragen und die auch in religiöser Sprache ihren Ausdruck finden. Erst kraft dieser persönlichen Überzeugung betrachten wir die einzelnen Erkenntnisweisen – wie z. B. Naturwissenschaften – und die in ihnen aufgewiesene »Wirklichkeit« als relevant für unser Handeln. Diese grundlegende Auffassung, die wir oft unreflektiert verwenden, ist entscheidend dafür, was wir für wahr bzw. in dem Sinn für wirklich halten, dass wir es unserer Lebensgestaltung zugrunde legen. Hier kommt offenkundig ein weiterer Begriff von »Wirklichkeit« ins Spiel, der nicht auf das durch bestimmte Wissenschaften Erfasste eingeschränkt ist. Darum ist auch nicht zu erwarten, dass Aussagen darüber allein mit der Methode einer dieser speziellen Erkenntnisweisen gerechtfertigt werden können. Sind diese das Leben tragenden Auffassungen und Einschätzungen deshalb irrational?

Keineswegs. Ich habe hier die Weiterführung der Diskussion um das Gleichnis vom unsichtbaren Gärtner von Antony Flew bis zu Josef Bochenskis *Logik der Religion* (Köln 1968) für aufschlussreich gefunden.[5] Hier wurde für solche persönliche, das Leben tragende Auffassungen – manchmal »persönliche gelebte Weltanschauung genannt« – gezeigt: sie lassen sich rekonstruieren als eine *integrative*, die einzelnen Bereiche zusammenordnende Deutung von allem, mit dem sich ein Mensch in seinem Leben auseinanderzusetzen hat. Aus dieser Aufgabe ergeben sich die Mindestforderungen nach Einheitlichkeit, Widerspruchsfreiheit und nach einem deutenden Bezug auf grundsätzlich alles, was dem Menschen begegnet und womit er sich auseinanderzusetzen hat. Diese Forderungen werden auch spontan als Kriterien verwendet, wenn bezüglich der eigenen Auffassung oder jener eines Gesprächspartners Fragen auftreten.[6]

Was hier als Struktur einer gelebten Weltanschauung aufscheint, bildet auch für Bochenski den Hintergrund, innerhalb dessen er Fragen der religiösen Erfahrung diskutiert[7] – eine interessante Parallele zu Maréchal. Als ich mich mit diesen Untersuchungen beschäftigte, war ich überrascht über die strukturelle Ähnlichkeit mit dem Dynamismus von Maréchal, der unser Erkennen als Frucht einer *integrativen* Synthese deutet, als Ergebnis des spontanen Bemühens um eine widerspruchsfreie Aufarbeitung des Begegnenden. So meine ich auch, dass nach Maréchal unsere lebendige Aufarbeitung des Begegnenden unter die Grundausrichtung des Geistes nicht nur unsere Erfahrungserkenntnis ermöglicht, sondern auch *jene Überzeugung, welche die Gestaltung unseres Lebens trägt.* Wenn damit in der Reflexion *abstrakt* die *Struktur* der Bildung einer solchen Auffassung herausgestellt wird, so ist damit jedoch noch nicht gesagt, welche *konkrete Auffassung* sich ein Mensch auf diese Weise bisher gebildet hat.

Bereits hier zeichnet sich ein interessanter Punkt zum Vergleich der Überlegungen von Blondel und Maréchal ab, auf den ich noch zurückkommen werde – geht es doch auch Blondel um die unser Leben tragende Einstellung oder »Bestimmung«.

2. Maréchals Weiterführung von Kant

Den Grundgedanken des Dynamismus' des Intellekts hat Maréchal Kant gegenüber fortschreitend geltend gemacht: Zunächst 1914 im Rahmen einer kritischen Beurteilung von Kant, in *äußerer* Kritik. 1917 skizziert Maréchal den Grundgedanken des späteren Werkes über den Ausgangspunkt der Metaphysik. Kant gegenüber soll nun auf der Basis der Methode Kants in *immanenter* Kritik die konstitutive Funktion der metaphysischen Seinsbejahung als Möglichkeitsbedingung für Gegenstandsbewusstsein überhaupt aufgewiesen werden.

In seinem seit 1922 erscheinenden Hauptwerk *Le point de départ de la métaphysique* hat Maréchal seine grundlegende Intuition weiter entfaltet: Die ersten Bände waren einer kritischen Geschichte des Erkenntnisproblems im Abendland (I–III, später IV, geplant VI) gewidmet. Philosophiegeschichtlich sucht er zu zeigen, dass in der Diskussion der Philosophen um die Eigenart der Erkenntnis Elemente hervorgetreten sind, deren einseitige Betonung zur – oft wieder einseitigen – Betonung der vernachlässigten Elemente durch andere Denker geführt hat. Maréchal sah nun den Vorzug des Denkens von Aristoteles und Thomas darin, dass dort ein ausgewogenes Verhältnis dieser Komponenten zu finden ist. Auch in dieser kritischen Aufarbeitung philosophischer Positionen sehe ich wieder Maréchals Bemühen um eine *integrative* Synthese am Werk.

Ein Vergleich der Erkenntnisauffassungen von Thomas und Kant ließ Maréchal nun darauf aufmerksam werden, dass beide das Erkennen auch als *Tätigkeit des Erkennenden* auffassen, wobei der Erkennende wesentliches beisteuert: Bei Kant sind es die *apriorischen Formen* der Anschauung und des Denkens, bei Thomas ist es das *Formalobjekt* jeder Erkenntnisfähigkeit. Der entscheidende Unterschied liegt aber darin, dass Kant der Vernunft nur eine regulative, nicht eine konstitutive Funktion für die Erkenntnis zuerkennt. Dadurch fallen bei ihm auch theoretische und praktische Vernunft auseinander: Der beide umfassende Bereich ist dem Erkennen nicht zugänglich, er dient nur grenzbegrifflich der Kritik einer dogmatischen Überbewertung dessen, was dem wissenschaftlichen Erkennen zugänglich ist, damit dieses nicht als die für den Menschen allein entscheidende Wirklichkeit angesehen wird.

Im fünften Band von *Le point de départ de la métaphysique* sucht Maréchal 1926 nun seine historische Beweisführung durch eine systematische zu ergänzen.[8] Maréchal sucht aufzuweisen, dass für jedes Urteil eine Beziehung auf das »Absolute des Seins«, auf Gegenstände in Hinblick auf einen umfassenden und unrelativierbaren Bereich, in diesem Sinne auf ein An-sich, *konstitutiv* ist. Dieser Aufweis erfolgt zunächst als *praktisches Postulat* (V, 528–532). Der springende Punkt scheint mir dabei zu sein, dass das Urteil in unserem Leben eine wesentlich praktische Funktion hat, nämlich als Orientierung für unser Handeln. Schließlich sucht Maréchal (V, 532–554) durch eine transzendentale Deduktion den Bezug zum Absoluten als konstitutiv für jeden Gegenstandsbezug und damit auch für jedes Urteilen aufzuweisen.

Dazu sucht er zunächst im Gedankengefüge von Thomas und damit im Rahmen von dessen Ontologie des Erkennens den Grundgedanken der transzendentalen Analyse und einer Rechtfertigung der metaphysischen Seinsbejahung wieder zu erkennen. Angeregt durch diesen Vergleich mit Thomas will Maréchal dasselbe Ergebnis erreichen, nun *als* transzendentale Weiterführung von Kant. Er stellt sich zunächst auf den Standpunkt von Kant, indem er unsere spontane Erkenntnis betrachtet, die den Anspruch erhebt, sich auf Wirklichkeit zu beziehen, welcher Anspruch aber nach Kant problematisch ist. Darum geht Maréchal zunächst vom »phänomenalen Objekt« aus, bei dem der beanspruchte Wirklichkeitsbezug noch eingeklammert bleibt. Maréchal folgt auch insofern Kant, als sich das Gegenstandsbewusstsein in Urteilen ausdrückt. Auch folgt er Kant in der Idee der transzendentalen Analyse, dass nämlich vom Erkennen aus die apriorischen Bedingungen herausgearbeitet werden sollen, durch welche Erkennen überhaupt erst möglich ist. Das führt Maréchal mit Kant zu *Erkenntnisfunktionen*, die mit den bei Thomas angeführten Erkenntnisfähigkeiten der äußeren und inneren Sinne und ihres Bezuges zum Denkvermögen verglichen werden können, unter besonderer Beachtung ihrer Formalobjekte.

In dem folgenden Schema der Verhältnisse der Erkenntnisfunktionen und der ihnen entsprechenden Bereiche im Gegenstand weist die strichlierte Linie auf den Unterschied von Kant und Maréchal hin:

Schematischer Vergleich der Urteilsanalyse bei Kant und Maréchal:

		Seinsordnung	**Maréchal**
Urteil	*Ausrichtung auf umfassenden Bereich*		
Affirmative	**Bejahen (oder Verneinen)**		umfassend,
Synthese		**Sein**	praktisch, integrierend.
Urteil mit	Kategorien	Sosein	**Kant**
kategorialer	Schematismus		
Synthese	zeitliche Synthese	des sinnlich	
	räumliche Synthese	wahrnehmbaren	
Anschauungs-		Gegenstandes	
formen	sinnl. Mannigfaltigkeit		
	ERSCHEINUNG		DING AN SICH

Maréchal verwendet bei dieser Untersuchung wegen seines Vergleiches mit Thomas dessen Termini. Er betont aber, dass er sie in einem *eingeschränkten* Sinn versteht, lediglich als Hinweis auf aufweisbare *Erkenntnisfunktionen*, was immer ihre metaphysischen Hintergründe sein mögen. Damit vermeidet er einen Zirkel. Er betont nämlich, dass für ihn eine Rechtfertigung der Verwendung dieser Termini im *erweiterten erkenntnismetaphysischen Sinn* erst nach Durchführung der transzendentalen Deduktion der metaphysischen Seinsbejahung erfolgt.

In seiner Analyse des Urteils aber unterscheidet sich Maréchal von Kant. Er führt die *integrative* Synthese – nun der Erkenntnisfunktionen – weiter: Bei Kant kommt die Erkenntnis bereits zustande durch Fassen des sinnlich Mannigfaltigen unter die apriorischen Formen der Anschauung und des Denkens, unter die Kategorien. Diese Funktion des Urteils nennt Maréchal synthetische Form der Konkretion, *kategoriale Synthese*. Der Bezug auf das Absolute hat demgegenüber bei Kant nur regulative Funktion. Hier setzt Maréchal ein: Er sucht zu zeigen, dass ein Urteil nicht möglich ist, wenn nur die kategoriale Synthese beachtet wird, durch die z. B. in einer Elementaraussage ein Begriff auf einen aufweisbaren Gegenstand bezogen wird. Für Maréchal gehört wesentlich und konstitutiv dazu, dass der durch kategoriale Synthese gebildete Aussageinhalt auch tatsächlich bejaht oder verneint wird. Dies nennt er die objektivierende Form der Affirmation, die *affirmative Synthese*. Erst dadurch wird der Urteilsinhalt zur Bejahung eines Sachverhaltes, der für wirklich gehalten und dem weiteren Handeln zugrunde gelegt wird.[9] Man mag sich hier an die spätere Sprechakttheorie erinnert fühlen, der gemäß sich die Behauptung nicht im propositionalen Gehalt erschöpft.

Für Maréchal ist diese affirmative Synthese die spezielle Leistung der Vernunft. Durch sie wird die Erkenntnis bzw. das Gegenstandsbewusstsein auch in den einzelnen Erkenntnisweisen getragen. Zugleich wird durch sie der *Bezug zur Praxis* ermöglicht, insofern Handlungen die Bejahung der ihnen zugrunde liegenden Erkenntnisinhalte voraussetzen. So wird der rationale Kern lebenstragender Überzeugungen Kant gegenüber nicht nur praktisch begründet, sondern auch theoretisch, als die für jede Form unseres Erkennens konstitutive Funktion der Seinsbejahung, eines grundlegenden Bezugs zum Ganzen. Diese grundsätzliche, alle Formen der Erkenntnis ermöglichende Ausrichtung des erkennenden und handelnden Menschen auf das Absolute des Seins ist für Maréchal der *Ausgangspunkt der Metaphysik*.

3. Maréchals Grundlegung der Metaphysik

Konstitutiv für die Erkenntnis ist die Ausrichtung auf den umfassenden Bereich insofern, als diese Ausrichtung nicht gewonnen wird durch Ergänzung partikulärer Erkenntnisweisen, seien diese Wissenschaften oder Alltagsverstand. Die einzelnen besonderen Erkenntnisweisen sind vielmehr zu verstehen als methodische Einschränkungen der grundlegenden Ausrichtung der Erkenntnis auf den umfassenden Bereich. Damit wird es in der Reflexion auf diese Leistung der Vernunft möglich, den Bezug der Urteilsbejahung auf einen umfassenden Bereich zu bezeichnen, der alle besonderen Bereiche der einzelnen Erkenntnisweisen umfasst, ohne dass dieser Bereich direkt repräsentiert werden müsste.

Von da aus können die metaphysischen Begriffe nach Maréchal verstanden werden als Folge von Unterscheidungen, die sich aus der Anwendung des Prinzips vom ausgeschlossenen Widerspruch ergeben. Diesem Prinzip gemäß können unsere Urteile, wenn sie sich unter *derselben* Rücksicht auf die Wirklichkeit beziehen, einander nicht widersprechen. So kann dann für Maréchal das Widerspruchsprinzip im Sinn von Aristoteles als Leitfaden dienen, um auftretende Gegensätze zwischen dem, wie verschiedene Gegebenheiten verstanden werden, daraufhin zu untersuchen, auf welche unterscheidbaren Aspekte der Wirklichkeit sie sich beziehen.

Die durch die Seinsbejahung begründbare Metaphysik erweist sich als Entfaltung des differenzierten Bezugs menschlichen Lebens auf die verschiedenen Gegenstandsbereiche. Metaphysische Begriffe bringen diese differenzierten Bezüge zum Ausdruck. So kommt es zu einer *Reinterpretation* der metaphysischen Termini. Die in ihnen angezielten Einsichten werden aus dem früheren kosmologischen Kontext gelöst und beziehen sich nun auf *Möglichkeitsbedingungen des differenzierten menschlichen Lebensvollzugs*. Dies führt zu einem Verständnis der Metaphysik, das aufs Engste mit dem Vollzug menschlichen Erkennens, Handelns und Lebens verbunden ist.

Im Einzelnen die weiteren Differenzierungen der Fragerichtungen und Seinsweisen darzustellen, das war nicht die Aufgabe, die sich Maréchal gestellt hat.[10] Seine Aufgabe sah er eher darin, die Grundlage für das zu bereiten, was dann andere ausführten, wie z. B. K. Rahner, J.B. Lotz, E. Coreth. Bernard Lonergan[11] hingegen geht aus von den vielfältigen Weisen des Erkennens und findet in ihnen eine immer wiederkehrende Struktur, wenn sie sich auch je nach der betreffenden Erkenntnisweise abwandelt. Dann wird bestimmt, inwiefern diese Tätigkeit Erkennen ist und diesem Erkennen Geltung zukommt. Erst dann wird die Metaphysik grundgelegt mit der Frage, was dabei erkannt wird. Für ihn ist der Bezug auf das dem reinen Erkenntnistreben Entsprechende der Bezug auf Sein. Einzelne Erkenntnisweisen unterscheiden sich durch bestimmte Voraussetzungen – Lonergan nennt sie »heuristische Strukturen«, nach denen ihre Gegenstandsbereiche erforscht werden. Dabei macht B. Lonergan in *Insight* darauf aufmerksam, dass die Grundbegriffe der Ontologie nicht nur operativen, sondern besonders auch *heuristischen Charakter* haben. Sie sind *operativ*, indem sie verschiedene Richtungen kennzeichnen, in denen geforscht werden kann, und stellen deren Unterschiede voneinander heraus, um so auch einer Verwechslung vorzubauen. Aber sie geben noch nicht jene Inhalte, die erst noch erforscht werden müssen. So sind sie *heuristisch*, indem sie ermöglichen, gezielt Fragen zu stellen, geben aber noch nicht die Antwort.

Hier erinnere ich mich an eine kritische Notiz von Blondel gegenüber Maréchal in einem Brief an ihn vom 18. August 1930 (Melanges I, 340) wo er den Versuch, zeitgenössisches Denken mit neuscholastischen Begriffen zusammenzubringen, als belastende Täuschung [»onéreusement décevant«] empfindet. Ich meine, dass dabei Blondel wohl gerade nicht das Verständnis Maréchals dieser Begriffe im Sinn hat!

Vergleichen wir dazu auch die Anmerkung Blondels in unserer Schrift *Le point de départ* ...(253, dt. 88), wo er die schädliche Verwechslung beklagt, die vorliegt, wenn man etwa bei den aristotelischen Ursachen ihre Eigenart übersieht – denn: »es handelt sich dabei um Schemata der *Verursachbarkeit*, keineswegs um wirkliche *Verursachung*.« Dem würde nicht nur W. Wieland[12] beistimmen, sondern auch Lonergan.

4. Zur Struktur »integrierender Synthese«

Wir haben bisher vom Dynamismus, von der Weiterführung Kants und der Grundlegung der Metaphysik gesprochen. Bevor ich zu Maréchals Hinweis auf Gott komme, möchte ich noch auf eine Struktur in Maréchals Denken eingehen, die ich bereits wiederholt als *integrierende Synthese* bezeichnet habe. Ich meine, dass es für einen Vergleich mit Blondel hilfreich sein kann, wenn wir ihr unsere Aufmerksamkeit zuwenden. Sie zeigt sich bei Maréchal in der Deutung des Erkennens der Wirklichkeit als Produkt einer dem Widerspruchsprinzip gemäßen Aufarbeitung des Gegebenen. Sie zeigt sich aber auch in der Auffassung der Metaphysik als Unterscheidung und Zusammenordnung verschiedener Erkenntnisweisen bzw. ihrer Gegenstandsbereiche, aber auch in der Diskussion der Positionen der Erkenntnistheorie.

Ich möchte nun ein Moment dieser *integrierenden Synthese* an einem alten geläufigen Beispiel verdeutlichen: ein Stab, hineingehalten in ein Aquarium. Jemand sagt: der Stab ist geknickt. Nach Abtasten urteilt jemand aber, er ist nicht geknickt. Betrachten wir kurz dieses Beispiel. Eine Reaktion wäre: Der erste Sprecher habe sich geirrt, was er sagte, sei falsch. Eine andere Reaktion wäre es zu sagen: Was er gesagt hat, das sollte nur berichten, wie ihm der Stab *erscheint*, während er davon absieht, ob er *in Wirklichkeit* geknickt ist. Eine übliche Weise dies zu charakterisieren ist: der erste Sprecher hat dem Sachverhalt einen *ontologischen Status* eingeräumt, der ihm nicht wirklich zukommt – also durchaus ontologisches Gewicht beigelegt, aber im Gefolge musste dies korrigiert werden, von »wirklich« auf nur »dem Augenschein nach«. Um die erste Aussage, »der Stab ist geknickt«, aufrecht zu erhalten, müssen bestimmte Bereiche relevanter Fragen ausgeklammert werden, z. B. müssen wir davon absehen, wie er sich beim Abtasten anfühlt etc. Wollen wir keine derartige Einschränkung von Fragen, dann erheben wir den Anspruch, zu sagen, wie der Stab wirklich ist, nicht wie er dem Auge erscheint.

Hier zeigt sich: Dem *Anspruch auf Geltung unserer Aussagen* entspricht ein *Bezug auf Wirklichkeit, auf Sein.* Wird der Sinn der Aussagen aber so eingeschränkt, dass nur mehr ein begrenzter Bereich relevanter Fragen als einschlägig beachtet wird, dann sprechen wir nicht mehr davon, wie der Sachverhalt wirklich ist, sondern wie er unter einer bestimmten eingeschränkten Perspektive erscheint. Diesen Aussagen kann dann eine besondere Seinsweise zugeordnet werden, die durch den Bereich der einschlägigen Fragen charakterisiert ist – also z. B. »dem Augenschein nach« – damit wird der ontologische Gehalt präzisiert.

Für die Aufgabe der Metaphysik ergibt sich daraus im Sinn von Maréchal, dass für sie der Bezug zum Sein grundlegend ist. Dieser Bezug zum Sein äußert sich in einem Geltungsanspruch *ohne Einschränkung der relevanten Fragen.* Folglich braucht es eine Überprüfung, wenn eine Antwort auf eine relevante Frage nicht mit einem bisherigen Urteil vereinbar ist. Durch die Überprüfung soll es zunächst möglich werden, die besonderen Bereiche, in denen die miteinander nicht vereinbaren Sätze begründbar sind, als nicht umfassende zu erkennen und sie auf ihren Bezug zum Sein, zur Wirklichkeit hin zu befragen – ihre besondere Seinsweise zu bestimmen und sie als nicht erschöpfende Aspekte der Wirklichkeit zu verstehen.

Ich möchte hier auch nicht versäumen, darauf hinzuweisen, dass also das so gedeutete Verständnis dessen, was Maréchal unter Sein versteht oder was wir vorher mit Wirklichkeit gemeint haben, als genau das charakterisiert werden kann, worauf die Erkenntnis, die sich in der Bejahung ausdrückt, als solche hingeordnet ist. Damit ist eine *operative Definition* bzw. *Explikation* des vorgeschlagenen Verständnisses von Sein gegeben.[13] Daher ist man dann gut beraten, wenn Aussagen im Zusammenhang mit diesem Sein gemacht werden sollen, zu prüfen, wie diese mit der Grundlage dieser operativen Definition zusammenhängen, also mit dem Vollzug des Bejahens oder Fragens. Damit soll vermieden werden, dass man sich lediglich von Assoziationen oder ungeprüften Modellvorstellungen leiten lässt. Zugleich ist dann eher der Bezug dieser Begriffe in Hinblick auf die Deutung unseres Lebens zugänglich.

Diese operative Explikation zeigt auch, in welchem Sinn die *angezielte*

Geltung der Erkenntnis auf der Übereinstimmung mit dem, was ist, beruht, dass aber zugleich der Weg dazu die Überprüfung der relevanten Fragen ist. Nun ergeben sich die relevanten Fragen als Ausdruck und Folgen unseres Wissensstrebens. Damit besteht die Prüfung der Geltung von Aussagen mittels relevanter Fragen also in der Überprüfung der *Übereinstimmung mit der Forderung unseres Wissensstrebens*, das unser Leben trägt.[14]

An das musste ich denken, als ich bei Blondel (S. 235, dt. 108f) den herausfordernden Satz gelesen habe: »An die Stelle der abstrakten und chimärischen adaequatio speculativa rei et intellectus [der spekulativen Übereinkunft der Sache mit dem Intellekt] setzt die methodische Forschung zu Recht die adaequatio realis mentis et vitae [die wirkliche Übereinkunft des Geistes mit dem Leben].«

Auf dem Hintergrund der Überlegungen zur *integrierenden Synthese* möchte ich auch die *Art des zugeschriebenen ontologischen Gewichts* beim Sprechen von Gegenständen präzisieren. Wir haben gesehen, dass der erste Sprecher das, was er sieht, für wirklich hält. Darin liegt, wie eine umfassendere Betrachtung ergeben hat, sein Irrtum. Erst wenn man den Seinsbezug einschränkt auf die Seinsweise des Augenscheins, wird der ontologische Charakter der Aussage ins rechte Licht gerückt. Wird die besondere Seinsweise in der Aussage zutreffend bestimmt, dann ist dadurch bereits ausgedrückt, um welchen Aspekt der Wirklichkeit es sich handelt. So halte ich es durchaus für möglich, phänomenologisch einen *ontologischen Anspruch* von gegebenen Gehalten festzustellen, jedoch in weiterer Untersuchung – mit integrierender Synthese – die Weise des Seinsbezugs und damit den *ontologischen Gehalt* genauer zu bestimmen. Das scheint mir vergleichbar damit, dass bei Blondel zwischen dem anerkannten ontologischen Gehalt in den einzelnen Schritten seiner Dialektik in der *Action* und der Bestimmung der ontologischen Geltung unterschieden wird, die dem Schluss der Untersuchung vorbehalten bleibt.

Unser Beispiel vom geknickten Stab kann uns auch verschiedene Möglichkeiten bei der Auswertung von Positionen im Zusammenhang von integrierender Synthese deutlich machen:

(a) Eine Position erweist sich als partikulär gegenüber einer anderen Position:

»Der Stab ist geknickt« im Sinn von:»meinem Auge erscheint er geknickt«, wie dies der Gegensatz zum Befund eines Abtastens zeigt.

(b) Eine partikuläre Position als partikuläre weist auf einen umfassenderen Anspruch hin:

Abstrakt wird darauf hingewiesen, dass die Einschränkung der relevanten Fragen auf den Augenschein auf einem Hintergrund von relevanten Fragen überhaupt geschieht. Das erinnert an Maréchals Aufweis der Ausrichtung auf das Sein.

(c) Eine Deutung durch eine andere Position als partikuläre erschöpft nicht diesen Anspruch:

Die Einschränkung zeigte sich konkret zunächst am Ergebnis des Abtastens. Allerdings ist auch bei dem, der tastet, eine Einschränkung der relevanten Fragen möglich. Wie steht es mit anderen Fragen? Ist immer nur das Tastbare real? Dies erinnert wohl an das Vorgehen Blondels in der *Action*.

(d) Unterscheiden wir also für die Bestimmung des umfassenden bzw. grundlegenden Anspruchs ein schrittweise *aufarbeitendes* von einem vorausgreifend *heuristischen* Vorgehen: Schrittweise könnten weitere Beispiele konkret daraufhin untersucht werden, ob alle relevanten Fragen berücksichtigt sind. Es kann aber vorausgreifend auch abstrakt der heuristische Rahmen dafür genannt werden, nämlich was dem entspricht, das alle relevanten Fragen berücksichtigt. Doch braucht es auch bei Maréchal die schrittweise Aufarbeitung des Gegebenen, während auch bei Blondels schrittweisem Vorgehen der heuristische Vorgriff auf die Sinnfrage bzw.»Bestimmung« im Sinn von Blondel wirksam ist.

Beide Wege der Auswertung ergänzen einander. Doch der reflektierende Hinweis auf sie ersetzt nicht den engagierten Prozess der persönlichen Auseinandersetzung mit den Positionen. Vielleicht wird dies veranschaulicht durch die Art, wie Maréchal auf Gott verweist.

5. Der Dynamismus des Geistes als Verweis auf Gott

Für Maréchal ist der umfassende Bereich nicht nur in einem abstrakten Sinn der *Bereich des Absoluten*. Er ist zugleich der Bereich, in dem zu suchen ist, was in menschlichem Streben und Werten und Ergründen für absolut gehalten werden kann – als absoluter Urgrund: Gott. Er lässt den

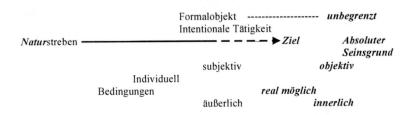

sachlichen Hintergrund entfalten, auf dem Aussagen über Absolutes zu prüfen sind. Damit ist der Weg für das Anliegen einer metaphysisch fundierten Religionsphilosophie (Philosophischen Gotteslehre) frei, welche diesen Bezug im Einzelnen thematisch entfaltet.

Nach Maréchal ist unser Erkennen und Wollen durch das vorausgesetzte *Natur*streben auf das Unendliche angelegt und deshalb von Gott ermöglicht und getragen.[15] Hier scheint mir zweierlei verbunden zu werden: zunächst geht es um eine in der Reflexion aufgewiesene voraus greifende heuristische Bestimmung des Bezugs zum Absoluten des Seins: Als Naturstreben des Intellekts, bestimmt durch das Ziel dieses Strebens, dessen Eigenart sich im Formalobjekt der Akte dieses Strebens zeigt. Als Ziel des Naturstrebens muss es realmöglich sein, als identisch mit der unbegrenzten ursprünglichen Fülle des Seins notwendig.

Was braucht es aber, um dieses Absolute als Ziel des Naturstrebens des Geistes als Gott zu identifizieren? Das setzt bereits ein Verständnis von Gott voraus, das diese Identifizierung erlaubt. Woher kommt dieses Verständnis? Es ist wohl Folge eines *als bereits erfolgt* vorgestellten Aufarbeitens von Gegebenheiten, das zu einer Auffassung geführt hat, welche die Identifizierung des Absoluten mit Gott erlaubt. Allerdings ist mit diesem Hinweis noch nicht der Prozess der religionsphilosophischen oder religiösen Meinungsbildung und Entscheidung erfolgt, der zu diesem Ergebnis führt.

Hier komme ich auf meine Hinweise zur rationalen Struktur lebenstragender Überzeugungen zurück. Insofern diese grundsätzlich bezogen sind auf die Gesamtheit von Gegebenheiten, sind sie jeweils *noch nicht abgeschlossen*. Die Deutung unserer tragenden Überzeugungen als Produkt der Aufarbeitung des Gegebenen durch den Dynamismus des Geistes deutet daher nur *den jeweiligen Stand* der Erkenntnis als Moment in einem offenen Prozess, der faktisch bei verschiedenen Menschen zu unterschiedlichen Auffassungen geführt haben kann und geführt hat.

Das würde aber heißen, dass Maréchals Hinführung zu Gott aus dem Dynamismus des Geistes zwar seine *Deutung des Rahmens* der Aufarbeitung des Gegebenen zeigt. Das muss aber noch nicht das faktische einstweilige Resultat dieses Prozesses bei jedem einzelnen Menschen sein. Denn die konkrete Auffassung, die sich ein Mensch bildet, ist ein Moment im Prozess seiner Aufarbeitung des Gegebenen, der noch nicht abgeschlossen ist.

So meine ich, dass Maréchals Hinweis auf Gott als Ziel des Dynamismus des Intellekts *reflektierend abstrakt* den Rahmen entfaltet, aber *konkrete Schritte* zu persönlicher religiöser Überzeugung nicht erübrigt. Dass es aber in der persönlichen Meinungsbildung diese Schritte braucht, hat Folgen für einen Dialog über religiös-weltanschauliche Fragen.[16] Dort ist jeweils zu berücksichtigen, welches das jeweilige Ergebnis der persönlichen Aufarbeitung der Lebenserfahrung ist – wobei echter Dialog selbst ein wichtiger Faktor in diesem Prozess ist. In dieser Situation zeigt sich eine Spannung zwischen *engagiertem* Denken, bei dem eine Person ihre eigene Weltanschauung zu klären und weiter zu entwickeln sucht, und einem *reflektierenden* Denken, das in abstrakter Weise Rahmenbedingungen klärt, die aber erst zu füllen sind. Ich neige dazu, darin eine Parallele zu sehen zu der Spannung zwischen Prospektion und Reflexion bei Blondel, einer Reflexion, die in das durch Prospektion bestimmte Leben eingebettet ist.

Zusammenfassend hoffe ich folgendes gezeigt zu haben:

(a) Maréchal entfaltet die Frage nach Sinn menschlichen Handelns von der Seinsbejahung her, die für alles Erkennen als Tun des Menschen grundlegend ist.

(b) Er berücksichtigt dadurch das rationale Element der Vertiefung gelebter Weltanschauung.

(c) Metaphysik entfaltet die in diesem Prozess wirksamen Strukturen und hilft so zur Orientierung. Sie dient damit einem ernsten Dialog und einer persönlichen Klärung der gelebten Weltanschauung, ohne diesen Prozess zu ersetzen – das Engagement in diesem Prozess bleibt jedem persönlich aufgetragen.

Einige Literaturhinweise zu Joseph Maréchal:

»A propos du sentiment de présence chez les profanes et les mystiques«, in: *Revue des Questions Scientifiques* 64 (1908) 527–563; 65 (1909) 219–249, 376–426. Abgedruckt in: *Études sur la Psychologie des Mystiques*. Paris [1]1924, [2]1938, I.
»Jugment ›scolastique‹ concernant la racine de l'agnosticisme kantien« (entst. Romiley, 1911). *Mél. I*, 273–287.
»Le point de départ de la métaphysique. Première Redaction« (entst. Louvain 1917). *Mél. I*, 288–298 (auszugsweise).
»Le point de départ de la métaphysique. Leçons sur le développement historique et théorique du problème de la connaissance« (Museum Lessianum), I 1922, II 1923, III 1923 (I–III [3]1944), IV 1947, V 1926 ([2]1949).
»Phénoménologie pure ou Philosophie de l'Action?«, in: *Philosophia Perennis*. Regensburg 1930, I, 377–400. Abgedr. in *Mél. I*, 181–206.
»L'aspect dynamique de la méthode transcendentale chez Kant«, in: *Revue néoscolastique de philosophie* 42 (1939) 341–383. Dt. Übersetzung: »Der dynamische Gesichtspunkt in der Entwicklung des kantischen transzendentalen Idealismus«, in: Wingendorf, E.: *Das Dynamische in der menschlichen Erkenntnis* (Grenzfragen zwischen Theologie und Philosophie 15.16) Bonn 1939/1940, II, 83–125.

über Maréchal:

Mélanges Joseph Maréchal (Museum Lessianum, sect.phil. 31.32) Paris 1950. I: Oeuvres (m. Bibliographie), II: Hommages. [Mél. I]
GILBERT, Paul (Hg.): *Au point de départ. Joseph Maréchal entre la critique kantienne et l'ontologie thomiste*. Bruxelles 2000.
MUCK, Otto: *Die transzendentale Methode in der scholastischen Philosophie der Gegenwart*. Innsbruck 1964.
MUCK, Otto: *Rationalität und Weltanschauung*. Hg. von Winfried Löffler. Innsbruck, Wien 1999. [RW]
VERHOEVEN, Jan: *Dynamiek van het verlangen. De godsdienstfilosofische methode van Rahner tegen de achtergrond van Maréchal en Blondel*. Den Haag 1995.

Anmerkungen

[1] Veröffentlicht in: *Annales de philosophie chrétienne* 151 (1906), S. 337–360; 152 (1906), S. 225–249. Dt. Übersetzung in: *Der Ausgangspunkt des Philosophierens*. Hamburg: Meiner 1992, S. 69–127.

[2] GILBERT, Paul (Hg.): *Au point de départ. Joseph Maréchal entre la critique kantienne et l'ontologie thomiste*. Bruxelles 2000.

[3] Bald nach seiner Priesterweihe, im Alter von 30 Jahren (1908), veröffentlichte Maréchal eine Untersuchung über die Realität des Erfahrenen in der alltäglichen und der mystischen Erfahrung: MARÉCHAL, Joseph: »A propos du sentiment de présence chez les profanes et les mystiques«, in: *Revue des Questions Scientifiques* 64 (1908) 527–563; 65 (1909) 219–249; 376–426. Zitiert nach dem überarbeiteten Abdruck in: *Études sur la Psychologie des Mystiques*. Paris ²1938, I/118.

[4] MUCK, Otto: »Sinn und Grenzen einer Erklärung religiöser Erfahrung«, in: F. Uhl und A.R. Boelderl (Hg.), *Zwischen Verzückung und Verzweiflung. Dimensionen religiöser Erfahrung*. Düsseldorf 2001, 43–55, zu Maréchal bes. 44–51.

[5] MUCK, Otto: »Zur Logik der Rede von Gott«, in: *Zeitschrift für Katholische Theologie* 89 (1967), 1–28, abgedruckt in: W. Löffler (Hg.): *Rationalität und Weltanschauung* [RW]. Innsbruck 1999, 14–44.

[6] FERRÉ Frederick, *Language, Logic and God*, New York 1961, S. 145, 159f; MUCK, Otto: »Dialog und (religiöser) Glaube. Zur Interpretation religiöser Rede«, in: P. Tschuggnall (Hg.), *Religion – Literatur –Künste II. Ein Dialog*. Anif, Salzburg 2002, 30–40, 36f.

[7] MUCK, Otto: *Weltanschauliche Bedingungen religiöser Erfahrung*, in: *RW* 352–372.

[8] MARÉCHAL, Joseph: *Le point de départ de la métaphysique. Leçons sur le développement historique et théorique du problème de la connaissance* (Museum Lessianum), I, II, III Löwen ³1944, IV 1947, V ²1949.

[9] Wenn Emerich CORETH (*Metaphysik*, Innsbruck ³1980, S. 457) darauf hinweist, dass das Wesen des Urteils noch nicht in der »prädikativen Synthese« von Begriffen liegt, sondern erst in der »affirmativen Synthese«, so erwähnt er, dass J. Maréchal terminologisch eine »*forme synthétique*« des Urteils als

»*concrétion*« (Cahier V, 2 éd., 281ff) und eine »*forme objective*« des Urteils als »*affirmation*« unterscheidet (ebd., 299ff). Johannes B. Lotz (*Das Urteil und das Sein*, Pullach 1957) verwendet in ähnlichem Sinn wie Maréchal die Terminologie Heideggers: »prädikative Synthese« des Urteils als Begriffsverknüpfung (58ff) und »veritative Synthese« des Urteils als Seinsbehauptung (62ff); vgl. Martin Heidegger, *Kant und das Problem der Metaphysik*, Frankfurt ²1951, 61.

¹⁰ Muck, Otto: »Ein Beitrag transzendentalphilosophischer Reflexion zum Verständnis von Metaphysik«, in: *RW* 247–259 und ders., »Die deutschsprachige Maréchal-Schule – Transzendentalphilosophie als Metaphysik«, in: *RW* 414–453.

¹¹ Lonergan, Bernard: *Insigh. A Study of Human Understanding.* Toronto 1957

¹² Wieland, Wolfgang: *Die aristotelische Physik*, Göttingen 1962.

¹³ Hoenen, Petrus: *De definitione operativa*: Gregorianum 35 (1954), 371–405: Auch in der Metaphysik werden bei Thomas operative Definitionen gefunden, nämlich Definitionen von Begriffen, die als primitive nicht durch »Gattung und Differenz« definiert werden können. Derart ist die Bestimmung der aristotelischen Kategorien, »der Einteilung des Seienden«, welche Thomas ableitet aus der Tätigkeit des »Prädizierens« d. h. Urteilens. ... Der Begriff des »Seins selbst« wird daher sein: das, was die Bejahung dem aufgefassten Sachverhalt zuspricht. Und das ist der Sinn, den der Realismus dem Terminus »Sein« (»esse«) zuteilt.

¹⁴ Muck, Otto: »Wahrheit und Verifikation«, in: *RW* 81–100.

¹⁵ Muck, Otto: »These XII: Erkenntnis und Wille des Menschen, die von Natur aus nach dem unendlichen Sein und Wert streben, sind nur möglich, wenn Gott als Ziel dieses Strebens existiert«; in: *Warum Glauben?* Hg. von W. Kern u. a. Würzburg: Echter 1961, 118–126.

¹⁶ Muck, Otto: »Sprachlogische Aspekte religiös-weltanschaulichen Dialogs«, in: *RW* 63–80 und ders., »Rationale Strukturen eines Dialogs über Glaubensfragen«, in: *RW* 106–151.

La mort comme point de départ de la philosophie

Simone D'Agostino (Rom)

»*De la mort*, de la crainte de la mort naît toute connaissance du Tout. Rejeter la peur qui tient en tenailles ce qui est terrestre, arracher à la mort son aiguillon vénéneux, enlever de l'Hadès ses miasmes empestés, voilà ce dont la philosophie se croit capable. […] La philosophie tourne son sourire vide vers toute cette misère et montre du doigt à la créature, dont tous les membres sont écartelés par la peur de l'au-delà, un au-delà dont cette créature ne veut rien savoir. Parce que l'homme ne veut absolument pas se soustraire à je ne sais quelle chaîne, il veut demeurer, il veut vivre. La philosophie, qui exalte la mort devant lui comme sa bien-aimée et comme l'occasion noble de se soustraire aux mesquineries de la vie, semble seulement se moquer de lui.«[1]

Devant le *j'accuse* péremptoire et cinglant lancé par Franz Rosenzweig au début de ce chef-d'œuvre de la pensée contemporaine qu'est *L'étoile de la rédemption*, il ne reste rien d'autre, au modeste chercheur que je suis, que d'abandonner toute velléité de pouvoir affronter le thème de la mort avec les faibles instruments de réflexion philosophique qui sont à ma disposition. Plus encore: pour qui a compris à fond la leçon du grand penseur juif, il doit être clair que la philosophie elle-même est insuffisante à affronter la mort, qu'elle présente même une »supercherie« puisqu'elle met en acte une tentative désespérée de fuir devant ce que Nietzsche appelle le »fleuve glacial de l'existence«,[2] élevant un apparat spéculatif vainement consolant et présomptueusement optimiste. Voilà pourquoi, à la fin du paragraphe cité, Rosenzweig invite l'homme à »rester (Bleiben)« dans la crainte de la mort, à s'immerger à fond dans le fleuve de mémoire héraclitéenne: »›Versinke denn! ich könnt' auch sagen: steige!‹ (›Immerge-toi alors!‹, à moins que je ne dise aussi: ›Monte‹)«.[3]

Jamais comme devant cette accusation ne vaut toutefois ce que disait Aristote dans son *Protreptique*: pour soutenir qu'il ne faut pas philoso-pher, il faut encore et toujours philosopher.[4] Rosenzweig, avec son ›anti-philosophie‹ de la mort, ne nous propose en fait rien d'autre qu'une nou-velle philosophie de la mort – comme lui-même l'admet – supportant une profonde réflexion sur la finitude humaine. Nous sommes ainsi ramenés sur les rives d'une philosophie, qu'en réalité nous n'avons jamais aban-donnée. Il serait cependant extrêmement réducteur de considérer la mort comme l'un des nombreux arguments dont s'occupent les philosophes, et de faire l'inventaire de leurs diverses opinions – y compris celle de Rosen-zweig – en les classifiant dans des listes à la fois historiques et typolo-giques.

L'histoire de la réflexion philosophique sur la mort est en effet aussi antique que la philosophie. La raison en est que la mort n'est pas seulement pour la philosophie un objet qu'elle puisse choisir parmi tant d'autres possibles; elle lui est consubstantielle: philosopher, c'est mourir; qui sait mourir, meurt en philosophe. Pour nous en convaincre, qu'il suffise de nous rappeler ces quelques lignes du *Phédon* de Platon:»C'est bien là une chose dont les autres risquent de ne pas avoir conscience: que tous ceux qui s'appliquent à la philosophie et s'y appliquent« droitement ne s'occupent de rien d'autre que de mourir et d'être morts« (*Phaed.*, 64a–b).[5] Maurice Blondel est lui aussi tout à fait conscient de ce rapport essentiel de la mort et de la philosophie. En terminant son enquête sur le *Point de départ de la recherche philosophique*, lorsqu'il pose en toute sa radicalité le problème de l'inséparabilité et en même temps de l'irréductibilité de la connaissance et de l'action, il le fait proprement en référence à la mort:»la solution de fait est, pour chacun de nous, réalisée en chacun de nos instants qui pourrait être celui de notre mort«.[6] Et l'auteur de préciser que »c'est de cette solution de fait que la philosophie part«.[7] La mort, donc, comme point de départ de la philosophie, telle est la thèse à la laquelle arrive Blondel, tout à fait conscient de la grande tradition que le précède:

»Il y a longtemps que Platon ou Spinoza l'on dit: ›La philosophie est l'apprentissage de la mort‹, c'est-à-dire l'anticipation de la vraie vie, de la vie qui pour nous est indivisiblement connaissance et action«.[8]

Voilà donc le but que je me propose d'atteindre ici: parcourir les grandes lignes de l'histoire du rapport de la philosophie et de la mort, et chercher à y déterminer la position de Blondel selon sa particularité et sa différence.

Le paradoxe de la mort

Paradoxalement, la mort semble être ce qui, de tout ce qui touche l'homme, lui est le plus intime et en même temps que le plus étranger. Nous avons un premier écho de ce paradoxe dans les paroles d'Héraclite, indéchiffrables et labyrinthiques, recueillies dans un fragment transmis par Clément d'Alexandrie: »L'homme dans la nuit s'allume une lumière comme quand sa vue est éteinte; mais en vivant, il touche le mort en dormant et il réveille l'endormi«.[9] Le sommeil est en effet un état dans lequel nous expérimentons immédiatement la proximité de la mort qui accompagne notre existence, ce qui émerge d'une manière encore plus cruelle et consciente dans l'état liminal et tourmenté qu'est l'insomnie.

José-Luis Borges a décrit l'insomnie comme un état dans lequel nos images se brisent; à nos oreilles, dans le silence de la nuit, il nous semble sentir le son d'un «coup de cloches fatal«.[10] Nous ne réussissons pas à comprendre si l'obscurité striée d'étranges couleurs sous nos paupières serrées a une qualité différente de l'obscurité qui nous enveloppe tandis que nos yeux sont grand ouverts. Le corps s'enfonce; il semble lui aussi se briser sur la surface qui le soutient. Je me trouve ainsi, écrit Borges, dans l'état »de vouloir m'enfoncer dans la mort«, et en même temps »de ne pas pouvoir m'enfoncer dans la mort«, et donc »d'exister«, à la fois dans l'»horreur d'exister et de continuer à exister«, en faisant vivre dans cette existence la mort elle-même.

Pantoporos aporos, chantaient les vieux Thébains dans l'hymne si célèbre de l'*Antigone* de Sophocle, dont la quatrième strophe, dans la traduction que nous a laissé Martin Heidegger dans son *Introduction à la métaphysique*, se lit ainsi: »Partout en route faisant l'expérience, inexpert sans issu, / il arrive au rien. / De l'unique imminence, la mort, il ne peut / par aucune fuite jamais se défendre, / même s'il a réussi par adresse à se soustraire / au désarroi d'un mal tenace«.[11] L'homme, que l'hymne définit d'entrée de jeu comme *to deinotaton*, ce que Heidegger interprète comme »ce qu'il y a de plus inquiétant parmi l'inquiétant«,[12] cet homme est *pantoporos aporos* au sens où il »se fraye en toutes directions une voie, il se risque dans toutes les régions de l'étant, de la prédominance prépotente, et c'est alors précisément qu'il est lancé hors de toute voie«.[13] L'homme expérimente son essence propre parce que, en cherchant quelque sortie possible hors de sa condition mortelle, il est rejeté dans cette même condition.

Le destin de l'homme résiderait finalement dans la nécessité de se trouver en se fuyant, dans la découverte de soi en tant que cache de lui-même. Ce destin tragique désarme la raison et faisait dire à Lévinas que la mort a mis la philosophie de l'Occident en échec. En effet, face au paradoxe de la mort, au paradoxe de son immanence la plus profonde qui est sa plus grande étrangeté, au paradoxe de l'altérité ›impossible et nécessaire‹ pourrions-nous dire, pour laquelle on espère être englouti par l'autre mais où on fait inexorablement naufrage toujours en soi-même, à ce paradoxe la philosophie a cherché de donner une réponse, une solution en quelque sorte soutenable. Elle a cherché à mettre en échec ce qui la mettait elle-même en échec, en déséquilibrant l'instabilité permanente du paradoxe ou bien du côté de la pure extériorité ou bien du côté de la pure immanence.[14] Voyons donc ces deux solutions.

La mort comme extérieure à la vie

Les tentatives de rendre la mort entièrement extérieure, étrangère à la vie, parcourent habituellement deux sentiers: celui de la pure *accidentalité* et celui de la pure *nullité*. Selon un modèle soutenu par le paradigme de l'évolution dans les sciences naturelles, la mort n'appartiendrait pas au vivant; elle serait causée par l'interaction du milieu qui entoure le vivant et qui est toujours et constamment en compétition avec lui. Selon ce point de vue, la mort n'est qu'un accident, un événement *catastrophique* qui survient au vivant, qui ne veut rien d'autre que vivre, en provoquant sa destruction. À cette vision typiquement darwinienne, on peut ramener divers projets, aujourd'hui les plus en vogue en écologie et hygiène, d'un salut de soi, ainsi que la tendance, elle aussi en croissance, de centrer sa propre existence sur l'*immunitas* aux niveaux biologique aussi bien que politique. Il vaudrait la peine de lire à ce propos les réflexions attentives de Roberto Esposito,[15] surtout là où on démontre qu'une société centrée d'une manière paranoïaque sur la peur de la contagion est destinée à l'autodestruction; la vie, ne serait-ce que du point de vue strictement biologique, ne peut naître et subsister sans un échange et une contagion des différents.

L'autre version de l'extériorité de la mort par rapport à la vie suit une méthode dialectique et spéculative. Sa formule la plus authentique demeure celle d'Épicure qui, dans sa *Lettre à Menecée*, affirme:»Le plus terrible des maux, la mort, n'est donc rien pour nous, puisque quand nous sommes, il n'y a pas de mort, et quand il y a la mort, nous ne sommes plus«. La mort ne nie la vie ni comme son contraire ni comme sa privation, bien que la mort soit à considérer comme une négation absolue: un vrai néant. Ce qui existe en vérité, c'est seulement la peur de la mort, un »sophisme«[16] engendré par notre imagination et que projette notre fantaisie. De ce point de vue, le savoir philosophique a comme but, littéralement, de nous ›enseigner à mourir‹, dans la mesure où il est capable de conduire dialectiquement au pur néant notre considération de la mort, de neutraliser ainsi toute peur devant elle. Il ne s'agit pas en outre dans ce savoir d'une sagesse qui entraînerait avec elle un itinéraire éthique, comme quand on exhorte à affronter vertueusement la mort avec courage, puisque la mort n'est rien. Nous ne devons pas nous donner du courage pour ›rien‹.

Toutes les tentatives qui considèrent la mort entièrement extérieure et étrangère à la vie, et qui donc la privent de tout sens en la réduisant au non-sens, à un pur événement accidentel dans le modèle darwinien, à un non-événement dans le modèle épicurien, toutes ces tentatives n'échappent cependant pas à l'horizon du sens, parce que même le non-sens n'est pas pourvu de sens.[17] La tentative d'expulser la mort hors de la vie appartient toujours à la vie et lui est en quelque mesure immanente. Il ne reste donc qu'à parcourir la voie diamétralement opposée, celle de déloger la mort de la moelle de la vie en cherchant à voir dans quelle mesure elle lui appartient ou, bien plus, s'il ne faut pas la considérer, peut-être, comme étant le sens même de la vie.

La mort comme immanente à la vie

L'itinéraire philosophique qui médite sur l'immanence de la mort à la vie est rythmé, dans la philosophie contemporaine, par deux phénoménologies célèbres que j'aimerais parcourir l'une après l'autre. La première est la *Phénoménologie de l'esprit* où Hegel, particulièrement dans la dialectique »maîtrise et servitude«,[18] traite de la mort comme d'une négation abstraite lors de la lutte entre ces deux genres de conscience de soi. La seconde est la phénoménologie, au sens husserlien du terme, pratiquée par le jeune Heidegger dans *Être et temps*, où la mort devient l'horizon du *Dasein*, selon l'expression célèbre de l'*être pour la mort*.

Une demande préalable surgit spontanément: pourquoi la phénoménologie? Si les significations du terme *phénoménologie* sont ici clairement différentes l'une de l'autre, elles partagent quand même toujours un fond sémantique commun, rendu nécessaire par la nature de leur objet: la réflexion philosophique sur la mort ne peut pas laisser de côté le rapport immédiat que la mort instaure avec le sujet qui réfléchit sur lui-même, puisqu'il est lui aussi un mortel. À partir justement de ce qui vient d'être dit des tentatives faillies qui mettent la mort totalement en dehors de l'existence, il apparaît clairement que la mort ne peut qu'ouvrir à une réflexion d'ordre phénoménologique où sera abolie dès l'abord toute relation ingénument extrinsèque et pour ainsi dire ›naturaliste‹ avec elle. Venons-en donc maintenant à la première des phénoménologies, celle de Hegel.

Toutes mes lectures sur la mort chez Hegel m'ont ramené un moment ou l'autre à un commentaire extraordinaire – et par certains côtés, j'oserai dire, plus influent que l'original lui-même. »L'idée de la mort dans la philosophie de Hegel«, tel est le titre qu'Alexandre Kojève a donné à un texte qui regroupe deux conférences faites lors du cours de 1933–1934 et publiées par Raymond Queneau en 1947 dans ce plus que célèbre commentaire de la *Phénoménologie de l'esprit* qui a pris le titre d'*Introduction à la lecture de Hegel*. Kojève écrit ceci:»L'acceptation sans réserves du fait de la mort, ou de la finitude humaine consciente d'elle-même, est la source dernière de toute la pensée hégélienne, qui ne fait que tirer toutes les conséquences, mêmes les plus lointaines, de l'existence de ce fait. D'après cette pensée, c'est en acceptant volontairement le danger de mort dans une Lutte de pur prestige que l'Homme apparaît pour la première fois dans le Monde naturel; et c'est en se résignant à la mort, en la révélant par son discours [c'est-à-dire la philosophie], que l'Homme parvient finalement au Savoir absolu ou à la Sagesse, en achevant ainsi l'Histoire«.[19] La vie de l'esprit, celle que Hegel appelle ici ›Sagesse‹ en faisant écho à la *sophia* grecque et qui consiste en cette plénitude de conscience de soi que la philosophie recherche, c'est la vie qui »supporte la mort et se maintient (erhält) en elle«.[20] Cette recherche est entreprise par l'homme au moyen de son entendement (Verstand), de cette faculté discursive qu'il vaudrait mieux dire »séparative« (scheidend), qui constitue l'homme comme force (Macht), puissance de négativité et d'abstraction, puisque »l'Esprit n'est cette puissance que dans la mesure où il regarde le Négatif bien-en-face et séjourne auprès de lui«.[21]

Voilà pourquoi on naît dans la lutte et on acquiert la conscience de soi au moyen d'une lutte mortelle qui a en vue la reconnaissance. La séparation intellectuelle, et donc toute discursivité, surgit dans l'homme qui s'oppose à la nature, c'est-à-dire en l'homme qui, d'un côté, nie dans la »lutte« l'animal qui est en lui, et d'un autre côté nie dans le »travail« le monde qui lui est donné. La lutte pour l'affirmation de soi et le travail pour la subsistance sont les traits particuliers de cette finitude absolue qui constitue le fond de toute négativité, et qui n'est autre que la mort; car la mort est la déchirure la plus lacérante et le signe le plus évident de la négativité immanente à l'existence humaine. La vraie *sophia* consiste alors à regarder la mort bien en face, et à demeurer près d'elle, parce que seul ce séjour près du négatif, dit Hegel, est»la force magique qui transforme le Négatif en Être-donné (Dieses Verweilen ist die Zauberkraft, die es [das Negativ] in Sein umkehrt)«.[22] Kojève explique ce passage en soutenant que»c'est dans la Lutte, où la puissance du Négatif se manifeste par l'acceptation volontaire du risque de la vie (le Maître) ou par l'angoisse inspirée par l'apparition consciente de la mort (l'Esclave), que l'Homme crée son être humain, en transformant comme par ›magie‹ le Néant qu'il est et qui se manifeste à lui et par lui en tant que mort, en une existence négatrice du combattant et du travailleur créateurs de l'Histoire«.[23] Seule la pensée, seule l'activité de l'intellect peut révéler à l'homme qui combat et travaille sa vraie réalité, son»être humain«, car seule la pensée et l'intellect accomplissent l'action négatrice qui annule le donné de l'homme en tant qu'il lutte et le donné du monde en tant qu'il travaille. L'homme en tant qu'action intelligente, ou en tant qu'action négatrice qui nie l'être, se nie aussi soi-même, ou se dévoile à soi-même comme finitude, comme action finie, ce qui signifie, d'un point de vue phénoménologique, que l'homme apparaît à lui-même comme irrémédiablement *mortel*; on pourrait même dire que»l'être humain lui-même [...] est la mort qui vit une vie humaine«.[24]

Si, pour Hegel, la mort est avant tout un fait, elle est essentiellement, au contraire pour Heidegger, une possibilité. Le premier chapitre de la seconde section d'*Être et temps*, dédiée au *Dasein* et à la temporalité, analyse *Le possible être-entier du Dasein et l'être vers la mort*. La mort est vue à l'intérieur de l'avant-à-soi (Sich-vorweg), ce qui signifie: dans la modalité propre de l'extase du futur. Elle est également un moment essentiel de la structure du souci (Sorge) en lequel l'être-pour-la-mort se détache sur la condition générale du *Dasein* comme être-dans-le-monde.[25]

Heidegger est bien connu pour sa thèse selon laquelle nous ne pouvons pas avoir d'expérience vraie de la mort, ni de la sienne propre ni de celle des autres auxquels nous pouvons tout au plus êtres proches. En effet, mourir n'est pas quelque chose qui soit simplement»donné«, bien que ce soit une possibilité particulière du *Dasein*, et même»la possibilité qui lui est la plus propre (Der Tod ist *eigenste* Möglichkeit des Daseins)«,[26] y est en jeu le mode où l'étant qu'est le *Dasein* peut se rapporter à chaque fois à son être propre: »Das Sein zum Tode ist Vorlaufen in ein Seinkönnen *des* Seienden, dessen Seinsart das Vorlaufen selbst ist (L'être vers la mort est marche d'avance dans un pouvoir-être de *cet* étant dont le genre d'être est lui-même la marche d'avance)«.[27] Un tel »se projeter« sur son pouvoir être plus propre signifie: pouvoir se comprendre soi-même intérieurement à l'être de l'étant ainsi révélé, ce qui signifie ni plus ni moins que »exister«. En tant que possibilité authentique, la mort est en même temps la »possibilité de l'impossibilité«. Elle est en effet comprise, dans l'angoisse qui est la tonalité émotive fondamentale qui anticipe la mort, comme ce qui ne nous laisse rien de concret à réaliser. C'est seulement en face de cette impossibilité qu'émerge en toute authenticité la possibilité en tant que telle. »Das Sein zum Tode als Vorlaufen in die Möglichkeit ermöglicht allererst diese Möglichkeit und macht sie als solche frei (L'être vers la mort comme marche d'avance dans la possibilité rend avant tout possible cette possibilité et la libère comme telle)«.[28] En tant que telle, la mort ne requiert aucun comportement particulier du Dasein, mais le Dasein en personne, »in der vollen Eigentlichkeit seiner Existenz (dans la propriété plénière de son Existence)«.[29]

La portée ontologique de ce qui vient d'être dit ne se trouve pas dans la mort elle-même, mais dans le fait que le *Dasein*, en tant que projeté-jeté, est capable d'assumer la mort comme sa possibilité la plus propre au cœur du »se soucier« général qui caractérise l'existence comme *Ek-sistenz*. Cette assomption ne se réalise quand dans le »parcours anticipé de la possibilité (Vorlaufen der Möglichkeit)«, qui n'est pas une possibilité parmi d'autres mais une méta-possibilité qui dispose l'homme à accueillir dans une perspective juste, celle de l'assomption de sa propre finitude, tout événement qui peut se prospecter et toute possibilité qui peut être réalisée. Le »parcours anticipé« (Vorlaufen) révèle au *Dasein* son être-jeté dans la préoccupation parcellisée du Soi et en même temps le pose en face de la possibilité d'être authentiquement soi-même dans une liberté pleinement affranchie de soi, une liberté que Heidegger définit »passionnée, débarrassée des illusions du on, factive, certaine d'elle-même et s'angoissant: la liberté envers la mort«.[30]

Lévinas, comme on le sait, a critiqué la position heideggérienne à sa racine. On peut résumer son objection en renversant la »possibilité de l'impossibilité« dans l'»impossibilité de la possibilité«. Considérer la mort come une possibilité signifie en effet pouvoir la reconduire à l'activité projective de l'homme, ce qui signifie au fond l'insérer entièrement dans l'horizon des possibilités humaines. »Dans l'optique d'*Être et temps*, le paradoxe de la mort ne peut [...] être articulé que comme un paradoxe intérieur à la structure du *Dasein*, et non pas comme un paradoxe de l'être en général. C'est seulement dans cette dernière voie [...] qu'il serait possible de penser, sans recourir à l'attente, la nouveauté de l'événement et se rapporter à l'impossibilité dont la mort est le signe, sans la ramener à un domaine projetable«.[31] En d'autres termes, le risque de la phénoménologie heideggérienne est de perdre complètement le caractère extrinsèque de la mort, ou son événementialité irréductible pour mieux dire. Une telle événementialité était bien plus présente dans la phénoménologie hégélienne, au point de faire – selon Kojève – du sujet conscient un moment dialectique de l'auto-déploiement de la mort elle-même, un moment qui n'existe que dans la mesure où il est né et annulé. Le paradoxe de la mort, dans ce cas, semble être celui de son caractère extrinsèque qui se rend immanent à une existence posée en tant qu'enlevée.

Dans chaque cas, quand la totalité est réduite à l'horizon de la projectualité ›factive‹ du *Dasein*, aussi bien que quand la totalité se rend immanente en s'incarnant dans l'existence comme moment de son propre surgissement dialectique, dans chacun de ces cas il me semble que le paradoxe de la mort n'est pas pensé dans sa plénitude authentique. Une question se pose maintenant: au delà du ›nécessitarisme‹, que finalement est une sorte d'extrinsécisme, dans lequel tombe la position hégélienne, et au delà du ›possibilisme‹, que somme toute est une sorte d'immanentisme, dans lequel tombe la position heideggérienne, n'est-il pas possible de penser une troisième voie, une autre phénoménologie capable de devancer ces deux impasses?

La mort et l'espérance

Une troisième voie pourrait-être celle de la »phénoménologie de l'action« développée par Maurice Blondel dans *L'Action* (1893) et encore à la base de l'article de 1906 que célèbre notre congrès. En 2002, Victor Sanabria a publié une ample étude sur la *Métaphysique de la mort chez Maurice Blondel*, à laquelle je renvoie pour plus d'approfondissement.[32] Dans ce travail, l'auteur a examiné tout d'abord *L'Action* de 1893, puis les *Carnets intimes*; il est allé ensuite directement à la trilogie, en délaissant complètement les écrits qu'on a appelé ›intermédiaires‹,[33] et parmi ceux-ci *Le point de départ de la recherche philosophique*. Or, comme certains commentateurs l'ont déjà montré,[34] cet article se situe à mi-chemin entre le chef d'œuvre de jeunesse et l'œuvre mûre, en faisant pleinement écho à la problématique du premier mais en anticipant déjà des thèmes qui ne seront développés que plus tard. Je voudrais expliquer, en restant à l'intérieur de cet écrit fort bref, ce que Blondel affirme à propos de la mort en le terminant.

Je n'entends pas m'étendre sur la structure ni sur les contenus de l'article de 1906; d'autres l'ont déjà fait magnifiquement,[35] je voudrais simplement souligner comment ce texte comprend la question de la mort en relation à la synthèse indissoluble de l'immanence et de la transcendance. Dans le dernier paragraphe de l'article, le cinquième de la seconde section de la seconde partie, après avoir montré que la solidarité et la dépendance mutuelle de la prospection et de la réflexion »sont nécessaires au progrès l'un de l'autre«,[36] Blondel conclut que »nous n'agissons pour connaître qu'afin de connaître pour agir«;[37] en d'autre mots: *homo viator*.

De telle façon, l'article de 1906 semble se terminer d'une façon aporétique, en constatant qu'il y a un renvoi circulaire et insurmontable entre les pôles de la question: agir – connaître. Sinon, qu'au dernier moment, Blondel affirme que »la solution de fait est«[38] et que cette solution est le point de départ de la philosophie. Comment et pourquoi est-il possible d'arriver à cette solution, et en quoi consiste-t-elle?

Notre connaissance réflexive ne rejoint jamais et n'égale jamais complètement la réalité; l'action concrète ne gagne jamais une clarté pleine et entièrement consciente; il y a là une aporie sans solution du seul point de vue de la discursivité spéculative qui, observait justement Hegel, »sépare« et recueille toujours les termes du problème en les isolant. Pour Blondel, la solution est par contre donnée dans la mesure où elle »est, pour chacun de nous, réalisée en chacun de nos instants qui pourrait être celui de notre mort«.[39] Que signifie ici ce mot »réalisée«? Nous savons que, dans les paragraphes conclusifs de l'article de 1906, Blondel déduit un nouveau concept de réalité, différent de celui que proposent le réalisme aussi bien que l'idéalisme. La réalité »est la synthèse des relations multiples qu'analyse la réflexion toujours discursive et qu'exprime, en sa vérité supérieure, une intuition qui en est la cause finale et la raison d'être«.[40] La solution à notre problème d'*homo viator* consistera donc précisément à réunir les instants multiples de notre existence, recueillis discursivement par la réflexion, dans une synthèse qui exprime l'intuition supérieure de notre destination, sollicitée par la conscience de la possibilité de la mort.

La mort, comme l'ont vu aussi bien Hegel que Heidegger, nous met en face d'une ›totalité‹, mais une totalité qui fait de nous des moments nécessaires de son déploiement dialectique pour le premier, ou qui sert simplement d'horizon herméneutique de l'existence pour le second. Il faut dire au contraire que, pour Blondel, cette totalité est à la fois »absolument impossible et absolument nécessaire«.[41] La mort est immanente à l'existence humaine en tant qu'elle ouvre chaque instant à la question inévitable et irrésoluble de la transcendance. Et donc il ne s'agit pas ici ni, comme chez Heidegger, de la pure ›possibilité de l'impossibilité‹, qui ramène l'impossible au niveau du possible, ni, comme chez Hegel, de la ›nécessité de l'impossibilité‹, qui fait de l'homme en tant que finitude particulière une pure fonction de l'universel, mais de ›l'impossible et nécessaire‹ qui d'une manière plus spéculative on pourrait appeler ›l'impossibilité de l'impossibilité de la possibilité‹, la quelle n'est pas la ›nécessité de la possibilité‹, qui serait une contradiction, et n'est même pas la ›possibilité de la possibilité‹, qui serait une pure abstraction, mais plutôt consiste dans l'interdiction de pouvoir fermer définitivement toute ouverture possible à l'existence humaine. Tel est pour Blondel le *principium firmissimum* de l'humaine existence, principe qu'en réalité ne nous rien dit sur notre destinée, mais qui n'empêche pas qu'une promesse puisse nous arriver à confirmer nos espérances.

Notes

1 »*Vom Tode*, von der Furcht des Todes, hebt alles Erkennen des All an. Die Angst des Irdischen abzuwerfen, dem Tod seinen Giftstachel, dem Hades seinen Pesthauch zu nehmen, des vermißt sich die Philosophie. [...] die Philosophie lächelt zu all dieser Not ihr leeres Lächeln und weist mit ausgestrecktem Zeigefinger das Geschöpf, dem die Glieder in Angst um sein Diesseits schlottern, auf ein Jenseits hin, von dem es gar nichts wissen will. Denn der Mensch will ja gar nicht irgend welchen Fesseln entfliehen; er will bleiben, er will – leben. Die Philosophie, die ihm den Tod als ihren besonderen Schützling und als die großartige Gelegenheit anpreist, der Enge des Lebens zu entrinnen, scheint ihm nur zu höhnen« (F. ROSENZWEIG, *Der Stern der Erlösung*. Mit einer Einführung von R. Mayer und einer Gedenkrede von G. Scholem. Frankfurt/M.: Suhrkamp 1988, 3 [1], traduction mienne).

2 »fruchtbaren Eisstrome des Daseins« (F. NIETZSCHE, Werke III/1. *Die Geburt der Tragödie*. Berlin, New York: de Gruyter 1972, 115.25).

3 ROSENZWEIG, *Der Stern*, 24 [15].

4 *Aristotelis fragmenta selecta*. Recognovit brevique adnotatione instruxit W. D. Ross. Oxford: Oxford University Press 1958, fr. 2.

5 PLATON, *Phédon*. Traduction nouvelle, introduction et notes par M. Dixsaut. Paris: Flammarion 1991.

6 M. BLONDEL, »Le point de départ de la recherche philosophique [1906]«. In: Œuvres complètes II, 1888–1913. *La philosophie de l'action et la crise moderniste*. Texte établi et présenté par Cl. Troisfontaines. Paris: Presses universitaires de France [PUF] 1997, 569 [249].

7 BLONDEL, »Le point«, 569 [249].

8 BLONDEL, »Le point«, 569 [249].

9 »ἄνθρωπος ἐν εὐφρόνηι φάος ἅπτεται ἑαυτῶι [ἀποθανὼν] ἀποσβεσθεὶς ὄψεις, ζῶν δὲ ἅπτεται τεθνεῶτος εὕδων, [ἀποσβεσθεὶς ὄψεις], ἐγρηγορὼς ἅπτεται εὕδοντος.« (DK 22 B 26, traduction mienne).

10 »¿Qué es el insomnio? / La pregunta es retórica; sé demasiado bien la respuesta. / Es temer y contar en la alta noche las duras campanadas fatales, es ensayar con magia inútil una respiración regular, es la carga de un cuerpo que bruscamente cambia de lado, es apretar los párpados, es un estado parecido a la fiebre y que ciertamente no es la vigilia, es pronunciar fragmentos de párrafos leídos hace ya muchos años, es saberse culpable de velar cuando los otros duermen, es querer hundirse en el sueño y no poder hundirse en el sueño, es el horror de ser y de seguir siendo, es el alba dudosa« (J. L. Borges,»Dos formas del insomnio«. In: *La cifra*. Buenos Aires: Emecé 1981, traduction mienne).

11 M. Heidegger, Gesamtausgabe XL. *Einführung in die Metaphysik*. Frankfurt/ M.: Klostermann 1983, 155–156 [112–113]. Tr. française: *Introduction à la métaphysique*. Traduit par G. Kahn. Paris: Gallimard 1967, 154.

12 Heidegger, *Einführung in die Metaphysik*, 158 [114] (tr. Kahn, 156).

13 Heidegger, *Einführung in die Metaphysik*, 161 [116] (tr. Kahn, 158).

14 Jean-Paul Sartre est très conscient de cette ambiguïté foncière quand il écrit: »La mort est un terme et tout terme (qu'il soit final ou initial) est un Janus bifrons; soit qu'on l'envisage comme adhérant au néant d'être qui limite le procédé considéré, soit, au contraire qu'on le découvre comme aggluliné à la série qu'il termine, être appartenant à un processus existant et d'une certaine façon constituant sa signification«. (*L'être et le néant. Essai d'ontologie phénoménologique*. Paris: Gallimard 1947, 589).

15 R. Esposito, *Immunitas. Protezione e negazione della vita*. Torino: Einaudi 2002.

16 Cf. X. Tilliette,»Mort, survie, immortalité, au-delà«. In: Studia Missionalia 31 (1982), 104.

17 Cf. A. J. Greimas, *Du Sens*. Paris: Seuil 1970, 7.

18 Cf. J.-P. Labarrière, *Les premiers combats de la reconnaissance. Maîtrise et servitude dans la Phénoménologie de l'esprit de Hegel*. Paris: Aubier 1987.

19 A. Kojève, *Introduction à la lecture de Hegel*. Leçons sur la Phénoménologie de l'esprit professées de 1933 à 1939 à l'École des Hautes-Études réunies et publiées par R. Queneau. Paris: Gallimard 1947, 538.

20 G.W.F. Hegel, Gesammelte Werke IX. *Phänomenologie des Geistes*, hrsg. von W. Bonsiepen und R. Heede. Hamburg: Meiner 1980, 27.29–30 (tr. Kojève, Introduction, p. 539).

21 Hegel, *Phänomenologie des Geistes*, 27.34–35 (tr. Kojève, *Introduction*, 538–539).

[22] HEGEL, *Phänomenologie des Geistes*, 27.35 (tr. Kojève, *Introduction*, 538–539).

[23] KOJÈVE, *Introduction*, 547.

[24] KOJÈVE, *Introduction*, 548.

[25] Nous lisons textuellement dans le § 52: »Das Sein zum Tode gründet in der Sorge (L'être vers la mort se fonde sur le souci)« (M. HEIDEGGER, Gesamtausgabe II. *Sein und Zeit*. hrsg. von Fr.-W. von Herrmann. Frankfurt/M.: Klostermann 1977, 259. Tr. française: *Être et temps*. Traduit de l'allemand par Fr. Vezin. Paris: Gallimard 1986, 314).

[26] HEIDEGGER, *Sein und Zeit*, 263 (tr. Vezin, 318).

[27] HEIDEGGER, *Sein und Zeit*, 262 (tr. Vezin, 317).

[28] HEIDEGGER, *Sein und Zeit*, 262 (tr. Vezin, 317).

[29] HEIDEGGER, *Sein und Zeit*, 265 (tr. Vezin, 320).

[30] »in der leidenschaftlichen, von den Illusionen des Man gelösten, faktischen, ihrer selbst gewissen und sich ängstenden Freiheit zum Tode« (HEIDEGGER, *Sein und Zeit*, 266 [tr. Vezin, 321]).

[31] A. FABRIS, »Morte ed esistenza«. In: id., *Prospettive dell'interpretazione*. Pisa: ETS 1995, 73 (traduction mienne).

[32] V. H. SANABRIA CEPEDA, *La metafísica de la muerte según Maurice Blondel*. Roma: Editrice Pontificia Università Gregoriana 2002.

[33] Cf. M. Leclerc (ed.), *Blondel entre L'Action et la Trilogie*. Actes du Colloque international sur les »écrits intermédiaires« de Maurice Blondel, tenu à l'Université Grégorienne à Rome du 16 au 18 novembre 2000. Bruxelles: Lessius 2003.

[34] M. LECLERC, *L'union substantielle. I. Blondel et Leibniz*. Préface de X. Tilliette. Namur: Culture et Vérité 1991, 188–218.

[35] P. REIFENBERG, »La science morale comme science de la pratique«. In: Leclerc (ed.), *Blondel entre L'Action et la Trilogie*, 173–184.

[36] BLONDEL, »Le point«, 246 [566].

[37] BLONDEL, »Le point«, 249 [568].

[38] BLONDEL, »Le point«, 249 [569].

[39] BLONDEL, »Le point«, 249 [569].

[40] BLONDEL, »Le point«, 246 [566].

[41] BLONDEL, *L'Action* (1893). In: Œuvres complètes I. *Les deux thèses*. Texte établi et présenté par Cl. Troisfontaines. Paris: PUF 1995, 422 [388].

Aufgaben der Religionsphilosophie heute

Vortrag anlässlich der Verleihung
des Ersten Maurice Blondel-Förderpreises für Religionsphilosophie
der Neuzeit
am 21. Oktober 2006

Stephan Grätzel (Mainz)

Die unmittelbar bevorstehende Überreichung des Ersten Internationalen Maurice Blondel-Förderpreises für Religionsphilosophie der Neuzeit ist zusammen mit der in enger Kooperation mit dem Erbacher Hof ausgerichteten Tagung der erste Höhepunkt in den Veranstaltungen der vor einem Jahr gegründeten Internationalen Maurice Blondel-Forschungsstelle für Religionsphilosophie. Religionsphilosophie ist aber ein nicht klar definiertes Fach, ihr Aufgabenfeld reicht von christlicher Fundamentaltheologie bis hin zur atheistischen Religionskritik. Ich möchte deshalb die Gelegenheit ergreifen, um ihre Zielsetzungen und damit auch die Zielsetzungen der Forschungsstelle genauer herauszustellen. Gleichzeitig möchte ich auch anführen, warum diese Arbeit für die Universität und für die geisteswissenschaftliche Forschung überhaupt wichtig ist.

Warum brauchen wir Religionsphilosophie?

Die Frage ist zunächst: warum brauchen wir Religionsphilosophie, wenn es Theologie oder Theologien einerseits und Religionswissenschaften andererseits gibt? Nimmt man dann noch die berühmte These des evangelischen Theologen Adolf von Harnack hinzu, dass die christliche Theologie als Hellenisierung des Christentums zu bezeichnen wäre, dass sie also genau genommen Religionsphilosophie sei, dann wird diese Frage noch dringlicher. Denn damit wäre die Religionsphilosophie von der Theologie nicht zu unterscheiden.

Für meinen verehrten Kollegen und akademischen Freund Karl Albert ist die abendländische Philosophie insgesamt die Weiterführung der griechischen Religionen und ihres Mysterienwesens. Auch hieraus ergibt sich eine Deckung von Religionsphilosophie und Theologie, doch sie ist anderer Art: *sie erkennt in der Philosophie selbst religiösen und mystischen Kern.* Ich teile diesen Gedanken und habe ihn in einer Vorlesung im Sommersemester 2005 unter dem Titel *Die Vollendung des Denkens* zum Ausdruck gebracht. Um gleich einem Missverständnis vorzubeugen: Philosophie ist damit nicht zum Geschäft des Okkulten gemacht, ganz im Gegenteil. Die Besonderheit des Erbes antiker Mysterien liegt in der *rationalen Auseinandersetzung* mit den Geheimnissen der Mysterien und des Lebens überhaupt; die Religionsphilosophie ist, so gesehen, somit ein *Nachdenken über Religion.* Zur Besonderheit eines durchaus nicht selbstverständlichen rationalen Umganges mit dem Geheimnis hat die christliche Botschaft, die ihre Lehre als lebendiges Geheimnis bis heute versteht, beigetragen. Nur in diesem spirituellen Umfeld der christlichen Religion konnte die abendländische Philosophie das werden, was sie heute ist: die rationale, kritische Auseinandersetzung mit dem Geheimnis des Lebens überhaupt und der christlichen Botschaft insbesondere.

Die rationale und kritische Auseinandersetzung mit dem Geheimnis des Lebens und dem Geheimnis des Glaubens hat aber nicht das Ziel, dieses Geheimnis zu lüften. Hier liegt ein Missverständnis und auch ein Missbrauch eines Wissenschaftsdenkens vor, soweit es sich das zutraut und umzusetzen versucht, das Geheimnis des Lebens auf einfache physikalische und biologische Zusammenhänge zu reduzieren und damit zu entwürdigen. Natürlich muss es das Anliegen positiver Wissenschaften sein, Licht in das Dunkel von Naturvorgängen zu werfen. Dieses Anliegen darf aber nicht dazu führen, das Leben respektlos zu behandeln und in Laboratorien zu zerkleinern. Denn dabei wird nicht nur Leben vernichtet, es wird vor allem der Respekt vor dem Leben oder – wie Albert Schweitzer es aus-

gedrückt hat – die »Ehrfurcht vor dem Leben« institutionell abgeschafft.
Es fällt zurück auf die gesamte Kultur, die nicht mehr glaubwürdig und
ernst zu nehmen ist, wenn sie solche Werte, die – wie noch gezeigt wird –
religiöse Werte sind, gering schätzt. Das sollten wir vor allem bei dem viel-
beschworenen Dialog der Kulturen und Religionen beachten.

Haltung zum Leben als religiöse Haltung

Die Religionsphilosophie ist also aus der geschichtlichen Situation heraus
verständlich, in der die abendländische Philosophie sich in ihrem Bezug
zur Religion entfaltet hat. Die gemeinsame Geschichte der christlichen Religion und Philosophie ist nun ein spannendes und, wie ich meine, längst
nicht ausgelotetes Thema, das der Philosophie ihre Wurzeln aufzeigt. Ihre
Erforschung ist aber nicht die Aufgabe der Religionsphilosophie und schon
gar nicht ihre aktuell geforderte Aufgabe. Diese liegt vielmehr darin, die
Haltung zum Leben als religiöse Haltung, für die Albert Schweitzers ›Ehrfurcht‹ ein prägnantes, aber nicht erschöpfendes Beispiel ist, auszuweisen und zu begründen. Hier steht die Religionsphilosophie den Religionswissenschaften, genauer der Religionsphänomenologie nahe, die ähnliche
religiöse Haltungen und Vollzüge unterschiedlicher Religionen miteinander
vergleichen und dabei typische Formen zunächst einmal des eigenen Lebens und der eigenen Existenz, dann aber auch der Existenz des Anderen.
Annehmen und Angenommensein ist keine Frage der Erkenntnis, vielmehr
geht es um die Bedeutung der *Anerkennung.* Anerkennen von sich und
dem Anderen kommt vor dem Erkennen, es muss sogar *vor* dem Erkennen
kommen, damit Erkennen und Erkenntnis sein können. Das ist das Paradox der religiösen Haltung, aber es ist ein Paradox nur in formaler Hinsicht, denn es geht beim Anerkennen nicht um sachliches Erkennen, sondern um Respekt und Liebe – zum Nächsten, zur Natur, zum Leben
schlechthin und damit auch zu sich selbst. Gerade dieser letzte Aspekt,
die Liebe zu sich selbst, der Respekt vor der eigenen Person, ist keineswegs die leichteste Übung. Denn im eigenen Selbst beginnt die Trennung,
die Spaltung, die Zwietracht, insofern jeder Mensch ein Bewusstsein von

sich hat und in dieser Besinnung über sich in eigentümlicher Doppelung auftritt. Ist der Keil der Zweiheit und der damit möglichen Zwietracht bereits durch das Bewusstsein von sich ins eigene Selbst getrieben, dann beginnt die Verzweiflung im eigenen Selbst, und zwar aus der Unmöglichkeit, mit sich eins zu werden. Eine Selbstliebe und Vereinigung ganz aus sich heraus ist nicht möglich. – Aber wie ist es mit dem Egoismus, werden Sie zu Recht fragen, mit der Geißel der Egomanie, die uns gerade in heutiger Zeit beschäftigt? Die Egomanie ist keineswegs Selbstliebe, sie ist Mangel an Selbstliebe und schmarotzt von der Liebe der anderen. Der Egoist leidet an einer Liebessucht, einem Donjuanismus oder einer unersättlichen Gier nach Geliebt-Werden, weil er sich selbst nicht angenommen hat.

Die *Selbstannahme* ist ein schwieriger Schritt. Da der Mensch nicht nur Bewusstsein von Welt, sondern Bewusstsein von sich hat, begleitet ihn ein Schatten, sein eigenes Sich, ein Schatten, den er weder beseitigen noch ausleuchten kann. Er kann ihn nur ablehnen und loswerden wollen – in der Verzweiflung, oder respektieren und annehmen – in der Liebe, wie Kierkegaard gezeigt hat. In dieser Wahl steht der Mensch, er kann sich annehmen oder sich loswerden. – Nun werden Sie vielleicht wiederum dagegen halten, dass sich der Mensch doch normalerweise annimmt und nur in krankhafter Verstörung sich loswerden will. Das mag auf der Oberfläche auch so aussehen, in der Tiefe des Bewusstseins ist es aber ganz anders. Hier zeigt sich ein anderes Kräftespiel. Die Selbstannahme ist nicht nur ein loses Bekenntnis zu sich selbst, sie bedeutet ein Annehmen des eigenen Lebens im Sinne der *Übernahme*. Wer sich annimmt, übernimmt damit, da er sich selbst ja nicht erzeugt und geschaffen hat, ein Geschenk oder eine Hypothek. Er empfängt sich gleichsam. Selbstannahme ist damit das Zulassen und Bekennen, nicht von sich zu sein und sich als Sein empfangen zu haben. Dieses Bekennen ist ein Anerkennen, das dem Erkennen, der speziellen Selbsterkenntnis vorausgeht.

Das Selbst ist vor allem und zunächst ein Akt des Empfangens und Sich-Annehmens. Das eigene Leben wird dabei als Gabe oder als Geschenk erkannt. Mit dieser Annahme ist bereits die Option möglich, diese Gabe auch abzulehnen, was zumeist geschieht, und zwar gerade im Egoismus. Hier sind

wir auf die *fundamentale Wahl* gestoßen, welche die religiöse Haltung ausmacht. Die fundamentale Wahl liegt innerhalb der religiösen Haltung, wie
Kierkegaard schon gezeigt hat, in der Annahme oder Ablehnung des eigenen Selbst, genauer betrachtet aber in der Annahme oder Ablehnung des
Geschenks, als welches das Leben erscheint. Mit dieser Problematik der fundamentalen Wahl sind wir auch bei Blondel und seiner ›Option‹.

Schuld

Gerade die Ablehnung erscheint dem Alltagsbewusstsein und im wissenschaftlichen Bewusstsein unverständlich oder wird zum Krankhaften und
Pathologischen gezählt. Sie ist aber keine Frage der Selbstzerstörung oder
des Selbstmordes, da gerade der Selbstmord die Folge einer unerträgli-
chen Annahme bedeutet. Eine Ablehnung ist aber der Egoismus, wie gerade der Donjuanismus und seine Sucht nach Geliebt-Werden zeigen. Annahme und Ablehnung sind keine oberflächlichen Bekundungen, sie sind
Optionen innerhalb der religiösen Haltung des Menschen und damit tief
liegende Bezüge, die sich nie allein an sich richten, sondern an die Ur-
sprünge und Gründe des eigenen Lebens gehen. Die religiöse Haltung ist
damit zeit- und vor allem die generationenübergreifend am Phänomen der
Schuld, genauer der existentiellen Schuld, wie Heidegger, oder der metaphysischen Schuld, wie Jaspers sie nennen, orientiert. Die religiöse Haltung riskiert mit der Annahme des Selbst die Konfrontation mit der abgründigen existenziellen, metaphysischen oder – wie man auch sagen kann
– *mythischen* und *tragischen* Schuld. In der religiösen Haltung kommt es
also zu einer abgründigen Konfrontation mit Schuld, die eine Wahl oder
Option erzwingt. In dieser Form hat Heidegger in *Sein und Zeit* die existenzielle Schuld und die daraus hervorgehende Grundwahl beschrieben.

Aus der Annahme und Übernahme einer Gabe entsteht ein ursprüngliches *Verdankt-* und *Verschuldet-Sein* gegenüber den Ursprüngen oder dem
Geber, allgemein gesagt gegenüber der Herkunft der Gabe, als die ich mich
erfahre und erfasse. Mit der Annahme wird auch diese ursprüngliche und
existenzielle Schuld übernommen, die der Einzelne als solcher aber nicht

tragen kann. Für den Einzelnen ist diese Gabe unannehmbar. Soweit er in der Situation der Vereinzelung bleibt, kann er sich nicht annehmen, weil er damit auch seine Schuld übernehmen würde, die er hat – allein schon, weil er geboren wurde. Das Selbst ist in dieser Form unannehmbar. Doch diese Schuld kann durch die *Liebe* der Anderen gelöst und gelöscht werden, durch die Anerkennung und den Respekt. Im Respekt und in der Liebe wird das Leben trotz der Schuld annehmbar. Die Liebe und der Respekt sind eine Anerkennung des Lebens trotz der Schuld, die es als Gabe bedeutet.

Hier stellt sich nun die Frage: Was wird mit der Liebe gegeben, wie kann Liebe Schuld auslöschen? Liebe löscht Schuld im und mit dem *Verzeihen* aus, denn Verzeihung ist nur aus Liebe möglich und Liebe ist nichts anderes als bedingungslose Verzeihung und Annahme. Wir werden hier an die Stelle aus dem Matthäusevangelium erinnert: »Da trat Petrus zu ihm, und sprach: ›Meister wie oft muss ich denn meinem Bruder, der an mir sündigte, vergeben? Ist's genug siebenmal?‹ Jesus sprach zu ihm: ›Ich sage dir, nicht siebenmal, sondern siebenzigmal siebenmal.‹« (Mt 18, 21–22). Bei dieser Zahl ist keine Rechenaufgabe gestellt, sondern der mythologische Zusammenhang zur Verfluchung Kains und seinem Geschlecht hergestellt: »Kain soll siebenmal gerächt werden, aber Lamech siebenundsiebzigmal.« (Gen 4, 24). Die Verfluchung ist grenzenlos, deshalb kann es nur eine ewige und bedingungslose Vergebung geben. Mit der unbegrenzten Vergebung ist die christliche Lehre an die Rechtfertigung des Erzverbrechers im Alten Testament gebunden.

Der Zusammenhang hat seinen Grund im Bewusstwerden von Schuld und der allein möglichen Verzeihung in der Liebe. »Ich verzeihe Dir« ist nicht nur ein Sprechakt, wie heutzutage gekauderwelscht wird, es ist ein Segen, und zwar der wahre Segen, den Menschen sich untereinander geben können. Was über den bloßen Spruch, den Sprechakt, hinausgeht, ist die *Haltung*, die allein erst diese Handlung wirksam macht. Um den bloßen Spruch als Segen zu empfangen, muss die Schuld erkannt und bekannt worden sein. Die Bitten: »vergebe mir«, »forgive me« oder einfach nur »pardon« sind Worte des Bekenntnisses von Schuld. Paul Ricœur hat in seinem letzten großen Werk *Gedächtnis, Geschichte, Vergessen* auf den Zusammenhang in der Etymologie dieser Bekenntnisworte zwischen Gabe und Vergebung in den europäischen Sprachen hingewiesen: »don-pardon«, »gift-forgiving«, »dono-perdono«, »Geben-Vergeben«. In allen diesen Bitten um Verzeihung ist das Wort »Gabe« gegenwärtig. Es ist die Bitte um die Gabe oder den Segen, der in der Verzeihung liegt. Der Segen muss erbeten werden, damit er wirkt, denn durch die Bitte ist eine Bereitschaft zur Aufnahme des Segens und damit zur Annahme des Selbst durch den Anderen geschaffen. Die Bitte ist damit eine Öffnung zum Anderen hin, was die Bitte um Verzeihung, wenn sie nicht nur ein Sprechakt, sondern eben Herzensakt ist, so schwer macht. Diese Öffnung kann bis zur vollständigen Preisgabe gehen, wie es bei der existentiellen Schuld auch der Fall ist.

Wie verhält es sich mit der Verzeihung nun aber im Falle der existenziellen, metaphysischen oder mythischen Schuld? Kann man sich auch dort entschuldigen, wo man sich nichts hat zuschulden kommen lassen, wo man nicht im Sinne von Tun und Unterlassen oder der Fahrlässigkeit schuldig geworden ist? Die religionsphilosophischen Analysen dieses Phänomens zeigen, dass gerade vor allem hier eine Entschuldung und Rechtfertigung notwendig ist, damit der Mensch sich selbst annehmen kann. Ohne Entschuldung keine Selbstannahme – so möchte ich meine Untersuchungen in *Dasein ohne Schuld* thesenhaft hinstellen.

Hier stoßen wir auf ein schwelendes Problem der Moderne, soweit sie einen Individualismus geformt und gefördert hat, der die Selbstannahme geradezu verhindert. Der moderne individuelle und auf sich gestellte Mensch kann sich selbst nicht annehmen, weil er damit die Last der mythischen Schuld *allein* übernehmen müsste. Das ist eine nicht zu lösende Aufgabe, die Schuld kann nur solidarisch und generationenübergreifend gesattelt werden. So wird in heiligen Handlungen mit ihr umgegangen, in denen im Kult und Opfer etwas zurückgegeben wird. Hier wird etwas zurückgegeben, was nicht bezahlbar ist und deshalb nur symbolisch vollzogen und getauscht wird: *das Leben selbst*. Den Beleg dazu geben wieder die Religionswissenschaften, soweit sie sich mit diesem Phänomen beschäftigt haben. – Der Tausch, der real gar nicht vollzogen werden kann, nämlich das eigene Leben zu vergelten, wird mit der Liebe und im Angenommensein zum fröhlichen Tausch. Unser Leben ist aus dem Leben und Tod anderen Lebens hervorgegangen; wir wollen »leben inmitten von Leben, das auch leben will«, wie Albert Schweitzer es formuliert hat. Wir können aber nur leben, wenn wir anderes Leben dabei verbrauchen oder vernichten. Wie kann hieraus ein fröhlicher Tausch werden? Das ist die religionsphilosophische Grundfrage.

Diese Frage eröffnet auf den Zusammenhang von Religion und Gewalt. Wie Bischof Kamphaus in einem Artikel in der FAZ vom 19. Oktober 2006 so treffend sagt, entstehe Religion nicht am Schreibtisch, sie »hängt mit elementaren menschlichen Erfahrungen zusammen, die sie deutet und durch ihre Deutung zu verarbeiten hilft.« Der hier gegebene Hinweis auf die Verarbeitung macht deutlich, dass es sich nicht um leichte und bloß lustvolle Erfahrungen handelt. Elementare Erfahrungen, so möchte ich die Aussage des Bischofs weiterführen, sind Bedürfnisse des Elementaren, also Bedürfnisse nach Nahrung und Liebe, ohne die ein Mensch nicht leben kann, deren Befriedigung aber nicht nur lustvoll, sondern belastend ist, insofern sie Schuld und Scham provozieren. Es ist die Aufgabe eines Nachdenkens über Religion, die Ambivalenz der elementaren Erfahrungen, den Widerspruch zwischen tiefer Lust und noch abgründiger Schuld und Scham im Gefühl für das Elementare herauszustellen. In der Bewältigung dieses Widerspruchs liegt das Glück, das wir, wie Kant sagt, nicht erreichen und erfassen können, sondern dessen wir uns nur im Handeln als würdig erweisen können.

Religion und Ethik

Mit der Frage nach *Glück* kommen wir in den Bereich der Ethik. Für die utilitaristische Ethik beginnt alles an einem ethischen Nullpunkt des Handelns, als könnte das Leben am grünen Tisch ausgehandelt werden. Ethik wird wesentlich unter Ausblendung existenzieller Schuld in der Behandlung des Nutzens für alle gesehen. Doch die hedonistischen, prag matistischen oder utilitaristischen Weltanschauungen, die den Menschen unter dem Aspekt der Befriedigung des Glückes einstufen, verkennen die Tatsache, dass Glück nicht mit Befriedigung von Lust und der Vermeidung von Unlust gleichgesetzt werden kann. Abgesehen nun davon, dass viele Menschen ihr Glück in der Unlust finden, im Leid – damit beschäftigen sich fast vorwiegend unterschiedliche Therapien, ist Glück etwas ganz anderes als Lustbefriedigung. Glück verlangt eine ganzheitliche Sicht auf das Leben und dessen Gelingen. Dieser ganzheitliche Blick zeigt aber die Begrenztheit des eigenen Lebens im Tod und die Verbindlichkeit zu früheren und späteren Generationen in der Schuld auf. Tod und Schuld sind wahre Glücksverderber und lassen nur ein kleines und verzweifeltes Glück zu. Deshalb setzen moderne Kulturen – auch die unsere – auf die Ausgrenzung des Todes und der Toten. Der Tod wird nicht mehr akzeptiert, er findet zumeist nicht mehr dort statt, wo er hingehört: bei den Angehörigen, in den Familien. Er wird in Kliniken und Hospize verbannt. Dahinter stecken Vorstellungen eines todlosen Lebens, die todloses und schuldloses Glücks verheißen wollen, Vorstellungen eines wahrhaft unrealistischen und glücklosen Glückes also. Es sind falsche Verheißungen. – Die religionsphilosophischen Fragestellungen nach der Glückswürdigkeit sind propädeutisch für eine moderne Ethik. Mit ihrer Thematisierung der religiösen Haltung wird alles in das Blickfeld gebracht, was an menschlichem Verhalten grundsätzlich angelegt ist: das Verhalten als Annahme oder Ablehnung, als Bejahung oder Verneinung des Lebens und seines Sinnes. Hier kommen wir nicht nur auf den Kern religionsphilosophischer Problematik zu sprechen, hier kommen wir auch zur Philosophie Maurice Blondels und seiner grundlegenden Einsicht in die Bedeutung der Option für menschliche Handlung.

—

Die Zielsetzung der Forschungsstelle liegt in der Herausstellung der religionsphilosophischen Bedeutung des Zusammenhanges von religiöser Haltung und Ethik. Damit werden die grundlegenden Fragen, wie ich sie gerade angesprochen habe und die in den Ansätzen bekannter Philosophen und Theologen zu finden sind, mit weniger bekannten oder unbekannten Autoren verbunden, mit denen wir uns in der Forschungsstelle beschäftigen möchten. Vor dem Hintergrund Blondels Handlungsbegriffes, der die menschliche Handlung nicht nur ernst nahm (was in Zeiten einer naturalistischen Verwilderung der geisteswissenschaftlichen Kultur schon viel bedeutete), sondern der die Würde erkannte, die in der Handlung und mit der Handlung gegeben sein kann – vor diesem Hintergrund werden diese wenig behandelten Autoren hier gepflegt werden. Das Ziel dabei ist keine »Kultur von Exoten«, sondern die Bereicherung eines Forschungsfeldes, das durch die großen Autoren nur umrissen ist. So ist das Thema der Schuld zwar bei Paul Ricœur breit angelegt und wie man sagen könnte, phänomenologisch bereitet, es ist aber, wie seine letzten Arbeiten – vor allem *Soi même comme un autre* und *Memoire, histoire, oubli* – zeigen, zu keiner Verschmelzung seiner Ethik mit dem archaischen Schuldbegriff etwa von Heidegger und Lévinas gekommen. Andere Autoren, denen wir uns in der Forschungsstelle zuwenden und zuwenden wollen, sollen zur Klärung dieses schwierigen und tief verdrängten religiösen Bedürfnisses beitragen, indem bei ihnen weitere Ausführungen zu dem Zusammenhang von Handlung, Schuld und Vergebung gesucht werden. Ziel bleibt das integrale Konzept einer Ethik, die gelingendes Leben nicht nur in den pragmatischen, sondern in den religiösen Zusammenhang stellt und damit das Konzept überhaupt erst realistisch macht. »Wie kann Leben gelingen, wenn es den Tod gibt und wenn Leben Schuldigwerden bedeutet?« Eine Ethik, die diese Frage ausspart, ist unbrauchbar in einer Zeit, in der Schuld zum diffusen und kafkaesken Komplex einer Lifestyle-Kultur geworden ist.

Das Böse gibt zu denken

Der Ausgangspunkt philosophischer Reflexion
bei Paul Ricœur und Jean Nabert

Stefan Orth (Freiburg im Breisgau)

Das Böse gibt zu denken – weiterhin oder sogar mehr als früher. Unter den jüngeren Neuerscheinungen findet sich der Titel des Literaturwissenschaftlers Karl-Heinz Bohrer *Imaginationen des Bösen* ebenso wie das Themenheft *Der Teufel*. *Das Antlitz des Bösen* der Kulturzeitschrift *du*, Sammelbände von Vortragsreihen über das Böse und philosophisch-theologische Arbeiten von dem Religionsphilosophen Ingolf Dalferth (*Das Böse. Essay über die Denkform des Unbegreiflichen, Leiden und Böses. Vom schwierigen Umgang mit Widersinnigen*) und anderen.[1] Und seit kurzem liegt auch von Paul Ricœur *Das Böse. Eine Herausforderung für Philosophie und Theologie* vor.[2] Der Text ist die deutsche Übersetzung eines Essays, den der 2005 im Alter von 92 Jahren verstorbene Ricœur bereits 1986 geschrieben hat. Mit ihm widmet sich der Philosoph der Theodizee-Frage, indem er zu klären versucht, was der religiöse Mensch der Herausforderung des Bösen entgegenzusetzen vermag.

Paul Ricœur war zweifelsohne ein Philosoph, der sich nicht nur mit besonderer Hartnäckigkeit mit dem Problem des Bösen auseinandergesetzt hat. Für ihn war es sogar immer wieder, so meine These, ein wichtiger, wenn nicht sogar der wichtigste Ausgangspunkt für sein Philosophieren. Und besonders angesichts dieser Frage zeigt sich dabei die Nähe zu seinem hierzulande so gut wie unbekannten Lehrer, dem französischen Reflexionsphilosophen Jean Nabert.[3]

129

Stefan Orth

Dass der Ausgangspunkt des Denkens weder am Anfang der Reflexion stehen, noch selbst der letzte Ursprung menschlicher Existenz sein muss, wird sich freilich auch zeigen. Ohne einen detaillierten Vergleich mit dem Werk von Maurice Blondel leisten zu können, wie ihn der Grazer Fundamentaltheologe Gerhard Larcher vor einem Jahrzehnt bereits unternommen hat,[4] scheint mir mit dem Denken von Ricœur ein interessanter Ansatz gegeben zu sein, der zumindest nach eigenen Aussagen – und nach einem gewissen Zögern – in dieser Frage einen grundständig anderen Weg als Blondel einschlagen hat. Immerhin hat Ricœur selbst konkret Blondel vorgeworfen, mit seiner Immanenzmethode eine Innozenzmethode entwickelt zu haben, die den Fragen nach der Schuld und dem Bösen im Allgemeinen zu sehr ausweiche[5] – auch wenn beide sonst in ihrer Sicht der Moderne, bei der Akzentuierung des Verhältnisses von Vernunft und Glaube sowie bei der Definition des gläubigen Subjekts weit reichende Parallelen aufweisen.

1. Das Böse im Frühwerk von Paul Ricœur

Der im Nachhinein aus einer systematischen Perspektive erkannte Ausgangspunkt des Denkens muss nicht dessen Anfang sein. Am Beginn des Ricœurschen Werks steht denn auch die vor rund sechzig Jahren konzipierte und auf drei Teile angelegte, so genannte Willensphilosophie mit der Dissertation Ricœurs als erstem Band. In genauen phänomenologischen – im Sinne von beschreibenden – Analysen, die dann allerdings in transzendentalphilosophischer Manier ausgewertet werden, verfolgt Ricœur in diesem Band mit dem Titel *Le volontaire et l'involontaire* das Zusammenspiel von dem, was er die nur denkerisch zu unterscheidenden Aspekte des Willentlichen und des Unwillentlichen im Freiheitsgeschehen nennt. Das Unwillentliche wird auf den drei Ebenen Entscheiden, Handeln und Einwilligen als Bedingung der Möglichkeit jeder Willensäußerung nachgewiesen und lässt sich mit dem Begriff der Leiblichkeit bündeln. Die Faktizität der endlichen Existenz des Menschen steht am Ende der Überlegungen in der Dissertation Ricœurs.

Während in *Le volontaire et l'involonataire* ethische Überlegungen und damit auch die Problematik des Bösen – bewusst – unbeachtet gelassen wurden, stehen diese dann in *Die Fehlbarkeit des Menschen*[6] und vor allem in der viel beachteten Symbolik des Bösen,[7] die nächsten beiden Bände der Willensphilosophie, im Mittelpunkt. Zusammengefasst kreist Ricœurs Philosophie zu jener Zeit um den Begriff der bedingten Freiheit, mit dem einerseits die Willensfreiheit des Menschen behauptet wird, andererseits aber auch die vielfältigen Begrenzungen der Freiheit bedacht werden. Dieser – paradox formuliert – unfreie Wille, oder mit einer glücklicheren Übersetzung auch: der gefangene freie Wille,[8] stellt sich als der Ort der menschlichen Fehlbarkeit heraus. Für die Frage nach der Freiheit des Menschen ist dabei vorab auf alle Fälle festzuhalten: Schuld, die mannigfaltig bedingt wie auch durch die Macht des Bösen provoziert sein mag und deshalb in jedem Fall differenziert zu betrachten ist, entspringt letztlich doch einem freien Akt, der die böse Tat erst hervorbringt.

Auf der anderen Seite würde sich die menschliche Freiheit gewaltig überschätzen, wenn sie sich per se schuldlos wähnte. Nach Ricœur sind die Grenzen der Freiheit schon allein dadurch beschrieben, dass jeder Mensch, auch wenn er aus freien Stücken handelt, hinter den eigentlichen Handlungszielen zurückbleibt, weil sich das in Freiheit Angezielte nicht vollständig verwirklichen lässt. Dass in der neuzeitlich-aufgeklärten Moderne in diesem Zusammenhang noch nicht mit der Kategorie der Schuld hantiert wird, mag seine guten Gründe haben. Dennoch können auch diese Erfahrungen von Menschen als Schuld verstanden werden: im Sinne eines Gefühls, trotz bester Absichten und guten Willens noch etwas schuldig geblieben zu sein. Nicht jede Anerkennung, die einem gewährt wird, kann die Unzufriedenheit über eigene Leistungen vollständig vertreiben. Und erst recht nicht jeder Freispruch vor einem Gericht und nicht jede vergebene Tat ist zwangsläufig eine Entlastung für das Gewissen.

Darüber hinaus ist nun aber auch jene Dimension der Schuld zentral, wenn sich ein Handelnder trotz besseren Wissens – oder manchmal auch nur Ahnens – gegen das moralisch Gebotene entscheidet. In mannigfaltigen Geständnissen und Schuldbekenntnissen in Vergangenheit und Gegenwart, autobiographischen Texten und literarischen Fiktionen wurde dieses komplexe Verhältnis von menschlichem Willen und Nichtwillentlichem bekannt. Warum fühle ich mich zu dem hingezogen, was ich eigentlich nicht will oder nicht wollte?

Spätestens hier zeigt sich, dass das Böse offenkundig nicht allein von der menschlichen Freiheit verstanden werden kann, sondern eine Art Affektion offenbart, mit der es Macht über den Menschen hat. Ob man diese – wie in der christlichen Tradition hier und da geschehen – personifizieren muss, ist eine andere Frage: In jedem Fall aber ist diese Macht aus der Sicht des Phänomenologen beschreibbar.

Gerade dieser Stachel des Bösen im menschlichen Handeln ist für Ricœur die große Herausforderung, an der sich das Denken stößt, weil sie das Phänomen des Fehlgehens der Freiheit, das schließlich per definitionem nicht vorherzusagen ist, nicht recht zu fassen bekommt. Das Eingeständnis einer ursprünglichen Affektion durch das Böse, die die moralische Integrität bedroht und innerhalb der Freiheit des Menschen einen Riss, eine Verletzlichkeit aufdeckt, gehört zu den schmerzlichen Erfahrungen des Philosophen, der sich dem Freiheitsdenken verpflichtet weiß. Und genau diese Erfahrungen des Bösen werden für Ricœur dann vor allem im Frühwerk, aber auch nach dem Durchschreiten seiner hermeneutischen Phase von den sechziger Jahren bis in die achtziger Jahre des vergangenen Jahrhunderts, immer wieder zum Ausgangspunkt philosophischer Reflexion.

Gerade die innerhalb der anthropologischen Überlegungen des Frühwerks auftretende Aporie, das Böse – den bösen Willen des Menschen – nicht einfach abstrakt philosophisch thematisieren zu können, war sogar, wie mit Blick auf seinen besonderen, daraus resultierenden philosophischen Stil zu betonen ist, der konkrete Anlass für den später gerne einfach als »Hermeneutiker« apostrophierten Ricœur, sich genauer mit der Lehre des Verstehens im Allgemeinen und der Interpretation von Texten im Besonderen auseinander zu setzen. Zeigte sich die menschliche Freiheit von Anfang an durch die mannigfaltigen Begrenzungen der Endlichkeit des Menschen beeinträchtigt, erwies sich das Böse als das eigentliche Rätsel des philosophischen Freiheitskonzepts.

Schon im Vorwort seiner Dissertation hatte sich ja bereits angedeutet, dass der Verfehlung mit der phänomenologischen Methode Edmund Husserls nicht beizukommen sein wird, weil die Verfehlung nicht zur Wesensstruktur des Willens gehört, sondern eben eine Fehlform darstellt – womit allerdings auch deutlich wird, dass der Ausgangspunkt philosophischer Reflexion nicht unbedingt mit dem Ursprung menschlicher Existenz und Aktion gleichgesetzt werden darf. Das Böse gehört nicht zur ursprünglichen Ordnung. Weil es aber faktisch existiert, ist die Beschäftigung mit ihm unerlässlich. In der Auseinandersetzung Ricœurs mit Sigmund Freud in *Die Interpretation*[9] heißt es schließlich sogar ausdrücklich,»dass die Symbolik des Bösen kein Beispiel unter anderen ist, sondern ein bevorzugtes Beispiel, vielleicht gar der Ursprungsort jeder Symbolik, der Geburtsort des hermeneutischen Problems in seiner ganzen Ausdehnung«.[10]

2. Jean Nabert: Eine unbekannte Philosophie als Vorbild

Um diesen Ausgangspunkt philosophischer Reflexion bei Ricœur besser verstehen zu können, scheint es mir nun freilich unabdingbar, den französischen Reflexionsphilosophen Jean Nabert genauer vorzustellen, als dessen Schüler sich Paul Ricœur mehrfach bezeichnet hat und der gerade in seiner Auseinandersetzung mit dem Bösen für Ricœur zum Vorbild wurde.[11] Immerhin hat dieser in seiner Rezension von Naberts eindringlichem, 1955 erschienenem *Essai sur le mal* freimütig preisgegeben, dass er dieses Buch selbst gern geschrieben hätte. Auch später hat sich Ricœur wiederholt zu Jean Nabert als einem für ihn wichtigen Lehrer bekannt. Der Einfluss Naberts auf Ricœur war allerdings vor allem in den fünfziger Jahren besonders groß – nachdem Ricœur bereits sein philosophisches Studium in den dreißiger Jahren im Kielwasser der französischen Reflexionsphilosophie begonnen hatte.

Wenn man Jean Nabert (geb. 1881, gest. 1960) als Reflexionsphilosophen bezeichnet, so ist unter Reflexionsphilosophie jene spezifisch französische Spielart einer Philosophie zu verstehen, die sich in der Tradition von Descartes, vor allem aber der praktischen Philosophie Kants und Fichtes sieht. Nabert bekennt sich damit zum»ontologischen Privileg der Handlung«[12] und dem philosophischen Thema der menschlichen Freiheit als Herzstück philosophischer Reflexion, die den Menschen zum Verstehen seiner selbst führen will.

Der spezifische Duktus dieser Reflexionsphilosophie zeigt sich darin, dass sie sich zu einem Umweg gezwungen sieht: Nur vermittels der Reflexion auf das *konkrete* Ich, seine je *besonderen* Akte und *seine* Weisen der Äußerung sind für diese Philosophen die Konstitutionsbedingungen des Subjekts, des Bewusstseins oder auch der Vernunft ergründbar. Wie einer der wichtigen Vertreter der französischen Reflexionsphilosphie, Maine de Biran, sieht Nabert alle Bewusstseinsvollzüge, Äußerungen und Taten des Menschen in einem Streben gegründet, das sich freilich wiederum nur in diesen Zeichen, Handlungen und Werken des Menschen ausdrückt und deshalb nur an ihnen abgelesen werden kann.

Nachdem in Jean Naberts früher Monographie *Eléments pour une éthique*[13] die Unterschiede zur Kantischen Moralphilosophie bereits deutlich anklangen, setzt sich Nabert in seinem *Essai sur le mal*[14] explizit mit deren Grenzen auseinander. »Der Essai sprengt einen moralischen Rationalismus, der alle Handlungen, alle Gefühle, alle Urteile auf Normen bezieht«, lautet das Urteil Ricœurs.[15]

Ausdrücklich widmet sich Nabert in dieser Schrift der philosophischen Auseinandersetzung mit dem Bösen. Der geeignete Anknüpfungspunkt ist Kants eigene kritische Relecture seiner Moralphilosophie in dem Spätwerk *Die Religion innerhalb der Grenzen der bloßen Vernunft*, zu dem Naberts *Essai sur le mal* als ein Kommentar gelten darf. Mit Kants *Kritik der praktischen Vernunft* hält Nabert grundsätzlich daran fest, dass zum Beispiel Hass als eine Gestalt des Bösen nicht einfach ein Mangel an Liebe ist, sondern eine eigens hervorzuhebende Tat bedeutet, die die Liebe selbst leugnet.[16] Dies geschieht im Unterschied zu jeder spekulativen Philosophie, die im Bösen nur eine – wenn auch schmerzlich erfahrene – Begrenzung des Seins sieht, aber auch im Kontrast zu den Positionen, die wie Hegel im Bösen lediglich eine Negativität sehen, die den Prozess der Geschichte oder des Geistes voranzutreiben vermag.[17]

Die entscheidende These Naberts lautet, dass das Böse einen philosophisch nicht erklärbaren Überschuss enthält, der die entscheidende Grenze der so genannten ethischen Weltanschauung ist. Weil der Mensch zugleich »schuldiger Urheber« und »Opfer des Bösen« ist (16), entpuppt sich die Freiheit als ein »beängstigendes Vermögen«.[18] Ein Kommentator bringt dies mit folgenden Worten auf den Punkt: »[D]er Essai sur le mal von Nabert bestreitet genau, dass das moralische Böse einfach auf die Amoralität, im Sinne eines nicht durch die Vernunft bestimmten autonomen Willens kantischer Prägung, reduziert werden kann.«[19]

Bereits Nabert bestreitet demnach die frühe Überzeugung Kants, dass das Böse vom Gedanken der menschlichen Freiheit her erschöpfend verstanden werden könnte. Für die rationalistische Philosophie ist, so der Vorwurf, das Böse nur eine Regelwidrigkeit, nur etwas, das keine Geltung beanspruchen darf.[20] Dagegen wendet Nabert ein, dass es die Erfahrung einer Brutalität oder einer Niederträchtigkeit gibt, in der keinerlei Symmetrie mehr zum Richtigen und Guten gesehen werden kann.[21] Nabert fasst diese Erfahrungen mit dem Begriff des »Nicht-zu-Rechtfertigenden« [l'injustifiable] zusammen, den im Übrigen später auch Emmanuel Lévinas verwendet.[22] Diese Erfahrungen sind der wesentliche Grund dafür, die Kantische Position in Frage zu stellen.

Nabert beginnt seinen *Essai sur le mal* mit der Beschreibung dieser Erfahrungen und setzt dabei phänomenologisch ein: Ungerechte soziale Strukturen, der Ausbruch eines Krieges oder auch das Sinnlosigkeitsgefühl angesichts des Todes eines anderen Menschen sind nur einige Beispiele, die nach Naberts Überzeugung je auf ihre Weise zu dem gehören, was er das Nicht-zu-Rechtfertigende nennt (21f). Gibt es nicht, fragt er, eine »Perversion des Wollens, die nicht nur darin besteht, einen anderen nicht in seiner Wahrheit anzuerkennen, sondern bis zum Verlangen reicht, seine Integrität zu zerstören, zu überlisten, zu korrumpieren oder zu verderben« (88)? Diese Tiefendimensionen des Bösen erläutert Nabert anhand von drei – zugegeben nicht gerade sehr eingängigen – Begriffen: nämlich dem der »unreinen Kausalität«, der »Sünde« und der »Trennung«. Gerade weil sie zum Hintergrund auch des Denkens von Paul Ricœur gehören, möchte ich sie im Folgenden etwas eingehender erläutern.

Mit dem Begriff der unreinen Kausalität bezeichnet Nabert den seiner Ansicht nach grundsätzlichen Defekt des autonomen Subjekts: eine ursprüngliche, unauslöschbare Affektion durch das Böse. Der Wille, so Nabert, ist bei seiner Wahl immer schon,»wenn nicht schuldig, so doch unrein« (65).

In Naberts Augen gibt es deshalb eine umfassende Verantwortlichkeit, die die moralische Verantwortlichkeit einschließt, aber auch übersteigt, weil sie nicht nur bestimmte Akte betrifft, sondern Gedanken, Träume, angedeutete und dann doch gescheiterte Möglichkeiten, geheime Schwächen, und ein unmerkliches Entstelltsein eines Willens, dessen scheinbare Aufrichtigkeit aus der Perspektive einer kantischen Philosophie eine tiefer liegende Selbstgefälligkeit und Eitelkeit verdeckt (68). Vor diesem Hintergrund kann selbst dann noch von Schuld gesprochen werden, wenn das Subjekt dem moralischen Gesetz vollständig entspricht.

Nabert greift zur Erläuterung auf das Beispiel der Gewissensbisse zurück, die dasjenige ursprünglichere Schuldgefühl offenbaren, das sich nicht auf die einzelne Tat bezieht, sondern jedes Ich als Ganzes betrifft (69). Angesichts dieses weiten Verantwortungsbegriffs kann der Mensch sein eigenes Wesen nur verfehlen (80):»[W]ir sind alle die lebendige Negation der Vorstellung eines reinen Bewusstseins«, schlussfolgert Ricœur in seinem Kommentar von Naberts *Essai sur le mal*.[23]

In Anlehnung an Blaise Pascal spricht Nabert in diesem Zusammenhang dann auch von»Sünde«,[24] deren Eingeständnis ebenfalls eine Minderung des Selbstwertgefühls zur Folge hat, die als eine selbst zugefügte»Wunde« erlebt wird (88). Die Sünde bei Nabert ist»nicht mehr als ein durch unsere Endlichkeit auferlegter Zustand, den wir erleiden müssen, ohne uns als [im moralischen Sinn] verantwortlich dafür anzuerkennen. [...] Wir nennen sie also eine ›Urtatsache‹, weil überhaupt keine Reflexion die Initiative erfassen kann, die die Sünde in unser Leben eingeführt hätte.«[25] Auch wenn der Sündenbegriff um zentrale theologische Implikationen verkürzt wird, versucht Nabert hier – wie Kant – eine philosophische Interpretation der christlichen Erbsündenlehre vorzulegen. Wie schon Ricœur eingewandt hat, besteht das Irritierende jedoch darin, dass Nabert vorgibt, das Böse nicht auf die Endlichkeit reduzieren zu wollen. Faktisch fasst er aber dann doch die Endlichkeit des Menschen so, dass sie in der unauslöschbaren Anlage zum Bösen besteht, die aus jedem Willensakt ein Zugeständnis an das Böse macht. Ricœur bemerkt treffend, dass dies nur eine andere Art und Weise ist, das Böse mit der Endlichkeit gleichzusetzen.[26]

In Aufnahme von Überlegungen aus den *Eléments pour une éthique* wird die Sünde, der »Bruch im Ich durch das Ich« (90), angesichts der Anderen schließlich auch als Trennung ausgelegt. Nabert hat hier jene Fälle des Schuldigwerdens gegenüber dem Anderen im Auge, in denen keine Wiedergutmachung mehr möglich ist, der Andere »für alle Zeiten verletzt« ist.[27]

Die Pointe der Ausführungen Naberts in seinem *Essai sur le mal* besteht dann darin, dass diese Erfahrungen des Bösen das Sehnen nach einer Rechtfertigung hervorrufen, die keine »billige Vergebung« durch Vergessen sein darf.[28] Dieses Sehnen nach Rechtfertigung wird die Philosophie Naberts im Folgenden bestimmen. Für seinen gesamten Ansatz erweist sich als signifikant, dass dem Überschuss des »unfassbaren«, »unnennbaren« Bösen nur ein Überschuss des Guten antworten kann. Jenseits aller Erfüllung von Normen ist dieser Überschuss aus philosophischen Erwägungen nicht ableitbar und kann nur erhofft werden.

Selbst wenn Naberts Begriff der »Rechtfertigung« keine expliziten Anleihen bei der Theologie machen wird,[29] stellt sich angesichts dieser Überlegungen im Übrigen nicht nur für Ricœur die Frage, ob mit dem Essai sur le mal noch ein philosophischer und nicht bereits ein theologischer Text vorliegt. Mit »seiner Weigerung einer spekulativen Erklärung des Bösen und der Unterordnung der moralischen Aufrichtigkeit unter das Verlangen nach Rechtfertigung« ist Nabert einem Überstieg in die Theologie immerhin nahe.[30] Er vertritt sogar die Ansicht, dass es unter einer Bedingung kein absolut Nicht-zu-Rechtfertigendes gibt: nämlich dann, wenn ein anderes Bewusstsein für diese Erfahrungen die Verantwortung übernehmen würde (164).[31] In einem solchen Fall würde sich der »Atem des Absoluten« im freien Akt eines Bewusstseins manifestieren und aus eigener Initiative in freier und vollkommener Anerkennung aller Anderen die Möglichkeit des

Austausches untereinander wiederherstellen und die beklagten Trennungen auflösen.[32]

Also doch eine theologische Antwort auf das philosophische Problem des Bösen, so dass das Böse eine philosophische Reflexion in Gang setzen würde, die den Rahmen philosophischer Überlegungen sprengt? Gerade mit Blick auf Ricœurs Antwortversuche auf das Böse ist diese Frage von Bedeutung.

Obwohl sich die christliche Tradition als Ursprung dieser Gedanken aufdrängt, besteht Ricœur selbst letztlich darauf, dass es sich bei Naberts *Essai sur le mal* immer noch um einen philosophischen Gedankengang handele. Ricœur begründet dies damit, dass Nabert den Begriff des Absoluten verwendet (nicht »Gott«) und herausstreicht, dass die Erfüllung der Sehnsucht nach Rechtfertigung aus philosophischer Perspektive ungewiss sei. In jedem Fall hat Nabert mit diesen Überlegungen alle Gedanken vorgelegt, die es ihm später erlauben werden, sich der Frage nach Gott zu stellen und auch zu klären, wie man sich einer realisierten Rechtfertigung vergewissern könnte. Diesen Fragen widmet sich Nabert in dem postum herausgegebenen Werk *Le Désir de Dieu*.[33]

Naberts Einfluss auf Ricœur ist von nicht zu unterschätzendem Gewicht. Zum Gesamtwerk Ricœurs lassen sich viele Verbindungen herstellen, die belegen, wie nahe sich Nabert und Ricœur sind. Aber auch von dem bisher Dargelegten leuchtet ein, weshalb Ricœur in Nabert einen Bündnispartner zur Ausarbeitung der eigenen philosophischen Interessen finden konnte: Wie Nabert leugnet auch Ricœur seine cartesianische Herkunft nicht, wie dem französischen Reflexionsphilosophen geht es ihm in Weiterführung des Kantischen Ansatzes um eine philosophische Besinnung auf die Selbstvollzüge des Menschen. Ähnlich bestimmen Ricœur und Nabert ferner den Begriff menschlicher Freiheit. Zwar halten beide am unbedingten Moment der menschlichen Freiheit fest, das Unbedingte an der menschlichen Freiheit lässt sich ihnen zufolge aber nur in einem Akt konkreter Freiheit realisieren, der diesem Unbedingten material nie vollständig entsprechen kann.

Darüber hinaus sehen Nabert und Ricœur Freiheit unter Betonung des

Tatcharakters in einem Streben des Menschen gegründet, das sich qua Freiheitstat in Zeichen, Handlungen, Werken und Werten vermitteln muss. Es ist darauf aufmerksam zu machen, dass dieses Streben bei Nabert von Beginn an nicht als lediglich selbstbezogen und damit egoistisch gedacht werden darf. Bereits die Dissertation Naberts beschreibt das Phänomen des Opfers, mit dem das Subjekt seiner Verpflichtung gegenüber dem Anderen, die in der eigenen Freiheitserfahrung aufbricht, zu entsprechen versucht.

Im Unterschied zu Ricœurs Frühwerk versetzt Nabert jedoch die philosophische Herausforderung, die die verfehlte Freiheit bedeutet, in größere Unruhe. Die besondere Bedeutung Naberts für Ricœurs Ansatz ist gerade in dieser Problematisierung des Bösen zu sehen. Dass Nabert nun allerdings dazu tendiert, die Verfehlung in seinem »tragischen Denken«[34] mit der Endlichkeit des Menschen gleichzusetzen und dem Freiheitsdenken auf diese Weise die Spitze zu nehmen, hat Ricœur mit Recht kritisiert. Im Unterschied zu Nabert nimmt Ricœur mit der Weiterbestimmung seines Freiheitsbegriffs somit gewissermaßen eine Mittelposition ein zwischen der Bestreitung menschlicher Freiheit – auf die am Ende Naberts *Essai sur le mal* hinauszulaufen droht – und der Leugnung des Überschusses im Bösen, das nicht auf die Freiheitstat reduzierbar ist.

3. Paul Ricœurs Reflexionen auf die Erfahrung des Bösen

Ricœur geht es bei seinen später folgenden Reflexionen auf das Böse um jene schillernde Erfahrung, dass das Böse gewollt wird und es doch nicht einfach vollständig Tat der Freiheit ist.[35] Den Ort im menschlichen Handeln, an dem das Böse wirkmächtig wird, nennt er die Fehlbarkeit des Menschen. Im Unterschied zu Nabert schützt Ricœur gerade mit seinem Begriff der Fehlbarkeit die Freiheit zum Bösen als Freiheit und bewahrt den Menschen davor, bereits aufgrund seiner Endlichkeit nur und ausschließlich Böses tun zu können oder sogar selbst einfachhin böse zu sein. In der Endlichkeit des Menschen, dem der Ausgriff auf das Unendliche in mehrfacher Hinsicht möglich ist, findet sich lediglich die »Einbruchstelle« des Bösen.

Diese Einbruchstelle für das Böse ist nach Ricœur genau dort gegeben, wo der Mensch die Ziele seines aktuellen Begehrens mit den letzten Zielen seines Strebens verwechselt. Zwar können auf der einen Seite die Lebensziele nur mit einzelnen Schritten, gelegentlich sogar nur mit höchst alltäglichen und immer wieder kehrenden Handlungen verwirklicht werden. Auf der anderen Seite darf man aber eben den Symbolcharakter dieser Teilziele nicht vergessen. Genau an diesem Punkt entspringt die Möglichkeit des Fehls: nämlich die konkrete begrenzte Zielsetzung des eigenen Handelns mit der Erfüllung der absoluten Intention zu verwechseln. In diesem Fall droht die »Gefahr einer Verschließung«, die freilich noch keine »Entartung« sein muss. Das Böse ist genau in dem »spezifischen Bevorzugungsakt« zu sehen, wenn der Mensch die Teilziele allem und damit auch der eigentlich erst tiefer angezielten Glückseligkeit »vorzieht«. Das Paradox des Bösen als einer freien Tat des Menschen, in der dieser sich zugleich auch als Opfer sieht, spitzt sich hier zu: Denn dann wird der Mensch »gezogen und fortgerissen«[36] – bis hin zu dem, was Ricœur dann doch auch als »Entartung« bezeichnet. Diese aber muss man immer noch eine »freiwillige« nennen, weil die Initiative vom Menschen ausging, weil er sich selbst »ausgeliefert hat«. Das Böse besteht in Ricœurs Augen somit darin, dass die ursprüngliche Ausrichtung auf die Glückseligkeit geopfert wird; das Böse negiert in diesem Fall das Streben nach Glückseligkeit, das ursprünglich dem menschlichen Tun »seine Offenheit« bewahren sollte (130) – und gleichzeitig das Böse überhaupt erst als solches entlarvt.

Ricœur spielt dies in seiner großen Monographie *Die Fehlbarkeit des Menschen* an der Kantischen Trias Habsucht, Herrschsucht, Ehrsucht durch, um an diesen Zerrformen menschlicher Charakterzüge das Einfallstor des Bösen genauer auszuweisen.

Dass man etwa Eigentum erwerben kann, ist Ricœurs Auffassung nach nicht zu kritisieren. Allerdings fordert er ein ethisches Kriterium, um auch die Fehlformen des Habens kenntlich machen zu können. In der Sphäre der Macht spiegelt sich diese Problematik des Habens. Weil die Arbeit, die in der Regel von mehreren gemeinsam zu leisten ist, einer Ordnung bedarf, entwickeln sich bei denen, die miteinander arbeiten, Hierarchien. Diese Rangordnungen wiederum müssen um der Arbeitsprozesse willen von Institutionen »anerkannt und garantiert« werden, die von einer »letztlich politischen Autorität bestätigt« worden sind (154). Auch Macht und Autorität sind deshalb nach Ricœur »nicht an sich schlecht« (155). Allerdings zeichnen sich hier ebenfalls Einbruchsstellen des Bösen ab: Ungerechte Herrschaftsstrukturen und die Ausübung von Gewalt können die Ordnung des Zusammenlebens entstellen.

Entscheidend jedoch ist vor allem die Sphäre des Geltens. In dieser Sphäre geht es um das menschliche Verlangen nach Anerkennung, das weder durch »zwischenmenschliche Beziehungen im Feld des Habens«, noch durch »Beziehungen im Feld der Macht« befriedigt wird (158). Im Unterschied zu den »Beziehungen wechselseitigen Ausschlusses« in der Welt des Habens oder der Asymmetrie der Beziehungen in der Welt der Macht vollzieht sich der »Aufbau des Selbst«, die Entwicklung des Selbstbewusstseins, als ein Beziehungsgeschehen unter potenziell Gleichen: »Ich will das Ich nicht nur auf das Meinige stützen, ich will nicht nur herrschen, um zu existieren, ich will anerkannt sein« (160). Bewusst nimmt Ricœur hier Hegelsche Gedanken aus der Perspektive Naberts auf: »Es liegt im Streben nach Ansehen ein Verlangen, [sic!] zu sein, nicht vermöge vitaler Selbstbehauptung, sondern in Gnaden der Anerkennung durch andere« (158). Mein Selbst »empfange« ich »von der Meinung anderer« (159), bis dahin dass ich mich in der Anerkennung der Menschheitsidee »als ein Du für andere« (162) schätzen lerne. Diese Selbstschätzung ist »eine indirekte Beziehung, mittelbar von mir zu mir, umgeleitet über den wertschätzenden Blick des anderen«: »Ich glaube, dass ich in den Augen eines anderen [...] etwas gelte; im Grenzfall ist dieser andere ich selbst« (162).

Weil die Selbstschätzung »von der Meinung, vom Glauben« lebt, die Geltung einer Person »weder gesehen noch gewusst, nur geglaubt werden« kann, ist der Zweifel an der eigenen Geltung und somit das Streben nach Anerkennung die entscheidende Einbruchstelle für das Böse (162). Die Selbstschätzung und ihre pathologische Verkehrung gehen Hand in Hand: Die Einsicht, dass jede Anerkennung nur symbolisch ausgedrückt werden kann, untermauert vor diesem Hintergrund die These von der konstitutiven Fehlbarkeit des Menschen. Das Vergessen des »Symbolcharakters der Verknüpfung des Glücks mit einem Ziel des Begehrens« wird zum »Ort der Fehlbarkeit« (171). Wie sollte sich das Selbst je genug »gesichert« fühlen, wenn dessen unendlichem Verlangen »nur« symbolisch und somit nicht ohne Ambivalenzen und Verschattungen entsprochen werden kann (165)? Die ersehnte Erfüllung des Begehrens, die eine völlige Auflösung der beschriebenen Spannungen zur Folge hätte, ist aufgrund der Endlichkeit des Menschen nicht denkbar (165).

Genau an diesem Punkt entspringt die Möglichkeit des Fehls: die konkrete begrenzte Zielsetzung des eigenen Handelns mit der Erfüllung der absoluten Intention zu verwechseln, die an sich nicht zu verdammende Lust als Glückseligkeit misszuverstehen. »[D]as eigentlich menschliche Böse betrifft die verfrühten, die gewaltsamen Synthesen, die Kurzschlüsse der Totalisierung«,[37] weil die nur behaupteten Synthesen und Totalisierungen »plötzlich, in einer Art von affektiver Unmittelbarkeit, für das Ganze des Begehrenswerten« stehen (170). Dies ist gewissermaßen die Spitzendefinition des Bösen bei Ricœur.

Mit dieser Weiterbestimmung des Freiheitsgedankens wird aber auch einsichtig, dass die Philosophie in der Frage nach dem Bösen letztlich an eine Grenze kommt, an der sie sich »wundreibt«.[38] Wenn auch die Zerbrechlichkeit der menschlichen Synthesen als Fehlbarkeit des Menschen nachgewiesen wurde, wird diese Möglichkeit des Bösen dem wirklichen Bösen letztlich nicht gerecht. Offenkundig hilft die kantische Perspektive nicht wirklich weiter, so das Ergebnis von *Die Fehlbarkeit des Menschen*: Ricœur kann zwar noch in einer Art transzendentalen Analyse die »Einbruchstelle« des Bösen erhellen. Es ist ihm aber auch innerhalb dieses philosophischen Stils nicht möglich, die Tat selbst, das konkrete böse Tun zu erklären. Denn weil das Böse des Menschen immer Tat der Freiheit ist, kann es nur als begangenes Böses thematisiert werden.

Der »unfreie Wille«, das Rätsel eines »freien Entscheidungsvermögens, das sich bindet und sich immer schon gebunden findet« (11), wird vielmehr zum »kritischen Punkt jeder Philosophie«, wie Ricœur an anderer Stelle mit Sören Kierkegaard hervorgehoben hat.[39] Wenn die Philosophie das Böse verstehen könnte, wäre dies als »ihr größter Erfolg« zu bezeichnen.

»[A]ber das verstandene Böse ist nicht mehr das Böse, es ist nicht mehr absurd, skandalös, außerhalb von Recht und Vernunft«.[40] Weil das Böse nicht reine Negation oder bloße Schwäche, mangelnde Erkenntnis, schlichte Endlichkeit ist, sondern dasjenige, das philosophisch nicht gerechtfertigt werden kann, werden nach Ricœur jedem philosophischen System die Grenzen aufgezeigt. Zwischen der philosophisch explizierbaren Möglichkeit und der Wirklichkeit des Bösen klafft ein Abgrund, den keine Reflexionsphilosophie zu überwinden vermag. Dass die freie Tat philosophisch nicht vollständig erfasst werden kann, weil sie nicht objektivierbar, verallgemeinerbar oder gar vorhersehbar ist, ist der Grund, weshalb die Reflexion letztendlich auf die Hermeneutik der Bekenntnisse eigener Schuld verwiesen wird.

Ricœur vollzieht diesen Schritt mit seiner Monographie *Symbolik des Bösen*, in der er sich an die Auslegung der Bekenntnisse des Bösen macht, wie sie sich in den Mythen unterschiedlichster Kulturen niedergeschlagen haben. Ricœurs Antwort auf die soeben beschriebenen Aporien lautet am Ende dieses Werkes, dass der Philosoph das Phänomen des Bösen nur *anhand* der Auslegung der entsprechenden Mythen erfassen kann, die als »sekundäre Ausarbeitungen« auf eine »fundamentalere Sprache verweisen«.[41] Weil wir immer schon in der Ordnung des Fehls stehen, ist diese fundamentale Sprache die Sprache des Bekennens – die sich nur »indirekt und bildlich« ausdrückt und deshalb »durch und durch symbolisch ist«.[42]

Ricœurs grundlegende These seiner Symbolik des Bösen lässt sich so zusammenfassen: Die Reflexion auf die Bekenntnisse des Bösen ermöglicht ein tieferes Verstehen des ambivalenten und paradoxen Charakters des Bösen, weil das Paradoxe mit Bildern, Symbolen und Mythen besser ausgesagt werden kann. Dabei ist nicht zu bestreiten, dass das Böse in Freiheit vom Menschen getan wurde – genau das legt sich der Mensch im Bekenntnis ja zur Last. Auf der anderen Seite irritiert ihn zugleich die Tatsache, dass er im freien Tun des Bösen auch von diesem affiziert wurde. Die Erzählung vom Sündenfall ist mit ihrer existentiellen Bedeutung dabei Ricœurs Überzeugung nach der gelungenste Versuch, die abgründige Erfahrung des Bösen in Worte zu fassen. Ricœur versucht auf diese Weise einerseits einer Leugnung der Freiheit andererseits der Verharmlosung des Bösen zu entgehen. In der Aporie des Bösen ist somit auch der Grund zu sehen, dass sich Ricœur im Folgenden mit Eifer der Sprache als philosophischem Thema zugewendet hat.

Doch die systematisch wichtige Stellung der Frage nach dem Bösen in der Philosophie Paul Ricœurs hat sich damit nicht erledigt. In seinem Spätwerk *Das Selbst als ein Anderer* etwa widmet sich Ricœur zum ersten Mal ausführlich und systematisch der Ethik.[43] Der spezifische Ansatz von Ricœur sieht vor, in einer aristotelisch und damit teleologischen Perspektive einer Ausrichtung des Menschen auf das wahre Leben mit Anderen in gerechten Institutionen das Fundament der Ethik zu sehen. Gerade angesichts dieses Fundaments erweist sich allerdings wiederum das Böse als eine ethische Herausforderung, die die konkurrierende deontologische Perspektive im Sinne der Kantischen Moralphilosophie oder auch John Rawls' Theorie der Gerechtigkeit auf der sozialethischen Ebene als »Feuerprobe« der ethischen Ausrichtung notwendig macht.

Ricœur begründet die Notwendigkeit des Umwegs der Ethik über die Moral ausdrücklich mit der Faktizität des Bösen (264). Und er nimmt dabei die Thesen seiner frühen – im Gespräch mit Nabert entwickelten – ethischen Überzeugungen auf. »[D]ie Pflicht ist eine Funktion des Bösen«, hieß es schon in *Die Fehlbarkeit des Menschen.*[44] Weil es das Böse gibt, muss die ursprüngliche Ausrichtung auf ein gutes Leben der moralphilosophischen Begutachtung standhalten. »Ich bestehe auf diesem Punkt: Es ist nicht das Begehren, sondern die Gewalt, die uns dazu zwingt, der Moralität den Charakter der Pflicht zuzuschreiben, entweder in der negativen Form des Verbotes [...] oder in der positiven Form des Gebotes«, heißt es an einer anderen Stelle.[45] Im Bösen ist nach *Das Selbst als ein Anderer* sogar der Grund dafür zu sehen, dass sich – wie zum Beispiel im Dekalog – Gebote in Verbote wandeln müssen: »[A]uf sämtliche Gestalten des Bösen antwortet das Nein der Moral« (268).

Jedoch nicht nur bei der Diagnose der menschlichen Realität, sondern auch bei der Ausarbeitung der Therapievorschläge greift Ricœur auf seine Überlegungen aus dem Frühwerk zurück. Angesichts des Bösen ist es nach Ricœur – wie für Nabert in dessen *Eléments pour une éthique* – zur Ausbildung eines sittlichen Urteils sinnvoll, die ethische Ausrichtung zu operationalisieren und die daraus resultierenden Normen im Sinne Kants auf Allgemeingültigkeit zu prüfen. Folgende Reformulierung des kategorischen Imperativs schlägt Ricœur in diesem Zusammenhang interessanterweise vor: »Handle ausschließlich nach der Maxime, die bewirkt [...], dass das nicht sei, was nicht sein soll, nämlich das Böse« (264).

Auf diese Weise bestätigt sich, dass Ricœur im Bösen eine entscheidende Herausforderung des Denkens sieht, die für die gesamte Entwicklung seiner Philosophie wesentlich ist. Die Unerforschlichkeit des Bösen bedeutet nach Ricœur – wie für Nabert – eine Grenze der Reflexion, die die Umwege über die Hermeneutik als einzig mögliche Auswege erzwingt. Ricœurs Bewusstsein einer Differenz zwischen der Endlichkeit des Menschen und der Fehlbarkeit als dem Ort derjenigen Freiheit, die sich für das Böse entscheiden kann, verschärft seine Sensibilität für die Ambiguität der Freiheit. Wie Nabert lässt sich Ricœur von den Paradoxien der Freiheit beunruhigen, die für das Böse verantwortlich ist und doch auch von ihm affiziert wird. Das spekulative Symbol der Erbsünde ist für Ricœur in diesem Zusammenhang eine gelungene Veranschaulichung dieser Wirklichkeit, die die Philosophie nur als eine Grenze des Denkens artikulieren kann.[46] Muss dies das letzte Wort der Philosophie sein?

4. Was dem Bösen entgegensetzen?

Als Frage stellt sich ja tatsächlich zum Abschluss, inwieweit Ricœur durch diese starke Stellung der Frage nach dem Bösen innerhalb seiner Philosophie selbst in die Gefahr gerät, einer pessimistischen Anthropologie das Wort zu reden. Demgegenüber ist nun hervorzuheben, dass Ricœur ganz im Gegenteil eine durchaus optimistische philosophische Position vertritt, weil er ausgehend von der faktischen Existenz des Bösen als Ausgangspunkt philosophischer Reflexion den Diskurs der Hoffnung als dessen Zielpunkt ansetzt.

Tatsächlich könnte ja jene Verletzlichkeit des Menschen, die dessen Fehlbarkeit bedeutet, als eine tiefe Verwundung des Selbstwertgefühls erlebt werden. Gibt es nicht tatsächlich Gewissensbisse und Schuldgefühle, die auch jenseits der konkreten Tat die gesamte Person in ihrem Selbststand angreifen und beschädigen können? Die Gefahr jeder exzessiven Betrachtung der Schuld besteht ja darin, dass Selbstbezichtigungen aufgrund der eigenen Unzulänglichkeiten auch dazu führen können, als Mensch insgesamt handlungsunfähig zu werden.

Gerade deshalb wäre es auch für Ricœur fatal, sich nur in die Richtung der Schuld zu bewegen. Wem könnte man es angesichts dieser destruktiven Logik auch verdenken, dann den Begriff der Schuld und mit ihm schließlich auch den Begriff der Freiheit zu leugnen oder zu verwerfen? Für Ricœur kommt deshalb alles darauf an, dass der Zusammenhang zwischen der faktisch sich verfehlen könnenden Freiheit und der Vorstellung einer erfüllten Freiheit nicht aufgegeben wird.

Immerhin ist selbst bei der Erkenntnis der menschlichen Fehlbarkeit auch die Größe des Menschen greifbar: Nur der, der auf das Ganze, das Unendliche aus ist, kann diesem Trugschluss erliegen, der nicht Irrtum, sondern böse Tat ist. Ricœurs philosophische Reflexion auf den Menschen in *Die Fehlbarkeit des Menschen* schließt immerhin mit geradezu hymnischen Sätzen, die nicht nur das Credo sind, das der Monographie zugrunde liegt, sondern den Ansatz Ricœurs im Ganzen kennzeichnet: »Ich denke den Menschen nicht geradehin, sondern ich denke ihn durch die Zusammensetzung, als das ›Mixtum‹ der Urbejahung und der existentialen Verneinung. Der Mensch, das ist die Freude des Ja in der Trauer des Endlichen.«[47] Angesichts der Sensibilität Ricœurs für die Radikalität des Bösen, die er in *Die Fehlbarkeit des Menschen* gezeigt hat, darf dieser optimistische cantus firmus der Ricœurschen Philosophie nicht unterschlagen werden.

Grundlage dafür ist, dass das Böse als Ausgangspunkt philosophischer Reflexion eben nicht am Ursprung des menschlichen Handelns und damit auch der menschlichen Existenz als Ganzer steht. Ricœur schreibt in *Die Fehlbarkeit des Menschen*: »Eine Freiheit, die sich das Böse zur Last legt, das ist eine Freiheit, die zu einem ungewöhnlich sinngeladenen Selbstverständnis vordringt. [...] Schon in [Jean Naberts] *Eléments pour une Ethique* wurde das Schuldproblem mitgeführt von einer Untersuchung in Richtung auf das Bewusstwerden der ›Urbejahung‹, die mich jenseits all meiner Wahlentscheidungen und all meiner Einzelakte konstituiert. Da zeigte es sich bereits, dass das Schuldbekenntnis gleichzeitig Entdeckung der Freiheit ist.« Einer pessimistisch akzentuierten Anthropologie hält Ricœur die Überlegungen Naberts aus den *Eléments pour une éthique* entgegen – wenn er seinen »Lehrer« an dieser Stelle auch nicht zitiert. Zwar haben wir auf der einen Seite, so Ricœur, »keinen anderen Zugang zum Uranfänglichen als über das Verderbte«.[48] Allerdings kann ich auf der anderen Seite »den Verrat nicht als etwas Böses begreifen, ohne ihn an einer Idee des Vertrauens oder der Treue zu messen, in Bezug auf welche der Verrat das Böse ist«.[49] Das Bekenntnis der letztlich unerforschlichen Tat des Bösen wird so zur »Bedingung des Freiheitsbewusstseins«.[50] Mit Nabert liegt Ricœur daran, das Böse nicht nur von der Freiheit her zu denken, sondern das Scheitern der Reflexion angesichts des Bösen beim Bedenken der Freiheit zu berücksichtigen, um auf diese Weise »die Lehre von der Freiheit angesichts des Stachels des Bösen [...] zu erweitern und zu vertiefen«.[51] Bereits bei der Darstellung der philosophischen Thesen innerhalb der *Symbolik des Bösen* führt dies dann dazu, dass den Symbolen des Bösen, etwa der biblischen Erzählung vom Sündenfall stets auch die zugehörige Symbolik der Erlösung gegenübergestellt werden muss, um jene besser zu verstehen. Als Gegenstück zur verfehlten Freiheit greift Ricœur in der *Symbolik des Bösen* deshalb mehrfach auf das ebenso »rätselhafte wie fundamentale« Symbol der Rechtfertigung, der erfahrenen Vergebung Gottes, als ein Erbe der christlichen Tradition zurück.[52] Es ist ja auch innerhalb der Logik der christlichen Theologie so, dass erst im Bewusstsein um die Erlösung Gottes der Abgrund der Sünde, der bisherigen Trennung von ihm, offenbar wird.

Schon für das Frühwerk des Philosophen ist damit festzuhalten, dass Ricœur versucht, das aus christlicher Sicht allen Menschen eigene Sehnen nach einer Rechtfertigung angesichts der eigenen Schuld, das zum Verlangen nach einer umfassenden Anerkennung gehört, philosophisch auszuarbeiten. In seiner Auseinandersetzung mit der Psychoanalyse Sigmund Freuds in *Die Interpretation* besteht Ricœur ähnlich darauf, dass die Archäologie des Subjekts, die das Schuldgefühl rückwärts zu deuten versucht, zusammen gesehen werden muss mit dem emanzipatorischen Interesse Freuds an der Bewusstwerdung im Sinne gelungener Selbstwerdung. Diese philosophische These ist wie ein Echo auf die zuvor schon behauptete Sehnsucht nach Rechtfertigung und Vergebung – die wiederum nicht ohne die Philosophie Naberts gesehen werden darf.

Eine Fortschreibung dieser Besinnung auf den Menschen findet sich schließlich nicht nur in Ricœurs großem Werk *Gedächtnis, Geschichte, Vergessen* aus dem Jahr 2000,[53] sondern auch in den kurz vor seinem Tod erschienenen Überlegungen in *Wege der Anerkennung*.[54] Am Ende des Gedankengangs steht in *Gedächtnis, Geschichte, Vergessen* – wie schon innerhalb der *Phänomenologie der Schuld* – die Behauptung, dass bei aller »Radikalität« des Bösen mit den entsprechenden Konsequenzen die Bestimmung zum Guten im Kantischen Sinne ursprünglicher sei. Genau diese Bestimmung zum Guten ermöglicht es, dass zu den in *Das Selbst als ein Anderer* profilierten Fähigkeiten des Menschen, sprechen, handeln, erzählen und moralische Bewertungen vornehmen zu können, nicht nur die Fähigkeit zur Erinnerung als eine Art Existenzial des Menschen tritt, sondern eben auch die Fähigkeit zu verzeihen – ohne dabei das Leid und die Schuld zu verdrängen. In *Wege der Anerkennung* findet sich ein schließlich ein großer dritter Teil, der sich der Herausforderung »wechselseitiger Anerkennung« widmet und diese Gedanken weiterführt.

Gerade diese letzten beiden Bücher Paul Ricœurs bestätigen auf ihre Weise, dass der Philosoph wesentlich durch die Frage nach dem Bösen zur philosophischen Reflexion gedrängt wurde. Sie weisen freilich auch darauf hin, dass das Böse in seiner Philosophie nicht das letzte Wort hat, der Ausgangspunkt philosophischer Reflexion somit noch nichts über dessen Ziel und Ergebnis aussagt. Hier sind sich dann Nabert und Ricœur auf der einen und Blondel auf der anderen Seite wieder näher.

Anmerkungen

[1] Karl-Heinz BOHRER, *Imaginationen des Bösen. Zur Begründung einer ästhetischen Kategorie*, München 2004; »Der Teufel. Das Antlitz des Bösen«, Du. Zeitschrift für Kultur 760, Oktober 2005; Union Evangelischer Kirchen in der Evangelischen Kirche in Deutschland (Hg.), *Leben im Schatten des Bösen. Gespräche zu einer ungelösten Menschheitsfrage*, Neukirchen-Vluyn 2004; Detlef Horster (Hg.), *Das Böse neu denken*, Weilerswist 2006; Ingolf DALFERTH, *Das Böse. Essay über die Denkform des Unbegreiflichen*, Tübingen 2006; Ingolf DALFERTH, *Leiden und Böses. Vom schwierigen Umgang mit Widersinnigen*, Leipzig 2006; Knut BERNER, *Theorie des Bösen. Zur Hermeneutik destruktiver Verknüpfungen*, Neukirchen-Vluyn 2004, u. a. Vgl. meinen zwischenzeitlich erschienen Literaturbericht »Antlitzlos und unbesprechbar. Neues Nachdenken über das Böse«, in: Herder Korrespondenz 61 ¹2007, 144–149.

[2] Paul RICŒUR, *Das Böse. Eine Herausforderung für Philosophie und Theologie*, Zürich 2006.

[3] Vgl. grundsätzlich: Stefan ORTH, *Das verwundete Cogito und die Offenbarung. Von Paul Ricœur und Jean Nabert zu einem Modell fundamentaler Theologie*, Freiburg 1999.

[4] Gerhard LARCHER, »Blondel und Ricœur. Thesen zu ihrem Beitrag für die Fundamentaltheologie«, in: Anton van Hooff, Peter Reifenberg, Walter Seidel (Hg.), *Glaubenserfahrungen im Handeln und Denken. Fundamentaltheologische Skizzen*, Würzburg 1996, 43–66.

[5] Paul RICŒUR, *Le volontaire et l'involontaire* [1950], Neuaufl., Paris 1993, 34.

[6] Paul RICŒUR, *Die Fehlbarkeit des Menschen. Phänomenologie der Schuld I* [1960], 2. Aufl., Freiburg 1989.

[7] Paul RICŒUR, *Symbolik des Bösen. Phänomenologie der Schuld II* [1960], 2. Aufl., Freiburg 1989.

[8] Bernd J. CLARET schlägt als Übersetzung für »serf arbitre« Ricœurs Formulierung vom »gefangenen freien Willen« vor. Vgl. RICŒUR, *Symbolik des Bösen*, 176; Bernd J. CLARET, *Geheimnis des Bösen. Zur Diskussion um den Teufel*, Innsbruck 1997, 275.

[9] Paul RICŒUR, *Die Interpretation. Versuch über Freud* [1965], 4. Aufl., Frankfurt 1993.

[10] Ricœur, *Die Interpretation*, 53.

[11] Vgl. zum Folgenden bes.: Orth, *Das verwundete Cogito und die Offenbarung*, 84–105.

[12] Pierre Naulin, *L'itinéraire de la conscience. Etude de la philosophie de Jean Nabert*, Paris 1963, 59.

[13] Jean Nabert, *Eléments pour une éthique* [1943], Neuaufl., Paris 1992.

[14] Jean Nabert, *Essai sur le Mal* [1955], Neuaufl., Paris 1997.

[15] Paul Ricœur, »Préface à Eléments pour une éthique«, in: *Lectures* 2. *La contrée des philosophes*, Paris 1992, 225–236, hier 235.

[16] Vgl. Ricœur, »L'Essai sur le mal«, in: *Lectures 2*, 237–252, hier 237.

[17] Vgl. Ricœur, »L'Essai sur le mal«, 238.

[18] Paul Ricœur, »Schuld, Ethik und Religion« [1969], in: *Hermeneutik und Psychoanalyse. Der Konflikt der Interpretationen* 2, München 1974, 266–283, hier 275.

[19] Jacques Baufay, »L'origine du mal. Nabert, critique du Kant«, in: *Nouvelle revue théologique* 95 (1973) 279–300, hier 281.

[20] Vgl. Ricœur, »L'Essai sur le mal«, 238.

[21] Vgl. Ricœur, »L'Essai sur le mal«, 238f.

[22] László Tengelyi erinnert daran, das auch Lévinas diesen Begriff des Nicht-zu-Rechtfertigenden kennt (wenn dieser im französischen Original auch »le non-justifiable« heißt). Vgl. Emmanuel Lévinas, »Transcendance et mal«, in: *Du Dieu qui vient à l'idée*, 2., durchges. und erw. Aufl., Paris 1986, 189–207, hier 197; dt.: »Die Transzendenz und das Übel«, in: *Wenn Gott ins Denken einfällt. Diskurse über die Betroffenheit von Transzendenz*, 2. Aufl., Freiburg 1988, 172–194, hier 182. Vgl. László Tengelyi, »Von Nabert zu Lévinas«, in: *Mesotes* 4 (1994) 213–223, hier 222.

[23] Ricœur, »L'Essai sur le mal«, 243.

[24] Vgl. Paule Levert, *Jean Nabert ou l'exigence absolue*, Paris 1971, 28.

[25] Naulin, *L'itinéraire de la conscience*, 463.

[26] Vgl. Ricœur, »L'Essai sur le mal«, 248.

[27] Ricœur, »L'Essai sur le mal«, 245.

[28] Ricœur, »L'Essai sur le mal«, 245.

[29] Vgl. Naulin, *L'itinéraire de la conscience*, 422.

[30] Ricœur, »L'Essai sur le mal«, 246f.

[31] Vgl. Ricœur, »L'Essai sur le mal«, 246.

[32] Vgl. Ricœur, »L'Essai sur le mal«, 247.

[33] Jean Nabert, *Le désir de Dieu* [1966], Neuaufl., Paris 1996.

34 LEVERT, *Jean Nabert ou l'exigence absolue*, 33.

35 Vgl. zum Folgenden bes.: ORTH, *Das verwundete Cogito und die Offenbarung*, 105–122.

36 CLARET weist darauf hin, dass Ricœurs These einer Verführung durch das Böse von Überlegungen seines Lehrers Gabriel Marcel profitiert. Vgl. CLARET, »Exkurs: Einladung zum Verrat am Sein (G. Marcel)«, in: *Geheimnis des Bösen*, 290–296.

37 Paul RICŒUR, »Die Anklage entmythisieren« [1965], in: *Hermeneutik und Psychoanalyse*, 217–238, hier 228.

38 Jean GREISCH, *Hermeneutik und Metaphysik. Eine Problemgeschichte*, München 1993, 207.

39 Paul RICŒUR, »Kierkegaard et le mal« [1963], in: *Lectures 2*, 15–28, hier 16.

40 RICŒUR, »Kierkegaard et le mal«, 16. Vgl. diesen Aufsatz auch im Folgenden.

41 RICŒUR, *Die Fehlbarkeit des Menschen*, 8.

42 RICŒUR, *Die Fehlbarkeit des Menschen*, 8.

43 Paul RICŒUR, *Das Selbst als ein Anderer* [1990], München 1996.

44 RICŒUR, *Die Fehlbarkeit des Menschen*, 131. [Meine Hervorhebung]

45 Paul RICŒUR, »L'attestation. Entre phénoménologie et ontologie«, in: Jean Greisch und Richard Kearney (Hg.), *Paul Ricœur. Les métamorphoses de la raison herméneutique*, Paris 1991, 381–403, hier 395.

46 Vgl. auch Paul RICŒUR, »Die ›Erbsünde‹ – eine Bedeutungsstudie« [1960], in: *Hermeneutik und Psychoanalyse*, 140–161.

47 RICŒUR, *Die Fehlbarkeit des Menschen*, 182.

48 RICŒUR, *Die Fehlbarkeit des Menschen*, 105.

49 RICŒUR, *Die Fehlbarkeit des Menschen*, 106.

50 RICŒUR, *Die Fehlbarkeit des Menschen*, 15.

51 RICŒUR, *Die Fehlbarkeit des Menschen*, 13 [Hier habe ich die Übersetzung abgeändert].

52 RICŒUR, *Symbolik des Bösen*, 170.

53 Paul RICŒUR, *Geschichte – Gedächtnis – Vergessen* [2000], München 2004.

54 Paul RICŒUR, *Wege der Anerkennung* [2004], Frankfurt 2006.

»Warum ist überhaupt etwas, und nicht vielmehr nichts?«*

Walter Patt (Mainz)

Nach dem Grund oder den Gründen von Vorgängen oder Zuständen und besonders von Handlungen oder Einstellungen, Überzeugungen, Absichten usf. zu fragen, ist allzu menschlich. Hierbei können Menschen auf zweierlei Weise fragen, einmal, warum ein bestimmtes Etwas eine bestimmte Beschaffenheit aufweist, zum andern, warum es überhaupt existiert. Bei diesen Fragen geht es ihnen darum, das, womit sie es zu tun haben, was sie angeht oder bedrängt oder interessiert, *erklären* und *verstehen* zu können. Den Grund oder die Gründe von etwas zu erkennen, mag einen Menschen überraschen oder enttäuschen oder auch erschrecken – letztlich gibt es ihm Sicherheit. Kenntnis von Gründen verschafft ihm die Möglichkeit, sein Handeln auf Vorgänge oder Zustände in der Natur sowie auf die Handlungen und Absichten anderer Menschen einzurichten, oder aber die Gründe (Motive, Absichten) seiner eigenen Handlungen sowie die Gründe seiner Einstellungen und Überzeugungen zu bewerten, zu überdenken, sie gar zu verwerfen und sich andere Gründe zu eigen zu machen.[1]

Nun kann man das Fragen nach Gründen immer weiter vorantreiben, bis die äußerste Grund-Frage auftaucht, die ein Mensch stellen kann. Hier ist nicht mehr danach gefragt, warum es dieses oder jenes Ding oder eine Gruppe von Dingen gibt, auch nicht danach, warum an Dingen diese oder jene Eigenschaften und Verhaltensweisen vorkommen, warum von ihnen irgendwelche Wirkungen ausgehen oder warum zwischen ihnen irgendwelche Beziehungen bestehen. Die Frage ist *fundamental:* (a) Sie betrifft alles Seiende, sei es wirklich, möglich oder notwendig, sei es gegenwärtig, vergangen oder zukünftig, – und hierin ist jene Frage *universal* (indifferent gegenüber den Seinsmodalitäten sowie gegenüber den Zeitmodi);

(b) sie geht allen anderen philosophischen Fragen vorher, seien sie erkenntnistheoretisch, moralphilosophisch, anthropologisch, natur- oder kunstphilosophisch oder bloß logisch, und hierin ist sie *schlechthin primär*, mögen auch erkenntnistheoretische oder anthropologische Erwägungen in die Bearbeitung der Frage eingehen. Die Frage zielt auf den letzten Grund des Seins aller Dinge. Sie macht sogar vor dem Göttlichen nicht Halt. Auch Gott oder Götter sind – im wörtlichen Sinn – in Frage gestellt. Aristotelisch gesprochen, ist es ihrer Natur nach (τῇ φύσει) die anfänglichste und radikalste Warum-Frage der Philosophie, zugleich indessen für uns (πρὸς ἡμᾶς) die letzte Frage, die wir als Menschen stellen können. Wie Heidegger betont, ist es für den Menschen »das Wunder aller Wunder: *daß* Seiendes *ist*« (WiM 47).

Von allem Wirklichen, Möglichen und Notwendigen, vom Gegenwärtigen, Vergangenen und Künftigen ist nur Eines verschieden: nichts, das schlechthin Nicht-Seiende[2] – wobei es schwierig ist, nichts von irgendetwas zu unterscheiden.

Zunächst einige semantische Bemerkungen zum Begriff des Grundes:

1. Grund ist das Tragende, die Grundlage: das, worauf etwas steht oder liegt oder sitzt oder aber sich bewegt; das, worauf man sich stützen kann. Man spricht von ›Grund und Boden‹, vom ›Grundstück‹, vom ›Fundament‹ eines Hauses. Von daher die metaphorischen Bezeichnungen ›Beweisgrund‹, ›aufgrund von ...‹, ›zugrunde legen‹ (transitiv), ›zugrunde liegen‹ (intransitiv) und ›begründen‹. ›*Begründen*‹ meint: den Grund von etwas aufweisen, sei es der Grund einer Sache oder eines Sachverhaltes, der Grund einer Handlung oder der Grund einer Behauptung. Aufgabe der Begründung ist das Rechtfertigen; sie gibt Rechenschaft davon, warum Sachen, Handlungen und Aussagen so sind, wie sie sind, oder aber davon, daß sie so sind, wie sie sein sollen (griech. λόγον διδόναι, lat. rationem reddere [= re-dare], frz. rendre raison). Eine Begründung kann also Faktisches erklären oder sich auf Normatives stützen. Mit einer Begründung gibt man jemandem, der bei irgendeiner Gelegenheit nach dem Warum fragt, etwas zurück, das man ihm schuldig ist.

2. Grund ist das, woraus etwas hervorgeht, hervorwächst. ›Grund‹ hat hier

die Bedeutung von ›Ursprung‹. ›*Gründen*‹ bedeutet: Grund-sein der Existenz von etwas; oder: für etwas den Grund seiner Existenz erbringen, etwas schaffen. So sagt man z. B., daß Alexander der Große auf seinem Kriegszug durch das persische Reich viele Städte gründete.

3. Grund ist das, was unter einer oder mehreren Schichten verborgen liegt. Man sagt etwa:»Im Grunde ist er ein guter Mensch.« Das bedeutet: Sein Gutsein ist nicht sogleich oder nicht stets sichtbar; man muß in die Tiefe seines Wesens und Handelns schauen, um ihn als guten Menschen zu erkennen. (Ähnlich wie»im Grunde« wird der metaphorische Ausdruck»im Kern« gebraucht.) Hierhin gehört das Verb ›*ergründen*‹: ›einer Sache auf den Grund gehen‹, ›bis zum letzten Grund einer Sache vordringen‹.

In der äußersten Warum-Frage ist der Gegensatz von ›etwas‹ und ›nichts‹ enthalten. Nach Kant ist der höchste Begriff»der Begriff von einem Gegenstande überhaupt«, der danach unterteilt wird, ob der Gegenstand etwas oder nichts ist (KRV, B 346 / A 290). Der begriffliche Unterschied von ›etwas‹ und ›nichts‹ ist indessen eigentümlich. Gemeinhin unterscheidet man ein Etwas von einem anderen Etwas, z. B. das Schaf vom Schwein, das Münster von der Kathedrale, den See vom Meer, den Fixstern vom Planeten usf. Solche Unterscheidungen stützen sich auf beständige (oder für beständig gehaltene) Eigenschaften oder Verhaltensweisen oder Wirkungen der unterschiedenen Gegenstände. Aber das, was im strengen Sinne nichts ist, weist keinerlei Eigenschaften oder Verhaltensweisen oder Wirkungen auf, es kommt nicht zu irgendeiner Zeit vor und tritt nicht irgendwo im Raum auf; kurzum, es ist mit Aristotelischen Kategorien nicht zu fassen. Das Nichts ist ungreifbar, un*be*greifbar, unbestimmbar. Schon die Substantivierung ›das Nichts‹ droht das hier Gemeinte zu substantialisieren und scheint deshalb nicht angemessen. Daher ist ›nichts‹, das völlig Unbestimmte, nur schwer von ›etwas‹, dem Bestimmten, zu unterscheiden. Was man ›nichts‹ nennt, ist kein echtes Gegenüber des ›etwas‹, kann dessen Bereich nicht einschränken.[3] ›nichts‹ führt eine bloß begriffliche Existenz, es fristet sein Nicht-dasein in der Philosophie, denn im Alltag und in den Wissenschaften[4] befaßt man sich nicht mit nichts und auch nicht mit dem Begriff des ›nichts‹. Begriffe können deshalb voneinander unterschieden werden, weil sie unter einen höheren Begriff fallen und demnach doch etwas miteinander gemein haben. Unterscheidet man z. B. aufgrund gewisser Merkmale den Begriff des Menschen von dem des Sterns, so fallen beide unter den Begriff des Körpers. Unterscheidet man gar den Begriff des Menschen von dem des Engels, so fallen beide immerhin noch unter den Begriff der Substanz. Aber ›etwas‹ und ›nichts‹ sind nach Kant die abstraktesten aller Begriffe, weil sie gar nichts miteinander gemein haben (vgl. LOGIK, A 147). Sie stimmen in keiner inhaltlichen Hinsicht überein, und dies nicht etwa deshalb, weil sie gänzlich verschiedene Inhalte besäßen, sondern weil ›etwas‹ einen Inhalt hat und ›nichts‹ völlig inhaltlos ist. ›Gegenstand überhaupt‹ ist ein bloß formaler Oberbegriff von ›etwas‹ und ›nichts‹, es ist sogar der formalste Begriff.

Bei Leibniz treffen wir auf zwei Begriffe von nichts. (1) Er hat – so geht aus seinen Nachlaß-Aufzeichnungen hervor – ›nichts‹ (nihil) als das verstanden, was aller tatsächlichen und aller denkbaren positiven Bestimmtheiten entbehrt. Es ist weder A noch B noch C usf. Deshalb sagt man gemeinhin, daß dem Nicht-Seienden (non ens) keine Attribute zugesprochen werden können, oder daß es keine Eigenschaften habe. Man mag zwar wissen, was der Begriff oder die Bezeichnung eines Nicht-Seienden bedeutet, aber – so betont Aristoteles – was das Nicht-Seiende (τὸ μὴ ὄν) ist, kann man nicht wissen (Ar. An. post. 92 b 5–7),[5] eben weil es nicht da ist, nicht wahrzunehmen und nicht zu erforschen ist. Hingegen ist ein Seiendes A oder B oder C usf., es ist positiv bestimmt, und damit ist es ›etwas‹ (aliquid[6]). ›nichts‹ besteht demnach nicht in dem Fehlen (Privation) dieser oder jener Bestimmtheit oder einer Klasse von Bestimmtheiten,[7] sondern im völligen Mangel von allem; es ist »mere privativum, seu omnium privativum«. (Zum Ganzen s. Leibniz, OF, pp. 252, 356.) (2) Für Leibniz ist ›nichts‹ als das absolut Unmögliche wesenlos, ohne Sachgehalt; es kann kein Gegenstand sachhaltiger Aussagen sein (TI, p. 288).[8]

Nach allgemeiner Auffassung, so stellt Aristoteles fest, kennt der Mensch etwas erst dann, wenn er dessen Grund (dessen ›Weswegen‹: τò διὰ τί) erfaßt hat (Ar. Phys. 194 b 18–19). Heidegger hat darauf hingewiesen, daß das lateinische ›ratio‹ sowohl ›Vernunft‹ als auch ›Grund‹ bedeuten kann (Heidegger, SvGr 165) – Zeichen für den engen Zusammenhang von Vernunft und Grund. Es ist die menschliche Vernunft, die den Grund von etwas ermitteln und aufweisen soll (SvGr 131). Im Französischen deutet sich die Zusammengehörigkeit von Wissen und Grund in den Bedeutungen des Wortes ›raison‹ an. Die menschliche Vernunft (raison) kann sich etwas erst dann erklären, wenn sie dessen Grund (raison) kennt, und sie glaubt mit einer Behauptung erst dann Recht zu haben (avoir raison), wenn sie den Grund (raison) des Behaupteten zu kennen meint.

I. Aristoteles

Aristoteles hat eine umfassende Lehre von den Arten des *Grundes* (τὰ αἴτια, αἱ αἰτίαι) entwickelt. Heutzutage wird synonym mit ›Grund‹ oft der Begriff ›Ursache‹ gebraucht. Im Sprachgebrauch der neuzeitlichen Philosophie ist allerdings ›Ursache‹ auf die Bedeutung dessen zusammengeschrumpft, was bei Aristoteles ›Wirkgrund‹ heißt. Ihm eine Lehre von den *Ursachen* beizulegen, ist angesichts der heutigen Sprachgepflogenheit mißverständlich. »Jede Ursache ist zwar eine Art von Grund, aber nicht jeder Grund zeigt den Charakter der Ursache, die einen Effekt zur Folge hat. ... Grund und Folge sind nicht das gleiche wie Ursache und Wirkung.«[9] Die Auffassung vom Grunde, die Aristoteles in seiner METAPHYSIK (983 a 26–32. 1013 a 24–b 3) und in der PHYSIK (194 b–195 a) darlegt, ist im Folgenden unter Heranziehung kommentierender Ausführungen des Thomas von Aquin wiedergegeben.

1. Der *Materialgrund* (ὕλη, ἐξ οὗ, causa materialis) ist das, woraus ein Gegenstand entsteht[10] und besteht und was folglich in ihm ist. So kann z. B. Erz materialer Grund einer Statue sein (IN MET. V, 2, n. 763).

2. Der *Formgrund* (μορφή, εἶδος, causa formalis) kann innerhalb oder außerhalb ihrer Folge liegen. Als Spezies ist er »forma intrinseca rei«; als Muster (exemplar), dem Dinge ähnlich werden sollen, ist er »extrinseca a re« (IN MET. V, 2, n. 764). Ein Formgrund beginnt zu glei-

cher Zeit zu existieren wie der Gegenstand, dessen Form er ist (In Met. XII, 3, n. 2450).

3. Der *Wirkgrund* (ὅθεν ἡ κίνησις, ἀρχὴ κινήσεως, causa efficiens oder movens oder agens) ist der Ursprung von Veränderung oder Ruhe (»principium permutationis et quietis«, In Met. V, 2, n. 765). Jede Wirkung ist als solche von ihrem Grund abhängig (S.th. I, q. 104, a. 1, corp.),[11] und zwischen einem Wirkgrund und seiner Wirkung herrscht notwendig Ähnlichkeit (similitudo, S.c.G. II 98, n. 1830). Jeder Wirkgrund dauert auf irgendeine Weise in seiner Wirkung fort.[12]

Der Wirkgrund scheidet sich in die causa per se und die causa per accidens. Die *causa per se* ist unmittelbar auf ihre Wirkung bezogen, indem sie diese aus eigener Kraft hervorbringt; hingegen ist die *causa per accidens* bloß mittelbar auf ihre Wirkung bezogen, indem sie (a) ein Hindernis beseitigt, das der (möglichen) Wirkung im Wege ist, oder (b) eine Wirkung nicht verhindert, obgleich sie das könnte (S.th. II 1, q. 76, a. 1, corp.; q. 88, a. 3, corp.; III, q. 47, a. 1, corp.).

Ferner ist beim Wirkgrund zwischen der causa principalis (der ursprünglichen Ursache) und der causa instrumentalis (der Hilfsursache) zu unterscheiden. Die *causa principalis* wirkt kraft ihrer eigenen Form; ihr entspricht das Bewirkte. So bewirkt Feuer kraft der ihm eigenen Wärme in Gegenständen wiederum Wärme. Hingegen wirkt eine *causa instrumentalis* bloß, insofern sie von einer causa principalis in Bewegung gesetzt worden ist (S.th. III, q. 62, a. 1, corp.).[13] Wird ein Gegenstand als Instrument[14] verwendet, so ist sein Wirken mit demjenigen des Benutzers identisch (wie im Falle des Handwerkers und seines Werkzeugs). Gleichwohl hat ein (mögliches) Instrument aufgrund seiner Wesensform eine eigene Art des Wirkens. So vermag Feuer, das dem Menschen als Instrument dienen kann, Gegenstände auch unabhängig von jeglicher Nutzung zu erwärmen (S.th. III, q. 19, a. 1, corp.). Folglich ist ein Instrument zweier Arten von Wirkung fähig, zum einen der bloß instrumentellen Wirkung, die auf die ursprüngliche Ursache zurückgeht, zum andern der Wirkung, die ihm aufgrund seiner Wesensform zukommt. So kann sich ein Handwerker eines Beiles als

Werkzeugs bedienen, um Holz zu spalten, aber Holz spalten kann das Beil aufgrund der ihm eigenen Schärfe (S.th. III, q. 62, a. 1, ad 2). Dem Vermögen der causa principalis kommt ein bleibendes und vollständiges Sein in der Wirklichkeit zu (»permanens et completum esse in natura«); das Vermögen der causa instrumentalis steht hingegen zwischen der causa principalis und dem zu bearbeitenden oder zu verwendenden Gegenstand und hat bloß ein unvollständiges Sein, es ist auf die causa principalis angewiesen (S.th. III, q. 62, a. 4, corp.).

4. Der *Zweckgrund* (τέλος: causa finalis; οὗ ἕνεκα: cuius causa) ist das, weswegen oder worumwillen etwas geschieht (»cuius causa aliquid fit«, IN MET. V, 2, n. 771). Daher kann jemand auf die Frage, warum er spaziere oder Sport treibe, antworten, daß er dies seiner Gesundheit wegen tue. Damit hat er einen Grund (causa) seines Verhaltens angegeben. Zwischen dem Wirkenden und dem letzten Ziel des Wirkens mag es eine Reihe von Zwischenzielen geben, von denen eines jeweils das Ziel des vorausgehenden ist (IN MET. V, 2, n. 771). Je höher das Ziel, desto allgemeiner das, was auf dieses Ziel hinwirkt; so ist der Sieg in der Schlacht – das letzte und allgemeine Ziel einer Streitmacht – das eigentliche Ziel ihres Oberbefehlshabers, während untere Befehlshaber, obzwar indirekt auf dieses letzte Ziel ausgerichtet, untergeordnete, einzelne Ziele zu verfolgen haben (S.th. II 1, q. 18, a. 7, corp.). Obgleich das Ziel (finis) im Sein der Dinge zuletzt kommt, ist es als Grund gegenüber den anderen Typen von Grund vorrangig.[15] Der Wirkgrund, Ursprung einer Veränderung (principium motus), führt zwar zum Endpunkt der Veränderung (terminus motus) und verursacht das Sein des Ziels, aber der Zweckgrund ist der innere Grund für das Grund-sein (causalitas) des Wirkgrundes, der allererst wirkt, sofern es ein Ziel des Wirkens gibt[16] (IN MET. V, 3, n. 782; 2, n. 775. S.th. I, q. 5, a. 2, ad 1).

So läßt sich der Zweckgrund durch dreierlei kennzeichnen. (a) Er ist als Ziel einer Veränderung dem Ursprung derselben (principium motus), dem Wirkgrund, entgegengesetzt. Ferner ist dem finis als Ziel und damit Grenze (Endpunkt) eines Vorganges das in-finitum als das Ziel-lose und damit

Unbegrenzte kontradiktorisch entgegengesetzt (»... infinitum autem repugnat rationi finis.«, S.th. I, q. 47, a. 3, ad 2). (b) Der Zweckgrund ist als das Auslösende der Veränderung deren ›Weswegen‹. (c) Er ist an ihm selbst erstrebenswert und mithin gut, denn das Gute (bonum, griech. τἀγαθόν) oder was dafür gehalten wird, ist das, wonach alles strebt (IN MET. I, 4, n. 71).[17]

Der Zweckgrund, der an ihm selbst und aufgrund seines Wesens gut (bonum secundum se et propter suam naturam) ist und dessentwegen das Übrige geschieht und existiert, muß vom Nützlichen (bonum utile) unterschieden werden, womit das jeweilige Mittel und der jeweilige Weg zum Ziel (quod est ad finem) gemeint sind (IN MET. III, 4, n. 374). Das utile tritt in zweierlei Arten auf: einmal als das, was auf dem Wege zum Ziel dienlich ist (wie z. B. das Einnehmen einer bitteren Medizin insofern gut ist, als es einem Menschen dazu dient, gesund zu werden oder zu bleiben); zum andern als Teil, der einem Ganzen dient (S.th. I, q. 62, a. 9, ad 2; II 1, q. 20, a. 3, corp.). Gut ist somit in erster Linie (principaliter) das jeweilige Ziel; hingegen wird all das, was einem Ziel dient (ea quae sunt ad finem), nur wegen seiner Ausrichtung auf das Ziel als gut betrachtet (S.th. II 2, q. 23, a. 7, corp.).[18]

Den verschiedenen Arten von Grund scheint das entgegengesetzt zu sein, was man *Zufall* nennt. Indessen weist Aristoteles vor dem Hintergrund des Zweckgrundes ›Zufall‹ (τὸ αὐτόματον: ›das Spontane‹) und ›Fügung‹ (ἡ τύχη) als besondere Arten von Grund (τὸ αἴτιον) auf (Ar. Phys. 195 b 31).[19] Ein Zweckgrund ist das, um dessentwillen (ἕνεκά του) etwas geschieht (Phys. 196 b 17). Der Zweckgrund kann von zweierlei herrühren, von der *zwecksetzenden* Vernunft (ἀπὸ διανοίας) oder von der *zweckorientierten* Natur (ἀπὸ φύσεως) (Phys. 196 b 21–22. Met. 1065 a 26–27). Derjenige Zweckgrund, der auf der Natur beruht, löst Vorgänge aus, die entweder aus Notwendigkeit (ἐξ ἀνάγκης) und somit immer (ἀεί) oder aber in den meisten Fällen (ὡς ἐπὶ τὸ πολύ) auf eine bestimmte Weise ablaufen (Phys. 196 b 10–13). So entsteht aus dem Samen einer Pflanze von bestimmter Art notwendig oder doch in den meisten Fällen eine gleichartige Pflanze, und aus dem Samen eines Tieres von bestimmter Art notwendig oder doch in den meisten Fällen ein gleichartiges Tier (vgl. Phys. 196 a 31–33).

Der Zweckgrund ist *Grund im eigentlichen Sinn* (τὸ καθ' αὑτὸ αἴτιον: Grund an sich und durch sich selbst, Phys. 196 b 27–28), d. h. ihm eignet unmittelbare und unbeeinflußte Ausrichtung (Intentionalität) auf das von ihm Begründete. Vom Zweckgrund sind Zufall und Fügung verschieden, denn beide sind *akzidentelle Gründe* (αἴτια κατὰ συμβεβηκός, Phys. 197 a 32–34).

(a) *Fügung* tritt im Bereich zweckhafter Vorgänge auf. Sie ist eine unvorhergesehene Einwirkung auf menschliches Handeln, d. h. auf ein Geschehen, das aus menschlichem Vorsatz und Entschluß (προαίρεσις) hervorgeht (Phys. 197 a 5–6). Fügung kann es allein bei solchen Wesen geben, die in ihrem Handeln Glück oder Unglück erfahren können (Phys. 197 b 1–3). Beispiel: Jemand, der weder stets zu bestimmten Zeiten (›aus Notwendigkeit‹) noch sehr oft den Markt aufsucht, geht mit einer bestimmten Absicht zum Markt und trifft dort, ohne es im voraus zu ahnen oder zu erwarten, eine Person, die er ohnehin irgendwann zu treffen wünscht. Diese Person zu treffen, konnte bei dieser Gelegenheit nicht seine Absicht sein, da er nicht wußte und auch nicht vermutete und nicht einmal hoffen durfte, daß die Person sich gerade jetzt dort aufhalten werde. Als er zum Markt geht, ist seine Absicht eine andere, aber er hat Glück, die Person zu treffen (vgl. Phys. 196 b 33– 197 a 5). Somit hat ein- und dasselbe Ereignis, das Zusammentreffen der beiden Menschen auf dem Markt, zwei Gründe, nämlich einen Zweckgrund (den sich der eine kraft seiner Vernunft gesetzt hat) und eine Fügung. Primär ist der Zweckgrund der einen Person, zum Markt zu gehen. Sekundär ist die Fügung, daß sie dort – ohne es zu beabsichtigen – der anderen Person begegnet (vgl. Phys. 197 a 6–7; Met. 1065 a 31–32). Fügung und Notwendigkeit sind hier ineinander verwoben. Subjektiv gesehen, traf es sich unvorhergesehen, daß die beiden Menschen auf dem Markt einander begegneten. Objektiv gesehen, war es notwendig, daß der eine, wenn er zu diesem Zeitpunkt zum Markt ging und dort einen bestimmten Weg einschlug, den anderen traf. Da diese Begegnung von der Zwecksetzung einer Person abhängt, handelt es sich nicht um absolute, sondern um hypothetische Notwendigkeit.

(b) Auch der Zufall tritt im Bereich zweckhafter Vorgänge auf. *Zufall* ist eine unvorhergesehene Einwirkung auf Vorgänge, die der zweckorientierten Natur oder dem absichtsvollen Handeln eines Menschen entspringen.

›Zufall‹ ist gegenüber ›Fügung‹ der weitere Begriff. Jede Fügung ist Zufall, aber nicht jeder Zufall ist Fügung. Von ›Fügung‹ und mithin von Zufall im engeren Sinn sprechen wir bei Lebewesen, die des Handelns und folglich der Zwecksetzung durch Vernunft fähig sind, und dies trifft auf unbelebte Gegenstände, auf Tiere und auf kleine Kinder (noch) nicht zu. Sehr wohl jedoch können solche Wesen dem Zufall im weiteren Sinn unterliegen (vgl. Phys. 197 a 36–b 18).

Ergebnisse: Zufall und Fügung sind nach Aristoteles (1) keine bloße Einbildungen, sondern etwas Wirkliches (ἔστι τι, Phys. 196 b 15); sie sind (2) akzidentelle Gründe, die als Umstände und äußere Bedingungen erst dann wirken können, wenn jeweils ein primärer Grund (Natur oder menschliche Absicht) wirkt, denn allgemein ontologisch gilt, daß das An-sich-Seiende und Eigentliche (τὸ καθ᾽ αὑτό) vorrangig gegenüber dem Akzidentellen (τὸ κατὰ συμβεβηκός) ist (Phys. 198 a 7–10. Met. 1065 b 2–3); sie sind (3) Wirkgründe (ὅθεν ἡ ἀρχὴ τῆς κινήσεως, Phys. 198 a 2–3); sie sind (4) unbestimmt (ἀόριστος, Phys. 197 a 8–9, 21. Met. 1065 a 32–33[20]), zumindest aus menschlicher Sicht. (5) Vorgänge, die auf menschliche Absicht zurückgehen, können zum Gegenstand von Fügung (Zufall im engeren Sinn) werden; hingegen können bloße Naturvorgänge zum Gegenstand nur des Zufalls im weiteren Sinn werden. (6) Bei zweckhaften Vorgängen, in die Zufall oder Fügung hineinwirken, weicht das Ergebnis von dem Ergebnis ab, das solche Vorgänge gemäß der in ihnen liegenden Intention ohne den Einfluß von Zufall oder Fügung gehabt hätten. Die Begriffe ›Zufall‹ und ›Fügung‹ werden aus der Sicht des Seienden verwandt, das in seinem zweckhaften Verhalten von Zufall oder Fügung betroffen ist, sei es ein zweckorientiertes Naturding oder ein sich selber Zwecke setzender Mensch.

Mit Platon kann man sprachlich zwischen den drei ersten Arten von Grund einerseits und dem finalen Grund andererseits unterscheiden. Im Dialog LYSIS wird mit dem Ausdruck διά τι: ›wegen etwas‹ (lat. ›propter‹ mit Akkusativ = ›infolge von‹) der objektive Grund einer Sache oder eines Sachverhalts bezeichnet, mit dem Ausdruck ἕνεκά του: ›um etwas willen‹ (lat. ›causa‹ mit Genitiv) eine Absicht als subjektiver Grund einer Sache oder eines Sachverhalts (vgl. Plat. Lys. 218 d 6–9).

II. Leibniz

Wissenschaft und Philosophie beruhen für Leibniz auf dem *Prinzip des Grundes* (dem principium reddendae rationis). Dieses besagt, daß nichts ohne Grund sei, oder daß es kein Bewirktes ohne Ursache gebe (*»nihil esse sine ratione*, seu *nullum effectum esse absque causa«*; OF, p. 519). Seiendes ist nicht einfach da, sondern es bedarf, um da zu sein, zunächst eines Grundes oder mehrerer, auf derselben Ebene liegender Gründe seines Seins. Jenem Prinzip folgend sucht man sodann, von einer Ebene zur jeweils tiefer gelegenen Ebene herabsteigend, zu einem Gegebenen den ferneren Grund oder die ferneren Gründe, bis man je nach Absicht und Beharrlichkeit einen Grund findet, den man als hinlänglich ansieht und mit dem man sich zufriedengibt. Aber seiner Intention nach verlangt das Prinzip des Grundes, unablässig zu jedem gefundenen Grund wieder einen Grund zu suchen. Es fordert letztlich den Grund aller Gründe. So mündet das Prinzip des Grundes am Ende in das *Prinzip vom (schlechthin) zureichenden Grunde*, das Leibniz neben dem Widerspruchsprinzip als Hauptgrundsatz der Philosophie betrachtet. Er nennt es »*Grand principe*«.[21]

Das Prinzip vom zureichenden Grunde treibt letztlich die Frage hervor: »*Pourquoy il y a plustôt quelque chose que rien?*« (PNG, § 7).[22] Insbesondere kann von allem Wirklichen, sei es kontingent, sei es notwendig, festgestellt werden: Was existiert, hat einen Grund. Genauerhin ist beim Wirklichen nicht nur ein Grund dafür zu suchen, daß es überhaupt existiert, sondern auch ein Grund, warum es auf diese statt auf eine andere Weise, mit diesen und nicht mit jenen Eigenschaften existiert (TH, § 44. PNG, § 7).

Wie versteht Leibniz den Unterschied zwischen kontingentem und notwendigem Seienden? Kontingent ist ein Seiendes, dessen Nichtsein und dessen Ersetzung durch ein anderes Seiendes möglich (nicht widersprüchlich) ist. *Das Kontingente ist nicht im strengen Sinn mit sich selbst identisch (unveränderlich), sein Grund liegt außerhalb seiner selbst.*[23] Notwendig ist ein Seiendes, dessen Nichtsein unmöglich (widersprüchlich) und dessen Ersetzung durch ein anderes Seiendes ausgeschlossen ist. *Das Notwendige ist im strengen Sinn mit sich selbst identisch (unveränderlich), es hat den Grund seiner in sich selbst.* Hier ist vom absolut Notwendigen die Rede, nicht vom bloß hypothetisch Notwendigen; nur das Gegenteil des absolut Notwendigen ist im strengen Sinn unmöglich.

Gemäß dem Prinzip vom Grunde sind bei einem Ereignis, das als kontingent betrachtet wird, die Bedingungen ausfindig zu machen, unter denen es notwendig eintrat. Sodann sind die Bedingungen dieser Bedingungen usf. anzugeben. Das Prinzip vom schlechthin zureichenden Grunde verlangt die Vollständigkeit aller Bedingungen eines jeden Kontingenten[24] und somit den letzten, unbedingten Grund alles Kontingenten. Aber die Frage nach dem Grund des Kontingenten kann offenbar auf der Ebene des Kontingenten selbst nicht vollständig beantwortet werden, und so ist der Grund des Kontingenten *außerhalb* der Reihe des Kontingenten zu suchen (vgl. M, §§ 36–37. PNG, § 8). Mit der Annahme der Unendlichkeit der Reihe der kontingenten Seienden ist die Annahme eines ersten, nicht kontingenten Gliedes der Reihe, von dem die weiteren Glieder abhingen, ausgeschlossen. Das Gesamt der kontingenten Seienden, die untereinander zusammenhängen, »l'assemblage entier des choses *contingentes*«, nennt Leibniz »Welt« (TH, § 7). Der Grund des Seins und des So-seins der Welt muß außerhalb ihrer liegen.

Mit der Anwendung des Prinzips vom zureichenden Grunde ergibt sich die *Notwendigkeit eines notwendigen, nicht wieder kontingenten Seienden*, genannt »Gott«. Andernfalls müßte das kontingente Seiende, das seiner Definition gemäß seinen Grund nicht in sich selbst hat, als grund-los angenommen werden; sein Sein und So-sein könnten nicht erklärt und gerechtfertigt werden. Das notwendige Seiende bestimmt Leibniz als eine

»substance qui porte la raison de son existence avec elle« (TH, § 7).[25]
Nur wenn ein Seiendes in sich selbst gegründet ist, ist es notwendig und
kann der wirklich zureichende oder letzte Grund (»la raison suffisante ou
derniere«; M, § 37) alles Kontingenten sein. Somit ist Gott als das notwendige Seiende durchaus nicht außerhalb des Geltungsbereiches des Prinzips vom zureichenden Grunde; er ist nicht ohne Grund, sondern ist Grund
seiner selbst, – der einzige Fall, wo x das Begründete von x, oder x der
Grund von x ist.

Näherhin ist Gott als das notwendige Seiende der letzte Grund des Kontingenten, insofern sein Wille einer *moralischen Notwendigkeit* (»nécessité
morale«) folgt und gemäß dem »principium perfectionis« unter allem Mög-
lichem das Beste auswählt. Das »principium perfectionis«, wie es Leibniz
in einer Aufzeichnung »De libertate« formuliert hat, besagt: Dasjenige, was
vollkommener ist, ist wahr,[26] d. h. es existiert. Aus dem principium
perfectionis fließt für Gott die moralische Notwendigkeit oder die Verpflichtung, bei der Erschaffung des Kontingenten auf die bestmögliche Weise
zu handeln.[27]

Somit bestimmen das principium perfectionis und die aus ihm hervorgehende moralische Notwendigkeit die Schöpfung, diese verstanden als Akt
(das Erschaffen: creatio oder τὸ creare) wie auch als Ergebnis des Aktes
(das Erschaffene: creatum). a) Gott entscheidet sich für die Erschaffung
der Welt, weil die Existenz der Welt besser als ihr Nichtsein ist (vgl. TH,
Discours, § 44). b) Gott entscheidet sich nicht für die Erschaffung alles
Möglichen, sondern des Besten. Die Welt, die Gott – die Vollkommenheits-
grade aller möglichen Verbindungen aller möglichen Dinge vergleichend –
ins Sein bringt, ist diejenige Konstellation möglicher Dinge, der das stärkste
Wesen (Sachgehalt) oder der höchste Grad an Vollkommenheit zukommt
(vgl. TH, § 201. PNG, § 10). – *Das principium perfectionis ist das auf das
zu Erschaffende angewandte Prinzip vom zureichenden Grunde.*
So findet sich bei Leibniz die Antwort der klassischen Metaphysik auf die
aller-letzte und zugleich aller-erste Warum-Frage des Menschen. Damit man
nicht im Rückgang von Seiendem zu Seiendem endlos nach dem Warum
fragen muß, ist ein Seiendes anzunehmen, das den Grund seiner Existenz

in sich hat und deshalb keine weitere Warum-Frage mehr zuläßt. Nur dieses Seiende kann der Grund, d. h. (hervorbringender) Ursprung und (erhaltende) Grundlage alles anderen Seienden sein. Mit dem Begriff des notwendigen Seienden (ens necessarium) verknüpft Leibniz den Begriff des vollkommensten Wesens (ens realissimum), d. h. des Wesens, das alle positiven Bestimmtheiten (realitates) aller Dinge, wenngleich in vornehmster Form, in sich enthält.

›Notwendigkeit‹, so ist zu beachten, ist ein *modaler Begriff*, d. h. der Begriff eines Seinsmodus, der sich von den Modi der Wirklichkeit und der Möglichkeit unterscheidet. ›Realität‹, heute meist im Sinne von ›Wirklichkeit‹ oder ›Tatsächlichkeit‹ verwandt, kommt indessen von lateinisch ›res‹ (›Sache‹, ›Ding‹, ›Gegenstand‹) und ist bei Kant ein *Qualitätsbegriff;* er meint ›Sachhaltigkeit‹, ›Sachbeschaffenheit‹, ›positive Bestimmtheit‹.[28] (So reiht Kant ›Notwendigkeit‹ in die Klasse der Modalkategorien ein, ›Realität‹ in die Klasse der Qualitätskategorien.)

Vom vollkommensten Wesen hat Kant gesagt, daß »dessen Begriff zu allem Warum das Darum in sich enthält« (KRV, B 613 / A 585). Er spricht vom »Begriff eines Wesens von der höchsten Realität« (KRV, B 614 / A 586), vom »Ideal des allerrealesten Wesens« (KRV, B 612 / A 584, Anm.). Davon verschieden ist der »Begriff eines unbedingtnotwendigen Wesens« (KRV, B 614 / A 586); dieses wäre eine »Ursache, die nicht zufällig und eben darum ohne Bedingung notwendigerweise da ist« (KRV, B 612 / A 584). Wie Leibniz sieht auch Kant den Zusammenhang von ens necessarium und ens realissimum. Die reine theoretische Vernunft benötigt zu der bloßen Seinsbestimmung der notwendigen oder »unbedingten Existenz« gleichsam ein passendes Ding, und dies kann nur ein Wesen sein, das »alle Realität enthält«[29] und mithin »die zureichende Bedingung zu allem andern« ist (KRV, B 614f. / A 586f.).[30]

In der Frage nach dem universalen Seinsgrund ist die Frage beschlossen, warum sich X statt Y ereignet, und warum auf eine bestimmte Weise. Das Prinzip vom zureichenden Grunde besagt, daß von allem, was in dieser Welt geschieht, ein Grund angegeben werden kann, warum es so und nicht anders geschieht.[31] In der Aufzeichnung »De libertate« bestimmt

Leibniz das Mögliche als das, dem ein Wesen (essentia), ein Sachgehalt (realitas) eignet und das daher deutlich verstanden werden kann (TI, p. 289). Zugleich schließt das Mögliche einen gewissen Grad an Vollkommenheit (perfectio) ein (TI, p. 288). Vollkommenheit oder Wesen bedeutet aber Streben nach Existenz[32] und ist somit zwar von Existenz verschieden, aber doch auf diese bezogen – als das, was ein Etwas konstituiert. Völlige Ab-wesenheit (Wesenlosigkeit) bedeutet Nichtsein.

III. Kant

Für Leibniz galt: ›Das notwendige Seiende ist ein solches, dessen Nichtsein unmöglich ist‹. Dazu bemerkt Kant, es handele sich um eine bloß nominale Definition des Notwendigen, aus der nicht hervorgehe, warum man ein Seiendes als notwendig ansehen solle (KRV, B 620f. / A 592f.). Mit der weiteren Bestimmung: ›Das notwendige Seiende ist ein solches, das den Grund seiner in sich selbst hat‹, zeigte Leibniz die Unbedingtheit dieses Seienden an. Notwendig ist, was durch nichts außerhalb seiner bedingt ist. Vom Notwendigen kann nur noch tautologisch gesagt werden, daß es ist, weil es ist – es ist durch sich selbst. Aber auch hier muß man fragen, wie denn ein Seiendes den Grund seiner in sich haben könne.

In den Augen Kants wollte Leibniz aus dem Begriff des ens realissimum den Begriff des ens necessarium gewinnen (vgl. KRV, B 632 / A 604). Dem hält Kant entgegen, »Sein« sei kein »reales Prädikat« (KRV, B 626 / A 598), d. h. keine Bezeichnung für eine Sachbeschaffenheit (realitas).[33] Damit ist zwischen dem *Modalbegriff der existentia* (Dasein, Wirklichkeit, Vorhandensein) und dem *Qualitätsbegriff der realitas* (Eigenschaft, Merkmal) scharf unterschieden. Für die Verschiedenheit dieser Begriffe sprechen zwei Argumente. (1) Die bloße Mitteilung, daß ein Gegenstand existiere, sagt noch nichts über dessen Beschaffenheit. (2) Umgekehrt sagt die vollständige Beschreibung der Eigenschaften eines Gegenstandes (der ein fiktiver sein kann) nichts über dessen Existenz.

Nun nimmt indessen Leibniz Existenz nicht als eine Sachbeschaffenheit. Daß Gottes Möglichkeit seine Wirklichkeit einschließt, heißt für Leibniz nicht, daß Existenz als eine Sachbeschaffenheit schon im ens realissimum enthalten sei, sondern vielmehr, daß *Gottes Existenz eine unmittelbare Folge seiner absoluten Vollkommenheit* ist.

Der *äußere* Grund der kontingenten Dinge ist Gott als deren Wirkgrund.

Den *inneren* Grund dafür, daß ein kontingentes Ding (oder eine Kombination kontingenter Dinge) existiert, erblickt Leibniz im Grad an Vollkommenheit, der dem Wesen des Dinges (oder der Kombination von Dingen) eignet. Gottes Wesen aber ist aufgrund seiner Unbegrenztheit *absolut vollkommen*, und nicht bloß in gewissem Grade oder in gewisser Hinsicht. Gottes unbegrenztes Wesen besitzt höchsten Sachgehalt (realitas) und somit höchste Vollkommenheit. Höchste Vollkommenheit bedeutet aber höchsten Anspruch auf oder höchstes Streben nach Existenz. Aufgrund seiner Unbegrenztheit ist Gott *absolut möglich*. Für Leibniz besteht Gottes absolutes Möglichsein genau darin, daß er unbegrenzt, also uneingeschränkt positiv ist (M, § 45). Das absolut Vollkommene (genannt »Gott«) hat den stärksten Grund zu existieren und muß daher existieren.

Gott ist notwendig, insofern seine absolute Vollkommenheit den Grund seiner Existenz bildet. *Gottes Notwendigkeit ist die Notwendigkeit der Folge seiner Wirklichkeit aus der Vollkommenheit seines Wesens oder seiner Möglichkeit.*

Von Kantischer Warte muß Leibnizens Schluß von der Möglichkeit Gottes auf dessen Existenz wie eine Variante des untauglichen ontologischen Gottesbeweises aussehen. Ironisch vermerkt Kant: »... so hat der berühmte Leibniz bei weitem das nicht geleistet, wessen er sich schmeichelte, nämlich eines so erhabenen idealischen Wesens Möglichkeit a priori einsehen zu wollen« (KRV, B 630 / A 602).

Im übrigen hat sich bei Kant das Aristotelische Gefüge der vier Gründe aufgelöst. (1) Unter diesen Gründen steht im Zentrum der KRITIK DER REINEN VERNUNFT der *Verstandesbegriff* (die Kategorie) von »Kausalität und Dependenz« (KRV, B 106 / A 80), d. h. das Verhältnis von Ursache und Wirkung. (2 und 3) Aus ›Materie‹ und ›Form‹, bei Aristoteles und Thomas von Aquin ontologische Grundbegriffe, sind *Reflexionsbegriffe* geworden, die dem Vergleichen und Unterscheiden von Vorstellungen dienen (KRV,

B 325 / A 269). Diese Begriffe sind »mit jedem Gebrauch des Verstandes unzertrennlich verbunden« (KRV, B 322 / A 266). ›Materie‹ ist weder auf Materie (»Stoff«) im naturwissenschaftlichen Sinne noch auf den Inhalt eines Behältnisses beschränkt. Das Begriffspaar ist möglichst weit zu nehmen. Materie ist das »Bestimmbare überhaupt«, Form die »Bestimmung« (ebd.). (4) Die Begriffe des Zwecks und der Zweckmäßigkeit haben sich zu *Vernunftbegriffen* gewandelt (KU, Einleitung, erste Fassung, S. 48), die in der KRITIK DER URTEILSKRAFT erörtert sind. Insbesondere werden diese Begriffe von der reflektierenden Urteilskraft in teleologischen Urteilen auf Naturdinge angewandt.

In der KRITIK DER REINEN VERNUNFT treffen wir auf vier Fassungen des Kausalitätsgrundsatzes, von denen Kant nur eine als philosophisch beweisbare und mithin legitime Fassung ansieht. Dieser Grundsatz besagt allgemein, daß »darum, weil Etwas ist, etwas Anderes notwendigerweise auch sein müsse« (Prol., AA IV 257), daß also ein a mit Notwendigkeit zur Existenz eines b führt.[34]

a) Der Grundsatz der Kausalität kann als *reiner (mithin auch apriorischer) synthetischer Satz* verstanden werden und besagt dann: »alles Zufällig-Existierende hat eine Ursache« (KRV, B 289). Dieser Satz folgt dem »vermeintlich transzendentalen Naturgesetz der Kausalität: daß alles *Zufällige* seine Ursache habe, die, wenn sie wiederum zufällig ist, eben so wohl eine Ursache haben muß, bis die Reihe der einander untergeordneten Ursachen sich bei einer schlechthinnotwendigen Ursache endigen muß, ohne welche sie keine Vollständigkeit haben würde« (KRV, B 633 / A 605, Anm. *). Unter dem Zufälligen ist hier das Kontingente zu verstehen, das in seiner Existenz von anderem Seienden abhängt und deshalb nicht wäre, wenn es jenes andere Seiende nicht gäbe oder es die zur Existenz des Kontingenten hinreichende Wirkung nicht ausübte. »Zufällig, im reinen Sinne der Kategorie, ist das, dessen kontradiktorisches Gegenteil möglich ist.« (KRV, B 486 / A 458) – Es handelt sich bei dieser Fassung des Kausalitätsprinzips um einen bloß ontologischen Grundsatz (ein reines Seinsprinzip). Das rein kategorial gemeinte Kausalitätsprinzip orientiert sich nicht an der Weise, wie uns Gegenstände gegeben sind, sondern geht auf Dinge überhaupt. Dem Prinzip kommt hier *schlechthin objektive Notwendigkeit* zu. Kausalität ist nicht notwendig auf Erfahrung eingeschränkt; zumindest denkbar sind die Verursachung der Welt durch Gott (»Schöpfung«) sowie ein Eingreifen Gottes in den Weltlauf (»Wunder«). Gegen dieses Verständnis des Prinzips betont Kant, daß »es auch niemals gelungen ist, aus bloßen reinen Verstandesbegriffen einen synthetischen Satz zu beweisen« (KRV, B 289). Zudem liege hier eine Vermengung der Modalkategorie des Zufälligen mit der Relationskategorie der Wirkung vor (KRV, B 289f.).

b) Weiterhin kann man den Kausalitätsgrundsatz als einen *reinen analytischen Satz* auffassen, der dann lautet: »Was nur als Folge existieren kann, hat seine Ursache.« (KRV, B 290). Im Begriff der Folge ist die Ursache schon mitgedacht, und im Begriff der Ursache die Folge. Folge ist immer Folge von etwas, Ursache ist immer Ursache von etwas. Dies ist aber bloß eine logisch-semantische Regelung, von der zu fragen ist, ob sie in der Erfahrung gilt. Das Kausalitätsprinzip hat hier bloß *logische Notwendigkeit*. Analytische Urteile sind schon dann gültig, wenn sie dem Widerspruchsprinzip folgen, das »nichts als die Möglichkeit des Denkens und nicht des gedachten Gegenstandes selbst beweisen kann« (KU, B 453 / A 447).

c) Ferner kann der Kausalitätsgrundsatz als *empirischer synthetischer Satz* auftreten. Er ist dann ein bloß empirisches und mithin zufälliges, durch Induktion gewonnenes Prinzip, das von empirischen Tatsachen gelegentlich auch einmal nicht gelten könnte (KRV, B 240f. / A 195f.). Eine solche empiristische Auffassung findet Kant bei Hume. Es ging Hume um den Ursprung des Kausalitätsprinzips, nicht um dessen Brauchbarkeit und Unentbehrlichkeit in den Wissenschaften und im Alltag (Prol., AA IV 258f.). Er bezweifelte, daß dies ein notwendiges und allgemeingültiges (objektives) Prinzip sei, das der reine Verstand erfasse, vielmehr nahm er an, daß es aus der Erfahrung (durch wiederholte Wahrnehmung der Aufeinanderfolge ähnlicher Ereignisse) erlernt und ein von der Einbildungskraft erzeugtes Assoziationsgesetz sei, in dem sich unsere Gewohnheit, also eine bloß *empirisch-subjektive Notwen-*

digkeit, ausdrücke (Prol., AA IV 257f. KRV, B 240f. / A 195f.).

d) Schließlich kann man den Kausalitätsgrundsatz als *apriorischen syn-thetischen, aber nicht reinen Satz* nehmen, der so zu formulieren ist: »eine jede Veränderung hat ihre Ursache« (KRV, B 3), oder: »alles, was geschieht (eine jede Begebenheit), setzt eine Ursache voraus« (KRV, B 289). Dieser Satz ist ein »Prinzip der Möglichkeit der Erfahrung, mithin der *Erkenntnis* eines in der *empirischen Anschauung* gegebenen Objekts«, und nur als solches Prinzip ist der Satz beweisbar (ebd.). Das reine Kausalitätsprinzip ist hier auf mögliche Erfahrung eingeschränkt. »Veränderung« ist ein empirischer Begriff (KRV, B 3) und meint innerzeitliche Vorgänge. In der Transzendentalen Analytik der KRITIK DER REINEN VERNUNFT unternimmt es Kant, einen »Grundsatz der Zeitfolge nach dem Gesetze der Kausalität« zu beweisen, der lautet: »Alle Veränderungen geschehen nach dem Gesetze der Verknüpfung der Ursache und Wirkung.« (›Zweite Analogie‹, KRV, B 232). Hier geht es demnach um die Anwendbarkeit des Kausalitätsprinzips auf Zeithaftes. Anders als die ontologische Fassung des Kausalitätsprinzips, beachtet jener Grundsatz die Gegebenheitsweise – die Zeithaftigkeit – der Erfahrungsgegenstände. Der Grundsatz muß gegen den Empirismus als apriorisch-synthetisches Prinzip bewiesen werden. Aber als solches Prinzip ist der Grundsatz, der von der Erfahrung gelten soll, nach Kant nur dann beweisbar, wenn Erfahrungsgegenstände nicht völlig subjektfremd (»Dinge an sich«), sondern in einem fundamentalen Sinne subjektiv (»Erscheinungen«) sind. Diese Subjektivität der Erfahrungsgegenstände besteht in ihrer Zeithaftigkeit. Dem Kausalitätsprinzip kommt somit *transzendental-subjektive Notwendigkeit* zu.

Hinsichtlich der Metaphysik stellt Kant zweierlei fest. (1) Bloß metaphysische Sätze, die synthetisch sein sollen, sind zwar in der Geschichte der Philosophie immer wieder behauptet, aber nicht bewiesen worden. (2) Bewiesen werden *können* allein apriorisch-synthetische Urteile als Prinzipien der Erfahrung, und sie *müssen* bewiesen werden, denn es ist darzulegen, wie apriorische Begriffe von Erfahrungsgegenständen gelten können.

Demnach sind mit Kant folgende *Versionen des Kausalitätsprinzips* zu unterscheiden:

1. reiner synthetischer (ontologischer) Satz von schlechthin objektiver Notwendigkeit [klassische Metaphysik]
2. reiner analytischer Satz von bloß logischer Notwendigkeit
3. empirischer synthetischer Satz von empirisch-subjektiver Notwendigkeit [Hume]
4. apriorischer synthetischer, aber nicht reiner Satz von transzendental-subjektiver Notwendigkeit [Kant]

Kant steht mit seiner Auffassung des Kausalitätsprinzips 1. gegen eine bloß ontologische Auffassung, 2. gegen eine empiristische Auffassung, 3. gegen eine logisch-semantische Auffassung. Aus Kantischer Sicht ist hier der Anspruch der klassischen Metaphysik zu hoch, derjenige des Empirismus und besonders derjenige der logisch-semantischen Auffassung zu niedrig.

IV. Heidegger

Die Frage nach dem, was ›Grund‹ sei und bedeute, durchzieht die Schriften Heideggers. Mit dieser Frage ist er schon in der Schrift VOM WESEN DES GRUNDES (1929) befaßt, die Husserls Unterfangen der Phänomenologie fortführt. Jahrzehnte später hält er die Vorlesung DER SATZ VOM GRUND (1955/56) und einen Vortrag (1956) mit selbem Titel.

a) Fundamentalontologie

Schon der Terminus *Fundamentalontologie*, mit welchem Heidegger seine Untersuchung in SEIN UND ZEIT charakterisiert, zeigt an, daß es hier um den letzten und mithin abschließenden Grund aller Ontologie geht. Heidegger versucht nicht geradewegs eine Bestimmung des Ausdrucks »seiend«, vielmehr erhellt er zuvor den Horizont, innerhalb dessen die regionalen Ontologien wie auch das vor-ontologische alltägliche Dasein Seiendes verstehen. Die Fundamentalontologie setzt mithin beim Seinsverstehen des Menschen an, denn für Heidegger ist der Mensch primär nicht das vernunftbegabte Lebewesen, sondern das seinsverstehende Wesen. »Sinn von Sein« ist gerade der Terminus für den immer schon vorgegebenen Horizont dieses Verstehens.[35] *Mit der fundamentalontologischen »Frage nach dem Sinn von Sein« geht Heidegger hinter die schon vorliegenden Onto-logien zurück und macht den unausdrücklich vor-verstandenen Horizont zum Thema, der das Seinsverstehen erst ermöglicht.* Er widmet sich so dem »Problem der inneren Möglichkeit des Seinsverständnisses« (KPM 225).

Die in SEIN UND ZEIT vorliegende Fundamentalontologie, die sich auf das menschliche Seinsverstehen zurückwendet, ist Daseinsanalytik, d. h. Erforschung der Seinsverfassung des seinsverstehenden Seienden. Der Mensch *ist* nicht nur, sondern er ist, indem er Sein immer schon, zumeist unbestimmt, verstanden hat und es deshalb nicht bloß mit mannigfaltigen Dingen, Vorgängen, Zuständen zu tun hat, sondern allem zuvor mit Seiendem. Die Daseinsanalytik zeigt, daß der Mensch zeithaft verfaßt ist. Die Zeit im Sinne der Zeitlichkeit des Daseins erweist sich als »der Horizont alles Seinsverständnisses und jeder Seinsauslegung« (SuZ 17).

Die »ontologische Differenz«, die Unterscheidung von Sein und Seiendem, ist für Heidegger das wesentliche Moment des Menschseins. Der Mensch verhält sich stets zu Seiendem und kann dies nur, weil er Seiendes immer schon in dessen Sein verstanden und so, wenn auch meist unausdrücklich, Seiendes gegen dessen Sein unterschieden hat. Die Unterschiedenen gehören zusammen, denn »Sein« bedeutet Sein von Seiendem, und »Seiendes« bezeichnet das, dem Sein zukommt (vgl. WhD 174). Heidegger nennt die Unterscheidung zwischen Sein und Seiendem »die metaphysische Naturanlage des Menschen« (N II 241) und spricht von der »Metaphysik des Daseins« und meint damit zunächst nicht eine metaphysische Theorie über das Dasein, auch nicht die Annahme transzendenter Wesenheiten, sondern »die *als Dasein* notwendig geschehende Metaphysik« (KPM 224).[36] Ursprüngliche Metaphysik als Dasein ist das Seinsverständnis des Menschen (KPM 235), sein Hinausgehen über das Seiende zum Sein. Das Seinsverständnis mit der in ihm liegenden Unterscheidung von Sein und Seiendem macht das Wesen des Menschen aus (KPM 221; N II 242).

Freilich steht für Heidegger fest: *Im gesamten abendländischen Denken von Parmenides bis Nietzsche rückt der Unterschied zwischen Sein und Seiendem nicht als solcher in den Blick, er bleibt unbefragt* (vgl. WhD 135f., 174f.; Beitr. 468). Weil sie die Differenz selbst zwischen Sein und Seiendem nicht thematisiert, kann die Metaphysik auch nicht das Sein *als solches*, sondern stets nur die Seinshaftigkeit von Seiendem denken (vgl. N II 345f.; Hum. 12, 20).[37]

Um die Besinnung auf die ontologische Differenz als solche, die der Aufhellung des Wesens der Metaphysik dient (vgl. N II 241; ID 41), ist es Heidegger im Vortrag DIE ONTO-THEO-LOGISCHE VERFASSUNG DER METAPHYSIK (in: ID 31ff.) von 1957 zu tun. Die Metaphysik erscheint hier, wie schon der Titel andeutet, als eine Verklammerung von Ontologie und Theologie. Sie zielt auf den Grund des Seienden. *Bei der Ergründung des Seienden denkt die Metaphysik als Onto-logie Sein als den Grund des Seienden*, d. h. als das, was das Seiende zu einem solchen macht. Sein ist hier die Gesamtheit der allgemeinen Züge des Seienden. Die Metaphysik erkennt indessen, daß die allgemeine Seiendheit für sich genommen nicht existiert, daß zur Existenz von etwas in letzter Instanz ein von sich aus Existierendes, ein dank seinem bloßen Wesen Seiendes nötig ist. *Daher denkt die Metaphysik als Theo-logie zur Begründung des Seins ein seiendstes Seiendes als den (Wirk-)Grund alles anderen Seienden.* (Zum ganzen Zusammenhang vgl. ID 49, 61–63; N II 347f.)

Nach ihrem zwiespältigen onto-theo-logischen Charakter vermag die Metaphysik nicht zu fragen (WiM 20). Um danach fragen zu können, müßte sie schon den Bereich thematisiert haben, in welchem sie operiert, die ontologische Differenz. Um aber diese Thematisierung vornehmen zu können, müßte die Metaphysik schon nach dem Sein als solchem gefragt haben.

b) Leitfrage und Grundfrage

Am Ende seiner Freiburger Antrittsvorlesung WAS IST METAPHYSIK? (1929) stellt Heidegger die Frage: »Warum ist überhaupt Seiendes und nicht vielmehr Nichts?«. Er bezeichnet sie als »die Grundfrage der Metaphysik« (WiM 42). Metaphysik versteht er als »die bestimmende Mitte und den Kern aller Philosophie« (EiM 13). Das hier mit Absicht großgeschriebene »Nichts« ist zwar unbestimmbar, unfaßbar und mithin ungegenständlich, aber es ist nicht das völlig Nichtige (Sfr 39f.; WiM 22), das kleinge- schriebene »nichts«. Das von Heidegger gemeinte Nichts soll dem Men- schen irgendwie entgegentreten können. Paradox gesagt: Mit dem groß- geschriebenen »Nichts« meint Heidegger das kleingeschriebene »nichts«, wie es vom Menschen erfahren werden kann, nicht aber die bloße Abwe- senheit alles Seienden noch auch die abstrakte Negation desselben. Es ist die Stimmung (»Befindlichkeit«) der Angst, die uns das Nichts zugäng- lich machen kann.[38] In der Angst geht das Dasein über alles Seiende hin- aus und läßt es als nichtig erscheinen.[39] Aber gerade die Transzendenz der Angst zum Nichts macht es dem Menschen möglich, Seiendes *als* Sei- endes, d. h. in seinem Sein zu erfahren.[40] Das Nichts »bringt das Da-sein allererst vor das Seiende als ein solches« (WiM 35). Dies drückt Heidegger mit dem Satz »ex nihilo omne ens qua ens fit« aus (WiM 40), der so wie- derzugeben ist: Aufgrund des (großgeschriebenen) Nichts wird jedes Sei- ende – für Menschen – als Seiendes erfahrbar. Dem steht der ontologi- sche Grundsatz »ex nihilo nihil fit« gegenüber (ebd.), der bedeutet: Aus dem (kleingeschriebenen) nichts entsteht nichts. Solange sich die Men- schen bloß im Bereich des mehr oder minder vertrauten Seienden bewe- gen, sich bloß mit Seiendem abgeben, bleibt ihnen die Angst verschlos- sen, vermögen sie das Sein von Seiendem nicht zu erfahren. Erst in der Angst tritt das Seiende als etwas Befremdliches zutage, nämlich als »das schlechthin Andere« zum Nichts. (Zum Ganzen vgl. WiM 29, 33–36.) Angst, wie Heidegger sie versteht, hat somit eine ontologische Funktion, indem sie zu einem eigentlichen Verständnis von Sein führt – anstelle des selbstverständlichen Aufenthalts im Seienden. Das Sein steht in solch' unausdenkbarem Unterschied zum Seienden, das es geradewegs nichts ist.[41] Sein ist kein Seiendes, kein Bestandteil und keine Eigenschaft des Seienden, weder Ursache noch Wirkung von Seiendem. »Das Sein ... ist fast so wie das Nichts ... das Sein bleibt unauffindbar, fast so wie das

Nichts oder am Ende *ganz* so.«(EiM 27) Transzendenz zum Nichts ist Transzendenz zum Sein. Heidegger hat verschiedentlich das Nichts den »Schleier des Seins« genannt (WiM 52; vgl. N II 42, 353f.).[42] Wie er immer wieder die ontologische Differenz von Sein und Seiendem hervorgehoben hat, so dürfen wir auch von einer ontologischen Differenz zwischen Nichts und Seiendem sprechen. Angst, die alles Seiende unter sich gelassen hat, fordert die schon angeführte die Grundfrage der Metaphysik heraus: »Warum ist überhaupt Seiendes und nicht vielmehr Nichts?«. Auf dieser äußersten Warum-Frage beruhen alle ferneren Fragen nach Gründen sowie alle Begründungen (vgl. WiM 41).

Schon in SEIN UND ZEIT, § 40, hat Heidegger Angst als eine außergewöhnliche Stimmung, als »Grundbefindlichkeit« des Daseins herausgestellt. Er setzt sie scharf gegen eine andere Befindlichkeit, die Furcht, ab. Gerät ein Mensch in Furcht, so fürchtet er sich *vor* bestimmtem innerweltlichem Seiendem, und er fürchtet *um* bestimmte Möglichkeiten seines Seins und Handelns. In der Furcht aber flieht der Mensch vor sich selber. Daher liegt die Furcht im Bereich des »Verfallens«, mit welchem der Mensch vom eigenen Selbst in das öffentliche Man abstürzt. Die Angst ist dagegen eine ausgezeichnete und eigentliche Befindlichkeit. Um sie ins rechte Licht zu rücken, spricht Heidegger, ein Oxymoron prägend, vom »klaren Mut zur wesenhaften Angst« (WiM 47 [Nachwort]) und umgekehrt von einer »Feigheit vor der Angst« (SuZ 266). Die Furcht ist ein Modus der Angst, wie denn »Uneigentlichkeit« stets auf »Eigentlichkeit« beruht.[43] Die Angst kann sogar als das Fundament des Verfallens angesehen werden. Gegenstand der Angst ist nicht irgendetwas Innerweltliches, sondern das völlig Unbestimmte. Im Vergleich zum dem, wovor man sich fürchten kann, ist das, womit es die Angst zu tun hat, nichts. Die Angst, nicht auf Innerweltliches gerichtet, schlägt auf das Dasein selbst zurück, trifft es in seinem »In-der-Welt-sein«. In der Angst »ängstet« sich das Dasein vor sich selber, vor seinem In-der-Welt-sein, vor der Welt. Dabei meint »Welt« nicht das Gesamt des Innerweltlichen, und »In-der-Welt-sein« nicht das Vorkommen von Menschen innerhalb des Weltalls. Vielmehr versteht Heidegger das In-der-Welt-sein als »Grundverfassung« des Daseins, und

»Welt«, ein »Existenzial« desselben, als den Möglichkeitsgrund dessen, daß etwas dem Menschen als Innerweltliches begegnen kann. In der Angst tritt die Welt rein als Strukturmoment des Daseins hervor. Man kann geradezu von einer Transzendenz der Angst zur Welt sprechen. In der eigentlichen Stimmung der Angst ist das In-der-Welt-sein nicht nur das, *wovor*, sondern zugleich das, *worum* das Dasein sich ängstet, insofern es diesem stets um sich selber geht. (Zum Ganzen vgl. SuZ, §§ 30, 40; WiM 31f.)

So tritt einmal das Sein, ein andermal die Welt als das Nichts gegenüber dem Seienden hervor (ersteres in der Antrittsvorlesung WAS IST METAPHYSIK?, letzteres in SEIN UND ZEIT). An der Angst als einer gleichsam meta-physischen Befindlichkeit zeigt sich, daß das Dasein trans-zendent ist. Das Nichts, wie der frühe Heidegger es auffaßt, ist etwas Daseinsartiges, ein Moment der Verfassung des Daseins. Wir können es, über Heidegger hinausgehend, als ›Existenzial‹ bezeichnen. Zwei Jahrzehnte später hält Heidegger im Humanismus-Brief (1949) fest: »Das Sein ist weiter denn alles Seiende und ist gleichwohl dem Menschen näher als jedes Seiende, sei dies ein Fels, ein Tier, ein Kunstwerk, eine Maschine, sei es ein Engel oder Gott. Das Sein ist das Nächste.« (Hum. 19f.)

Die Vorlesung EINFÜHRUNG IN DIE METAPHYSIK (Sommersemester 1935) beginnt mit der schon angeführten »Grundfrage der Metaphysik«: »Warum ist überhaupt Seiendes und nicht vielmehr Nichts?«, anscheinend »der ersten aller Fragen« (EiM 1). Als »weiteste«, »tiefste« und »ursprünglichste« Frage, die ein Mensch stellen kann, ist sie zwar nicht innerzeitlich aber rangmäßig die erste Frage des Menschen (EiM 2). Einführung in die Metaphysik ist nichts anderes als »hineinführen in das Fragen der Grundfrage« (EiM 15). Indessen führt diese Grundfrage notwendig auf eine »Vor-frage«, die da lautet: »*Wie steht es um das Sein?*« (EiM 25; vgl. 56, 153) »Vor-frage« heißt sie, weil sie noch grundhafter ist als die »Grundfrage«, mithin gegenüber dieser vorrangig und vor ihr zu beantworten ist. Genauer: Die Vorfrage ist schon in der Grundfrage enthalten, und zwar als deren Kern (vgl. EiM 30, 32, 56). »Wir fragen nach dem Grunde dessen, daß Seiendes *ist* und was es *ist* und vielmehr nicht Nichts ist. Wir fragen im Grunde nach dem Sein. ... Wir befragen das Seiende hinsichtlich seines Seins.« (EiM 24)

Die Grundfrage der Metaphysik »Warum ist überhaupt Seiendes und nicht vielmehr Nichts?« kann auf zweierlei Weise gefragt werden, nach Art der Metaphysik oder aber nach Art des Seinsdenkens. Wird die Frage auf metaphysische Weise gestellt, so zielt sie auf den letzten, selber wieder seienden Grund alles Seienden. Im Seinsdenken Heideggers geht es indessen um »das Seiende im Ganzen als ein solches« (EiM 2). Das bedeutet: Mit jener Frage stellt Heidegger *alles* Seiende in Frage, und zwar *bloß insofern es Seiendes ist* (griech. ὄν ᾗ ὄv, lat. ens inquantum ens), nicht insofern es von dieser oder jener Seinsart ist, diese oder jene Eigenschaft aufweist usf. Sogar das in der klassischen Metaphysik gedachte höchste Seiende, das alles andere Seiende erschaffen haben und es tragen soll (EiM 21), und am Ende auch der Fragende selber stehen in Frage. *Das notwendige Seiende, das für Leibniz die hinreichende Antwort auf die Frage nach dem Grund aller übrigen Seienden darstellte und damit das Ende des ontologischen Fragens bedeutete, liegt bei Heidegger im Bereich der Grundfrage.* So gefragt, führt die Grundfrage den Fragenden geradewegs vor das Nichts.[44] »Die Art des Fragens nach dem Nichts kann als Gradmesser und Kennzeichen für die Art des Fragens nach dem Seienden gelten.« (EiM 18)[45] Traditionelle Metaphysik und Heideggers Seinsdenken liegen auf verschiedenen Ebenen. Metaphysik besteht im »Fragen nach dem Seienden als solchem«, Seinsdenken aber im »Fragen nach dem Sein als solchem« (EiM 14 [späterer Zusatz]). Da die Metaphysik das Sein stets nur »vom Seienden aus auf dieses zu« denkt, wird ihr das Sein zur »Seiendheit des Seienden« (Hum. 20; WiM 19). ›Seiendheit des Seienden‹ ist griechisch gesprochen die οὐσία des ὄv, lateinisch gesprochen die entitas des ens. Hingegen geht in Heideggers Seinsdenken die Grundfrage, alles Seiende zurücklassend, auf den nicht-seienden Grund des Seienden, der Seiendes erst zu einem Seienden macht. Der nicht-seiende Grund kann aber Seiendes nicht so ›machen‹, wie es ein Wirkgrund tut, vielmehr ist er das Sein selbst, das Seiendem immer schon zugekommen ist. Anders gesagt: Sein ist der vom Menschen immer schon verstandene Horizont, welcher ›macht‹ oder es ermöglicht, daß der Mensch auf Seiendes bezogen ist. In der EINFÜHRUNG IN DIE METAPHYSIK bezeichnet Heidegger die Frage »Warum ist überhaupt Seiendes und nicht vielmehr Nichts?« nicht nur als Grundfrage, sondern auch als »Leitfrage« oder »metaphysische Leitfrage« (EiM 30, 64). Demnach ist die terminologische Trennung zwischen Grundfrage und Leitfrage hier noch nicht durchgeführt. Erst in einem späteren Zusatz[46] zum Vorlesungstext, den Heidegger im Jahr 1953 veröffentlichte, ist zwischen der »Grundfrage« und der »Leitfrage der Metaphysik« unterschieden (EiM 15).

In den Nietzsche-Vorlesungen vom Wintersemester 1936/37 und vom Sommersemester 1937, die in seine beiden 1961 erschienenen Nietzsche-Bände eingegangen sind, grenzt Heidegger Leitfrage und Grundfrage der Philosophie voneinander ab und verbindet sie doch miteinander. Die Leitfrage lautet: »Was ist das Seiende?«. War sie bislang die »alles bestimmende und führende Frage der Philosophie« (N I 470), so ist sie für Heidegger bloß »die *vorletzte* Frage«. Die Grundfrage lautet dagegen: »Was ist das Sein selbst?«, und dies ist die »*letzte* und d. h. *erste*« Frage der Philosophie (N I 80; vgl. 454). Sie kommt offensichtlich der schon besprochenen Vorfrage aus der Vorlesung EINFÜHRUNG IN DIE METAPHYSIK gleich. Die Grundfrage, die in den Augen Heideggers »als eigentlich gründende, als die Frage nach dem Wesen des Seins« in der abendländischen Philosophie nicht eigens gestellt worden ist (N I 13), gehört nicht mehr der Metaphysik an. Heidegger unterscheidet zwischen der Bearbeitung der Leitfrage und ihrer Entfaltung. Die Bearbeitung der Leitfrage »Was ist das Seiende?« zielt geradehin auf eine Antwort. Indessen will die Leitfrage selbst bedacht und hinsichtlich ihrer Tiefe erwogen sein. Und da stellt sich heraus: Die Grundfrage fragt die Leitfrage ursprünglicher und wesentlicher (N I 457). In der Grundfrage nach dem Sein selbst wird die Leitfrage »*aus* ihr selbst heraus und *über* sich selbst hinaus in ein ursprünglicheres Fragen entfaltet« (N I 470). (Zum Ganzen vgl. N I 455, 457f., 633.) Die Entfaltung und Ausarbeitung der Leitfrage, die durch die Grundfrage geschieht, bringt keine neue Antwort auf die Leitfrage, sondern läßt diese metaphysische Frage nach dem Seienden hinter sich.

Die leitende Frage der Metaphysik »Was ist das Seiende?« nimmt zwei Formen an: die ontologische Form »Was ist (überhaupt) das Seiende?«

und die theologische Form »Was (welches) ist das (schlechthin) Seiende?« (KTh 9. Vgl. WiM 19; ID 49, 63). Dem entspricht eine zwiefältige Transzendenz: (1) das ontologische Hinausgehen über das Seiende zum *Transzendentalen*, d. h. zu dem, was das Seiende ausmacht, (2) das theologische Hinausgehen über das Seiende zum *Transzendenten*, d. h. zu demjenigen Seienden, das die Existenz alles übrigen Seienden verbürgt (vgl. N II 349). Die ontologisch wie auch theologisch gemeinte Frage τί τὸ ὄν; hat Aristoteles als die Hauptfrage der Philosophie herausgestellt (WhD 128, 135). »Das Ringen um die Beantwortung dieser einzigen Frage ist der Grundzug der Geschichte der Philosophie.« (WhD 135)

In dem Ausdruck ›Grundfrage der Metaphysik‹, enthalten in der Vorlesung WAS IST METAPHYSIK?, kann der Genitiv als genitivus subiectivus oder als genitivus obiectivus verstanden werden. Nimmt man die Grundfrage der Metaphysik im Sinne des genitivus subiectivus, so handelt es sich um eine von der Metaphysik selbst vorgebrachte Frage. In der 1949 erschienenen Einleitung zur Vorlesung WAS IST METAPHYSIK? (1929) hat Heidegger die Frage im Sinne des genitivus obiectivus genommen, also als eine auf die Metaphysik gerichtete Frage. Die Grundfrage der Metaphysik ist nunmehr »Rückgang in den Grund der Metaphysik«, wie die Überschrift der Einleitung es ausdrückt (WiM 7; vgl. WiM 9).[47] Wie Heidegger diese seine Frage auffaßt, ist sie keine Wiederaufnahme der schon besprochenen Frage von Leibniz, die auf den ersten Grund alles Seienden geht (WiM 22f.).

Somit haben wir drei Fragen vor uns. 1) Was ist Seiende? – die Leitfrage der Philosophie. 2) Warum ist überhaupt Seiendes und nicht vielmehr Nichts? – die Grundfrage der Metaphysik, die aus der Metaphysik herausführt. 3) Was ist das Sein? – die Grundfrage der Philosophie oder die Vorfrage. Dies ist die eigentliche Grundfrage, die abgründige Frage des Seinsdenkens. »Mit dem Übergang zur Grundfrage ist aber alle Meta-physik überwunden.« (Beitr. 218) Heidegger kommt zu dem Ergebnis: »Die Metaphysik bleibt das Erste der Philosophie. Das Erste des Denkens erreicht sie nicht.« (WiM 9)

c) Sein – Grund – Abgrund

Den Zusammenhang von Sein und Grund hat Heidegger in der Vorlesung DER SATZ VOM GRUND (1955/56) erörtert. Dieser von Leibniz herausgestellte Grundsatz lautet:»Nihil est sine ratione. ... Nichts ist ohne Grund.« (SvGr 13), oder:»... nicht ein Etwas von all dem, was auf irgendeine Weise ist, ist ohne Grund.« (SvGr 16). In der bejahenden Fassung lautet er:»Jegliches, was ist, jedes irgendwie Seiende hat einen Grund.« (ebd.), und zwar notwendigerweise (SvGr 18). Die Worte in der verneinenden Fassung des Grundsatzes können auf zweierlei Weise betont werden; für Heidegger handelt es sich gleichsam um»zwei verschiedene Tonarten«, in welchen der Satz gesprochen werden kann. Einmal kann man betonen:»*Nichts* ist *ohne* Grund.«. Positiv gewendet:»*Alles hat* einen Grund.«. Dabei ist»alles« das Pendant zu»Nichts«,»hat« das Pendant zu»ohne« (Fehlen von etwas, Nicht-haben). Zum andern kann man betonen:»Nichts *ist* ohne *Grund*.«. Wiederum positiv gewendet:»Jedes *Seiende (als Seiendes)* hat einen *Grund*.«. Dabei ist»Jedes *Seiende*« das Pendant zu»Nichts *ist*«, während»Grund« in der negativen wie auch in der positiven Aussage vorkommt (vgl. SvGr 75).

Nun betrachtet Heidegger die letztere Betonungsart des Grundsatzes als die entscheidende. An deren bejahender Fassung: Jedwedes Seiende hat einen Grund, werde deutlich, daß die traditionelle Philosophie, auch Leibniz, den Satz nicht als einen Satz über den Grund nahm, sondern über das Seiende, insofern es Seiendes ist (SvGr 82). Ferner verweist das betonte»ist« auf Sein. Es stellt sich heraus, daß der Satz vom Grund in der Betonung »Nichts *ist* ohne *Grund*« nicht nur ein Satz über Seiendes ist, sondern zugleich»ein Sagen vom Sein«. Sein, so wird im Satz vom Grund gesagt, ist»*grundartig, grundhaft*« (SvGr 90).»Sein ist als Sein gründend.« (SvGr 92) Damit ist Heidegger zufolge – anders als für die traditionelle Philosophie – der Satz vom Grund doch ein Satz über den Grund.

Heidegger weiß indessen, daß dies strenggenommen im Satz vom Grund nicht enthalten ist; es bleibt ungesagt (SvGr 90).»Nichts *ist* ohne *Grund*« ist für ihn kein metaphysischer Satz mehr, sondern ein Satz innerhalb des Seinsdenkens (SvGr 184). In eigentlicher Bedeutung handele es sich beim

Satz vom Grund nicht um einen »Satz *vom* Sein«, sondern um einen »Satz *in* das Sein *als* Sein, d. h. als Grund«; »Satz« ist hier als Sprung verstanden (SvGr 96; die ersten beiden Hervorhebungen von mir).[48] Der Sprung in das Sein, den Heidegger verlangt, ist das Gegenteil einer vorsichtigen Annäherung, eines allmählichen Vorgehens (SvGr 95).

Heidegger denkt das Sein als Grund und drückt dies in dem Satz aus: »Sein und Grund gehören zusammen.«. Sie sind aber für ihn nicht identisch im Sinne eines »leeren Einerlei von Einem und Anderem«, noch auch im Sinne des »Einerlei von etwas mit ihm selbst«. Sie sind auch keine konvertiblen Begriffe (SvGr 151f.).

Für die Metaphysik, die nach einem letzten, alles tragenden Fundament strebt, nimmt das Grundhafte die Form von Ursachen und Prinzipien an, von denen aus sie das Seiende interpretiert (SvGr 183). Im Gegenzug zur ontologischen Ergründung des Seienden und zur theologischen Begründung der Seiendheit denkt Heidegger das *Sein als abgründigen Grund*. Nun gerät man offenbar in einen Widerspruch, wenn man das Sein als Grund und zugleich als Abgrund (Nicht-Grund) auffaßt. Das Sein ist aber Heidegger zufolge ursprüngliches Gründen von Seiendem, d. h. ein Gründen, das Seiendes überhaupt erst zuläßt und damit auch alle Grund-Folge-Beziehungen unter Seienden aufschließt. Gerade weil Sein der Grund schlechthin ist, der den Menschen allererst Seiendes und Gründe von Seiendem erfahren läßt, kann es nicht selber wieder auf einem Grund beruhen. Weder liegt dem Sein ein Grund vorauf, noch hat das Sein den Grund in sich selbst (wie gemäß dem metaphysischen Vorstellen das seiendste Seiende). Nicht das Sein unterliegt dem Satz vom Grund, sondern das Seiende. So ist das Sein als *ursprüngliches* Gründen ein Grund, der paradoxerweise »grund-los«, ein »Ab-Grund« ist (SvGr 185; vgl. 188). Daher kann das Sein auch nicht so der Grund des Seienden sein, wie ein Seiendes Grund (Ursprung, Ursache, Bedingung) eines anderen Seienden ist. Der Bereich der Gründe ist der Bereich des Seienden, der seinerseits im un-begründeten Sein gründet. (Zum Ganzen vgl. SvGr 185, 92f.)

Das Gründen, als welches Heidegger das Sein versteht, ist nichts anderes als die Eröffnung des Seienden für den Menschen. Das Sein als abgründigen Grund zu denken, ist für ihn der Versuch, das Sein in dessen Eigenheit durch einen Sprung zu erreichen. Dies ist sein Anliegen: »*Sein nicht mehr durch etwas Seiendes erklären.*« (SvGr 119)[49]

Heidegger macht in diesem Zusammenhang eine wichtige Beobachtung zur Sprache. Wenn man sagt: ›Sein *ist* dasselbe wie Grund‹ oder ›Das Sein *ist* der Abgrund‹, so ist diese Redeweise unangemessen, denn Seiendes ist, aber das Sein ist nicht. Vom Sein darf eigentlich nicht in Aussagesätzen gesprochen werden, für das Sein wäre eine eigene Sprache zu finden oder zu erfinden. Heidegger gibt die angeführten Sachverhalte so wieder: »Sein und Grund: das Selbe. Sein: der Ab-Grund.« (SvGr 93)

Die Frage nach dem Sein als solchem muß aber ohne Antwort bleiben. Der Horizont oder die »Lichtung«, worin sich die Menschen befinden als Diejenigen, die stets Seiendes verstehen, kann von den Menschen nicht erfaßt werden. Am Ende bleibt für Heidegger das Sein das Frag-würdige.

Schluß

Die Frage, unter der wir angetreten sind: ›Warum ist überhaupt etwas, und nicht vielmehr nichts?‹, übertrifft jedes menschliche Maß und Vermögen. Nur ein göttliches Wesen wüßte eine Antwort. Das ist ein sicheres Zeichen dafür, daß wir eine philosophische Frage vor uns haben. Philosophie ist diejenige geistige und emotionale Bestrebung, der Menschen sich widmen, weil sie ein Verständnis des Göttlichen haben, ohne göttlich zu sein.[50] Philosophische Fragen, angesiedelt im Bereich zwischen Menschlichem und Göttlichem, können nicht eindeutig und nicht überzeugend beantwortet werden – das folgt aus ihrer Natur, d. h. ihrer Radikalität. Mithin ist das Unvermögen des Menschen, auf eine philosophische Frage eine alle Zweifel und Einwände ausschließende Antwort zu finden, kein Mangel. Mit der Tiefe des Fragens wachsen Vielfalt und Unsicherheit der Antworten. Daher muß Philosophie Vielen als Gegeneinander von Meinungen und Vorlieben, also von bloß Subjektivem erscheinen. Das ist aber bloß die Fassade der Philosophie.

Zitierte Quellen (mit Siglen und Abkürzungen):

Aristoteles

An. post.	ARISTOTELIS ANALYTICA PRIORA ET POSTERIORA, rec. W. D. Ross (Oxford 1964)
Met.	ARISTOTELIS METAPHYSICA, rec. W. Jaeger (Oxford 1957)
Phys.	ARISTOTELIS PHYSICA, rec. W. D. Ross (Oxford 1956)

Thomas von Aquin

IN MET.	S. THOMAE AQUINATIS IN DUODECIM LIBROS METAPHYSICORUM ARISTOTELIS EXPOSITIO, cur. M.-R. Cathala et R. M. Spiazzi (Turin und Rom 1964)
POT.	S. THOMAE AQUINATIS QUAESTIONES DISPUTATAE DE POTENTIA, in: S. THOMAE AQUINATIS QUAESTIONES DISPUTATAE, vol. 2, cur. P. Bazzi, M. Calcaterra, T. S. Centi, E. Odetto et P. M. Pession (Turin und Rom 1965), pp. 7 seqq.
S.c.G.	S. THOMAE AQUINATIS SUMMA CONTRA GENTILES (LIBER DE VERITATE CATHOLICAE FIDEI CONTRA ERRORES INFIDELIUM), cur. C. Pera, P. Marc et P. Caramello (Turin und Rom 1961)
S.th.	SANCTI THOMAE AQUINATIS SUMMA THEOLOGIAE, 5 vol. (Madrid 1951)

Leibniz

DE	DE EXISTENTIA, in: Gottfried Wilhelm Leibniz, KLEINE SCHRIFTEN ZUR METAPHYSIK / OPUSCULES MÉTAPHYSIQUES, hg. u. übers. v. H. H. Holz, Frankfurt a. M. 1965
M	LES PRINCIPES DE LA PHILOSOPHIE OU LA MONADOLOGIE, in: siehe DE

OF	OPUSCULES ET FRAGMENTS INÉDITS DE LEIBNIZ, éd. par L. Couturat (Paris 1903)
PNG	PRINCIPES DE LA NATURE ET DE LA GRÂCE, FONDÉS EN RAISON, in: siehe DE
TH	ESSAIS DE THÉODICÉE SUR LA BONTÉ DE DIEU, LA LIBERTÉ DE L'HOMME ET L'ORIGINE DU MAL, éd. par J. Brunschwig (Paris 1969)
TI	LEIBNIZ, TEXTES INÉDITS, éd. par G. Grua, 2 vols. (Paris 1948)

Kant

KRV	KRITIK DER REINEN VERNUNFT, hg. v. W. Weischedel (Frankfurt a. M. 1974), 2 Bde.
KU	KRITIK DER URTEILSKRAFT, hg. v. W. Weischedel (Frankfurt a. M. 1974)
LOGIK	IMMANUEL KANTS LOGIK. EIN HANDBUCH ZU VORLESUNGEN [»Jäsche-Logik«], hg. v. W. Weischedel (Frankfurt a. M. 1981)
Prol.	PROLEGOMENA ZU EINER JEDEN KÜNFTIGEN METAPHYSIK, DIE ALS WISSENSCHAFT WIRD AUFTRETEN KÖNNEN, hg. v. K. Vorländer (Hamburg 1976)

Heidegger

Beitr.	BEITRÄGE ZUR PHILOSOPHIE (VOM EREIGNIS), hg. v. F.-W. v. Herrmann (Frankfurt a. M. 1989), in: Martin Heidegger, GESAMTAUSGABE. AUSGABE LETZTER HAND (Frankfurt a. M. 1975 ff.), Bd. 65
EiM	EINFÜHRUNG IN DIE METAPHYSIK (Tübingen [4]1976)
Hum.	ÜBER DEN HUMANISMUS (Frankfurt a. M. 1975)
ID	IDENTITÄT UND DIFFERENZ (Pfullingen [6]1978)
KPM	KANT UND DAS PROBLEM DER METAPHYSIK (Frankfurt a. M. [4]1973)
KTh	KANTS THESE ÜBER DAS SEIN (Frankfurt a. M. 1963)
N I, II	NIETZSCHE, 2 Bde. (Pfullingen [3]1961)
Sfr	ZUR SEINSFRAGE (Frankfurt a. M. [4]1977.)
SuZ	SEIN UND ZEIT (Tübingen [12]1972)

SvGr   DER SATZ VOM GRUND (Pfullingen ⁵1978)

WhD   WAS HEIßT DENKEN? (Tübingen ³1971)

WiM   WAS IST METAPHYSIK? (Frankfurt a. M. ¹¹1975)

Anmerkungen

*   Dies ist die vollständige Fassung des Vortrages, den ich am 21. Okt. 2006 auf dem Internationalen Maurice-Blondel-Symposion der Akademie des Bistums Mainz gehalten habe. [Auf ausdrücklichen Wunsch des Verfassers ist dieser Beitrag in der alten deutschen Rechtschreibung belassen worden, Anm. d. Hrsgg.]

1   »Allerdings ist erst der Mensch ein solches Lebewesen, das in seinem Vorstellen einen Grund als Grund vor sich bringen kann ... Die anderen irdischen Lebewesen leben zwar durch Gründe und Ursachen, aber niemals *nach* Gründen.« (Heidegger, SvGr 79)

2   »Nihil autem opponitur rationi entis, nisi non ens.« (Thomas von Aquin, S.th. I, q. 25, a. 3, corp.)

3   »Nihil autem potest addi ad *esse* quod sit extraneum ab ipso, cum ab eo nihil sit extraneum nisi *non-ens* ...« (Thomas von Aquin, POT. q. 7, a. 2, ad 9).

4   »Omnis autem scientia est de ente.« (Thomas von Aquin, IN MET. XI, 8, n. 2272).

5   Wie das von Aristoteles angeführte Beispiel eines Fabelwesens, des Bockhirschen (Ar. An. post. 92 b 7–8), zeigt, meint er hier mit ›Nicht-Seiendes‹ das, was Kant in seiner »Einteilung des Begriffs von *Nichts*« als »ens imaginarium« auffaßt (Kant, KRV, B 347f. / A 291). Folglich handelt es sich dabei nicht um ›nichts‹ im äußersten Sinne.

6   ›aliquid‹ (Indefinitpronomen) als Vokabel des klassischen Latein ist mit ›irgendetwas‹ zu übersetzen. ›aliquis‹, ›aliqua‹, ›aliquid‹ (substantivisch) und ›aliqui‹, ›aliqua‹, ›aliquod‹ (adjektivisch) »bezeichnen einen Gegenstand als einen zwar unbestimmten, aber doch wirklich vorhandenen ... beide bilden den direkten Gegensatz zu nemo (nihil, nullus)« (vgl. Hermann Menge, REPETITORIUM DER LATEINISCHEN SYNTAX UND STILISTIK, München ¹⁴1965, S. 181).

[7] Diese Art des Fehlens hat Kant als »nihil privativum« gefaßt: Abwesenheit eines *bestimmten* Etwas, z. B. Schatten als Mangel an Licht, Kälte als Mangel an Wärme (KRV, B 347f. / A 290f.). Kants »nihil privativum« ist mithin verschieden von ›nichts‹ im äußersten Sinne.

[8] Hier handelt es sich um das, was Kant als »nihil negativum« gefaßt hat: »Der Gegenstand eines Begriffs, der sich selbst widerspricht, ist nichts, weil der Begriff nichts ist ...« (KRV, B 348 / A 291). Dieses »Unding« (KRV, B 348 / A 292) ist im äußersten Sinne nichts.

[9] Heidegger, SvGr 43f.

[10] »... materia est ex qua aliquid fit.« (S.th. I, q. 92, a. 2, ad 2). – Neben dem Begriff der ›materia ex qua‹, womit »der Stoff und die stoffliche Ursache ... eines Dinges« gemeint sind, kennt Thomas den Begriff der ›materia circa quam sive de qua‹: »das Objekt einer Thätigkeit und des zu ihr gehörenden Vermögens«, sowie den Begriff der ›materia in qua‹: »das Subjekt einer Thätigkeit und des ihr zugehörigen Vermögens« (vgl. Ludwig Schütz, Thomas-Lexikon. Sammlung, Übersetzung und Erklärung der in sämtlichen Werken des h. Thomas von Aquin vorkommenden Kunstausdrücke und wissenschaftlichen Aussprüche, Paderborn [2]1895 [Nachdruck Stuttgart 1958], S. 467).

[11] »... impossibile est effectum sua causa esse fortiorem.« (S.th. II 1, q. 29, a. 3, corp.)

[12] »... omnis causa aliquo modo in effectu manet ...« (S.th. II 1, q. 46, a. 1, corp.). »... quidquid perfectionis est in effectu, oportet inveniri in causa effectiva ...« (S.th. I, q. 4, a. 2, corp.).

[13] »Agens autem secundarium non agit sine principali agente in operando.« (S.th. III, q. 71, a. 4, corp.)

[14] »Ratio autem instrumenti consistit in hoc quod ab alio moveatur ...« (S.th. III, q. 63, a. 5, ad 2); »... instrumentum dicitur aliquid ex eo quod movetur a principali agente.« (S.th. III, q. 19, a. 1, ad 2).

[15] »Prima autem inter omnes causas est causa finalis.« (S.th. II 1, q. 1, a. 2, corp.)

[16] »... finis est prior in intentione, sed est posterior in executione.« (S.th. II 1, q. 20, a. 1, ad 2); »Sed finis non solum habet quod sit ultimum, sed etiam quod sit cuius causa fit aliquid.« (In Met. V, 18, n. 1039).

[17] »Finis autem bonum est in unoquoque genere.« (In Met. I, 2, n. 50). Und umgekehrt: »Manifestum est enim, quod bonum habet rationem finis.« (S.th. I, q. 103, a. 2, corp.); »Bonum autem, cum habeat rationem appetibilis, importat habitudinem causae finalis ...« (S.th. I, q. 5, a. 2, ad 1); »... bonum proprie

respicit appetitum; est enim bonum quod omnia appetunt. Et ideo habet rationem finis ...« (S.th. I, q. 5, a. 4, ad 1).

[18] »... quaedam sunt secundum se bona, et ideo secundum se appetibilia; quaedam vero habent rationem bonitatis ex ordine ad aliud, et sunt appetibilia propter aliud.« (S.th. I, q. 60, a. 2, corp.); »Ea vero quae sunt ad finem, non sunt bona vel volita propter seipsa, sed ex ordine ad finem.« (S.th. II 1, q. 8, a. 2, corp.).

[19] Hierzu s. den vorzüglichen Kommentar von Hans Wagner in ARISTOTELES, PHYSIKVORLESUNG, übersetzt von Hans Wagner (Berlin 1967), S. 466–473.

[20] An den herangezogenen Stellen der PHYSIK und der METAPHYSIK spricht Aristoteles nur von der Fügung. Unbestimmt ist aber auch der Zufall.

[21] »... maintenant il faut s'elever à la *Metaphysique*, en nous servant du *Grand principe* ... qui porte que *rien ne se fait sans raison suffisante* ...« (PNG, § 7).

[22] Das Französisch, das Leibniz schreibt, entspricht nicht überall der heutigen Orthographie.

[23] Bestimmung der kontingenten Seienden: »quae non existunt necessario, *seu in quibus ipsis non est ratio existendi*« (DE, S. 16; Hervorhebung von mir).

[24] Der Grundsatz »nihil est sine ratione« bedeutet, daß zur Existenz eines kontingenten Seienden letztlich alle dessen Bedingungen und damit dessen vollauf zureichender Grund (»causa plena«) gegeben sein müssen (DE, S. 16).

[25] »Etre necessaire, portant la raison de son existence avec soy« (PNG, § 8). Vgl. M, § 45.

[26] »... ›principium contingentium‹ ... *quod perfectius est seu majorem rationem habet, id esse verum.*« (TI, p. 287)

[27] »... Dieu est obligé, par une nécessité morale, à faire les choses en sorte qu'il ne se puisse rien de mieux ...« (TH, § 201). »Existentiae autem notio est talis, ut existens sit talis status universi qui DEO placet.« (OF, p. 405).

[28] »Realität ist *etwas* ...« (KRV, B 347 / A 291).

[29] Es handelt sich um ein Wesen von »allbefassender Vollkommenheit« (KRV, B 618 / A 590).

[30] »Nun scheint dasjenige, ... das in keinem Stücke und in keiner Absicht defekt ist, welches allerwärts als Bedingung hinreicht, eben darum das zur absoluten Notwendigkeit schickliche Wesen zu sein, weil es, bei dem Selbstbesitz aller Bedingungen zu allem Möglichen, selbst keiner Bedingung bedarf, ja derselben nicht einmal fähig ist ...« (KRV, B 613 / A 585).

[31] »*Nihil evenire cujus ratio reddi non possit, cur sic potius quam aliter contigerit.*« (OF, p. 402)

[32] »Perfectio seu essentia est exigentia existentiae ...« (TI, p. 288).

[33] Die Seinsbegriffe (Wirklichsein, Möglichsein, Notwendigsein und deren Gegenteile) charakterisiert Kant so:»Die Kategorien der Modalität haben das Besondere an sich: daß sie den Begriff, dem sie als Prädikate beigefüget werden, als Bestimmung des Objekts nicht im mindesten vermehren ...« (KRV, B 266 / A 219). Zum Verstandesbegriff der Wirklichkeit:»In dem *bloßen Begriffe* eines Dinges kann gar kein Charakter seines Daseins angetroffen werden.« (KRV, B 272 / A 225).

[34] Es»enthält selbst der Begriff einer Ursache so offenbar den Begriff einer Notwendigkeit der Verknüpfung mit einer Wirkung und einer strengen Allgemeinheit der Regel« (KRV, B 5).

[35] Heidegger faßt»Sinn« als das, von woher etwas verstanden und ausgelegt werden kann. Sinn ist ein Charakter des Daseins (ein»Existenzial«), nicht eine Bestimmtheit von Dingen und auch nichts zwischen dem Menschen und den Dingen (vgl. SuZ 151f., 324). Der Ursprung von Sinn liegt im Dasein.

[36] »Die Metaphysik ist das Grundgeschehen im Dasein. Sie ist das Dasein selbst.« (WiM 41)

[37] »In der Seiendheit des Seienden denkt die Metaphysik das Sein, ohne doch in der Weise ihres Denkens die Wahrheit des Seins bedenken zu können.« (WiM 44 [Nachwort])

[38] »Die Angst offenbart das Nichts.« (WiM 32)

[39] Das Nichts besteht für Heideger wesentlich in der»Nichtung«, die dem Seienden alles Gewicht, ja sein Sein zu nehmen scheint.»Das Nichts selbst nichtet.« (WiM 34), wie Heidegger auch andernorts sagt. Die»Nichtung« scheidet er von einer Vernichtung von Seiendem sowie von der Verneinung, sei es die negative Aussage über einen Sachverhalt oder die Ablehnung eines Sachverhalts (WiM 34).

[40] »Das Nichts ist die Ermöglichung der Offenbarkeit des Seienden als eines solchen für das menschliche Dasein.« (WiM 35)

[41] »Dies schlechthin Andere zu allem Seienden ist das Nicht-Seiende. Aber dieses Nichts west als das Sein.« (WiM 46 [Nachwort]).»Das Nichtende im Sein ist das Wesen dessen, was ich das Nichts nenne.« (Hum. 44). So ergibt sich:»Sein und Nichts gibt es nicht nebeneinander.« (Sfr 39). Von den Wissenschaften ist zu sagen:»Im Gesichtskreis des wissenschaftlichen Vorstellens, das nur das Seiende kennt, kann sich ... dasjenige, was ganz und gar kein Seiendes ist (nämlich das Sein), nur als Nichts darbieten.« (Sfr 38).

[42] »Das Nichts des Seienden folgt dem Sein des Seienden wie die Nacht dem Tag.« (N I 460)

43 »Uneigentlichkeit hat mögliche Eigentlichkeit zum Grunde.« (SuZ 259)

44 »Die Warum-frage tritt dem Seienden im Ganzen gleichsam gegenüber, tritt aus ihm heraus, wenngleich nie völlig.« (EiM 3f.)

45 »Daher ist es der härteste, aber auch untrüglichste Probierstein auf die denkerische Echtheit und Kraft eines Philosophen, ob er sogleich und von Grund aus im Sein des Seienden die Nähe des Nichts erfährt.« (N I 460)

46 Zu den späteren Zusätzen zur Vorlesung s. Heideggers »Vorbemerkung« zur EINFÜHRUNG IN DIE METAPHYSIK.

47 Heidegger spricht in diesem Zusammenhang vom »Schritt zurück«: »Der Schritt zurück bewegt sich ... aus der Metaphysik in das Wesen der Metaphysik.« (ID 41).

48 »Der Sprung bringt das Denken aus dem Bereich des Satzes vom Grund als eines obersten Grundsatzes über das Seiende in ein Sagen, das vom Sein als solchem sagt.« (SvGr 107)

49 »Das Denken des Seins sucht im Seienden keinen Anhalt.« (WiM 51 [Nachwort])

50 Nach Platon, SYMPOSION 204 a 1–2 philosophiert keiner der Götter und begehrt auch nicht, weise zu werden, da ein Gott schon weise ist. Nach Platon, TIMAIOS 47 b 1–2 ist dem sterblichen Menschengeschlecht nie ein größeres Gut von den Göttern geschenkt worden und wird ihm von diesen niemals ein größeres Geschenk zuteil werden als die Philosophie.

Welches Ziel verfolgt die Philosophie?

Anton van Hooff, (Mainz / Darmstadt)

»[L'ordre métaphysique] n'exprime pas une réalité absolue et universelle, mais l'aspiration universelle d'une volonté particulière. Chaque pensée humaine est donc une métaphysique, et une métaphysique singulière et unique.«

Maurice Blondel: *L'Action* (1893), [293] 327, 318.

Gegen Ende von *L'Action* (1893) wirbt Blondel beim ermüdeten und zunächst wohl überforderten Leser für eine überraschende Einsicht. Den, der die nie enden wollende Verkettung von Phänomenen hinauf geklettert ist, der den langen Weg durch alle Teile und Etappen durchgehalten, der diese Anstrengungen auf sich genommen hat, um schließlich Einsicht zu erlangen und die Freude des Genießens dazu, den klärt Blondel über die Wertigkeit des zurückgelegten Denkweges auf: »Die Logik der ›action‹ sucht einzig eine Wegroute zu entdecken, die es dem Verstand der Gebildeten erlaubt, langsam und sicher die Höhen der einfachen und kleinen Leute zu erreichen; die Wegroute führt sie zu einem Ausgangspunkt [point de départ]. Aber das Licht, mit der [die Logik] die Strecke erleuchtet, befreit niemanden von der Anstrengung, die notwendig bleibt, dorthin aufzusteigen.«[1]

Blondel gibt sich hier nicht romantischen Gefühlen hin, um *L'Action* mit einer Pastorale abzuschließen. Ihm ist wirklich ernst. Die Rolle der Philosophie besteht darin – so fügt er hinzu –, zu verhindern, dass die Philosophen das praktische Wissen jener Menschen, die einfach richtig leben und handeln, ohne sich dessen spekulativ zu vergewissern, nicht verdrängen oder entstellen.[2] Die Philosophie, gerade auch seine Philosophie der ›action‹, bezeichnet Blondel als »indirekte Methode«, die er vom »direk-

ten Weg« des unreflektierten richtigen Handelns abhebt.[3] Das methodisch
gesicherte Denken führt erst zu dem Punkt hin, von dem der direkte Weg
je schon ausgeht. An diesem Wendepunkt angekommen, muss auch der
Philosoph sich unausweichlich auf den direkten Weg einer praktischen
Problemlösung begeben. Dabei steht sein persönliches Leben auf dem
Spiel. Es gilt ja das Problem, das das Leben selbst dem Menschen auf-
gibt, auch durch das eigene Leben zu lösen.

Aber unvorbereitet auf diese Selbsteinschränkung der Philosophie wird
der Leser von *L'Action* dennoch nicht gewesen sein. Die Philosophie –
von Blondel oftmals als Metaphysik bezeichnet – kommt in *L'Action* in
zweifacher Weise vor. Zum einen ist das ganze Werk, vom Anstoß der Frage
in der ersten Zeile bis zum affirmierenden, bekennerhaften »c'est«-Amen
im letzten Satz, Philosophie schlechthin. Zum anderen aber ordnet Blondel
philosophisches Denken als spezifische Lebensäußerung oder als konkreten Lebensvollzug in die immense Vielfalt von solchen Vollzügen ein; sie
alle nennt er schlichtweg ›action‹, Handlung. Er bezeichnet diesen Vorgang als »rentrer dans le rang«.[4] Philosophischem Denken gebührt zwar
eine eigene Dignität, aber deshalb ist sie nicht aus der gesamten Reihe
der hierarchisch gestuften Vollzüge losgelöst. Inhaltlich betrachtet vermag
die Philosophie das Ganze zu überblicken und sich insofern von allem ab-
zuheben. Als Handlung jedoch, d. h. aus der Perspektive des Philosophierenden, nimmt sie ihren Platz zwischen allen anderen Vollzügen ein. Indem
sie das Geschick des Lebens und allen konkreten Seins wahrnimmt und
koextensiv begleitet, greift sie auf das Ganze hinaus; daher ihr »transzendenter Charakter«.[5] Der Überstieg jedoch ereignet sich innerhalb der Immanenz des Lebens selbst. Als konkrete ›action‹ partizipiert sie an der umfassenden ›action‹ des Lebens als Ganzes. Deshalb ist das Geheimnis, das
sie inhaltlich zu ergründen sucht, in ihr als Lebensvollzug auf verborgene
Weise je schon real gegenwärtig. In dieser Hinsicht übersteigt bzw. trans-
zendiert der Vollzug des Philosophierens die Philosophie als Gedachtes.
»Man darf wirklich nicht vergessen, dass alles Denken Akt und Erkenntnis zugleich ist. Wenn auch die Erkenntnis der Extrakt und der Restbe-
stand des Lebens ist, das sich darin konzentriert und sich projizierend dar-

stellt, so übersteigt der Erkenntnisakt selbst, der diese Synthese bewerk-
stelligt, die abstrakte Repräsentation, die vom Leben zurück bleibt.«[6]
Diese zweifache Dialektik von Immanenz und Transzendenz weist auf
eine Differenz hin, die der Beziehung zwischen dem Gedanken und dem
Gedachten, zwischen der Erkenntnis und dem Erkannten innewohnt. Ohne
diese Differenz würde das Denken bzw. die Philosophie sich nie bewegen
können; es könnte sie nur als einmalige, statische Apperzeption geben.
Mit dem solchermaßen Erfassten wäre sie folglich so identisch, dass dies
Erfasste in doppelter Weise existierte, und beide Existenzweisen austausch-
bar wären. Weil jedoch die persönliche Erfahrung und die gesamte
Philosophiegeschichte unmissverständlich zeigen, dass das Denken sich
tatsächlich bewegt, müssen wir die Differenz aufdecken, die das Denken
in Gang hält. Blondel spricht diesbezüglich von einer »Wahrheit, die
zunächst vielleicht düster und unbegreifbar schien: Die Philosophie zielt
von ihrem Ausgangspunkt an auf die immerwährende Bewegung ab und
sucht Festigkeit nur in der Zielausrichtung ihres Ganges«.[7] Ihre vorrangi-
ge Aufgabe ist, »le sens du mouvement«, den Sinn, die Richtung, den Weg
dieser Bewegung klar wahrzunehmen, »um die künftige Orientierung der
Erkenntnis von den vergangenen Erfahrungen profitieren zu lassen«.[8]
Worin besteht nun die genannte Differenz, die, sollte sie wirklich primum movens sein, innerer Bestandteil des Denkens und Erkennens zu
sein hat? Vom Erkennen selbst könnte sie nicht aufgehoben werden, denn
in diesem Fall würde die Bewegung sich selbst auslöschen, das Denken
stocken und mumienhaft an Ort und Stelle verharren. Dennoch ist die
Philosophie in ihrer Gesamtheit der ständigen Versuchung ausgesetzt,
von einem falschen Idealbild dazu verführt, sich ihrer eigenen Differenz
zu entziehen, diese zu verneinen, weil sie eine Gewissheit vortäuscht,
die sie letztendlich nie zu bieten vermag. Das Zerrbild ihrer selbst, das
die Philosophie am meisten abgibt, betrifft das Denken in seinem exklu-
siv reflexiven Vorgang. Die Differenz tritt zuerst ans Licht als »réserve
suspensive« als »réserve essentielle«.[9] »Aus dieser Binsenwahrheit muss
man einen Mittelpunkt der Erklärung, ein Prinzip der alles umfassenden
[intégral] Doktrin machen«.[10] Die geforderte Zurückhaltung betrifft die

dem Philosophen anhaftende Neigung, die im Erkennen erfassten Wirklichkeiten zu ›ontologisieren‹, d. h. sie »als Welt von fixierten und von einander getrennten Entitäten zu betrachten«.[11] Eine solche Vorgehensweise abstrahiert im eigentlichen Sinne des Wortes. Sie reißt die Wirklichkeit im Ganzen auseinander, sie zerstört das organische Band, das in der einen Welt alles miteinander verbindet und so erst wirklich sein lässt: Zum einen das Band, das jeder Mensch auf seine ihm eigene Weise mit dem Ganzen verwebt,[12] zum anderen die Interdependenz alles Konkreten, in der sich die Einheit der einen Wirklichkeit abbildet. Der Seinscharakter lässt sich weder für den Menschen allein, noch für jede erfasste einzelne Realität bestimmen. Er gilt einzig für das ganze Gefüge von konkreter Wirklichkeit oder er gilt für gar nichts. Daher stammt die Frage, die Blondels Philosophie antreibt: Ob und wie das Ganze, den einzelnen Menschen eingeschlossen, sich überhaupt so in den Blick nehmen lässt, dass alles, was den Menschen auszeichnet, dabei Endgültigkeit erlangt: sein Wirklichkeitsbezug, sein Handeln, sein Denken, seine Einmaligkeit, seine Freiheit, seine Entscheidungsfähigkeit, sein Gott, sein Tod.

Manche Querelen, die die Philosophiegeschichte beschäftigen, führt Blondel auf die abstrahierende Zerstückelung von Wirklichkeit zurück: »une gymnastique de la pensée pure«.[13] Allen liegt die formal gesehen gleiche Verneinung der Differenz zugrunde. Aus ihr gehen sämtliche philosophische Ideologien hervor. Aspekte der gesamten intimen Verschränkung von Mensch und Wirklichkeit werden paarweise voneinander getrennt und sodann konkurrierend einander gegenübergestellt. Für Blondel sind sie jedoch – wie er sich oft ausdrückt – »hétérogènes, mais solidaires«. Ihre Verschiedenartigkeit gründet in ihrer Zusammengehörigkeit; die Zusammengehörigkeit ereignet sich – wir werden dies noch betrachten – im Leben oder in der ›action‹, die jeder intellektuell wahrgenommenen dialektischen Spannung vorausliegt. Bloß erwähnt sind hier einige solcher wechselweise einseitig zerstörten Zusammengehörigkeiten: die Abstraktion des Denkens versus der Konkretheit von Wirklichkeit,[14] das Subjekt der Erkenntnis versus dem Objekt,[15] Realismus versus Idealismus (»la vieille cage tournante de l'idéalisme et du réalisme«[16]), Reflexion versus Prospektion,

Theorie versus Praxis, Vernunft versus Willen, Philosophie versus Religion, Geschichte versus Dogma.

Am dichtesten stellt sich die Differenz in einer Begebenheit dar, die Blondel zwar stets axiomatisch einführt und ebenfalls als »Binsenweisheit« bezeichnet,[17] aber deren Stimmigkeit seine ganze Philosophie aufweist: »Die ›action‹ und die Idee der ›action‹ sind heterogen und nicht aufeinander reduzierbar«.[18] »Diese Banalität [...] muss das gründlich reflektierte Prinzip der systematischen Organisation einer umfassenden Philosophie werden«.[19] Der Abstand zwischen jedem Gedanken und dem darin Gedachten hat für das Denken selbst eine unüberbrückbare Weite. »Von der objektiven Erkenntnis zu der Realität der Subjekte gibt es gar keinen Übergang auf theoretischem Weg und durch abstrakte Dialektik«.[20] Ohne Selbstaufgabe vermag das Denken den qualitativen Abstand nicht zu negieren. Aber sich dort hinein zu begeben, kann auch nicht zum entfernten Gegenüber führen. Mit jedem Schritt des Denkens, der etwas vom Abstand zu tilgen scheint, wird aufs Neue Abstand geschaffen.[21] Dieses grundsätzliche Unvermögen treibt Blondel noch auf die Spitze, um jeden dialektischen Ausweg von vornherein zu unterbinden. »Erkennen, dass die wahre Erkenntnis sich auf das Konkrete bezieht, gibt nicht die konkrete Realität der wahren Erkenntnis [de la connaissance vraie]«.[22]

Die Reflexion auf das philosophische Denken als Reflexion bringt ans Licht, dass es mit einer »angeborenen Unzulänglichkeit [insuffisance congénitale]« behaftet ist.[23] Sowohl sich selbst gegenüber, ihren Beweggründen und Ansprüchen gegenüber, als auch bezüglich der angedachten konkreten Wirklichkeit verharrt es in der eigenen Inadäquatheit. Wäre es einzig auf sich gestellt, könnte es die Aufgabe, die zu erfüllen es angetreten ist, niemals verwirklichen. Aber diese Einsicht ist nicht die einzige Schlussfolgerung. Blondels Philosophie, die die Unzulänglichkeit des bloßen Denkens so unverblümt herausstellt, zeigt auch die Möglichkeit, sie so einzuordnen (»faire rentrer dans le rang«), dass gerade wegen dieser bleibenden Differenz das Denken dennoch weitergeht. »Die wesentliche Aufgabe der Philosophie ist, uns gar nicht der Philosophie zu überlassen, als ob die Philosophie hinsichtlich allem, was in uns ist, ein Monopol besäße. Vielmehr ist es ihre Aufgabe, uns dazu aufzufordern, den Schritt hinaus zu tun, uns über diesen Übergang aufzuklären und auf alles hinzuweisen, [...] was versucht werden muss, um den Übergang zu überqueren.«[24]

Die Einordnung der Philosophie in die Gesamtheit der Lebensvollzüge befreit sie aus ihrer ›splendid isolation‹, aus ihrer selbstverschuldeten Selbstbezogenheit. Sie vermag es nicht – so Blondels Überzeugung – aus eigener Kraft mit sich selbst ins Reine zu kommen. Erst wenn die Gedanken »in den Rhythmus des Lebens, der von ›action‹ zu ›action‹ voranschreitet«,[25] eingefügt werden, enthüllt sich die Richtung und der Sinn ihrer Bewegung. Zugleich zeigt sich, dass die Frage, warum es Philosophie überhaupt gibt, die Frage auch nach ihrem Ausgangs- und Zielpunkt, in letzter Konsequenz die Frage nach dem Menschen bedeutet und somit letztlich die nach der Wirklichkeit im Ganzen. »Es ist nicht allein und nicht zunächst die objektive Wissenschaft [der Philosophie], die sich durch diese unvermeidliche Arbeit der [analytischen] Zerlegung entwickelt, sondern es ist das Subjekt, das sich verwirklicht gerade durch die Anstrengung, die es aufwendet, um zu erkennen. Von hier aus sieht man noch besser, dass der Fortschritt der Philosophie dem Fortschritt unseres Seins und der Seienden in uns nicht etwas Äußerliches und Zusätzliches ist, sondern innerer Bestandteil«.[26]

Wenn wir die Philosophie in den »Rhythmus des Lebens« einbringen, zeigt sich für die konzeptuell verfasste Erkenntnis noch eine ganz andere Bezogenheit. »Anstelle des irreführenden Problems des Bezugs der Ideen auf die Objekte oder die Seienden [...] muss man das ganz anders geartete Problem des Bezugs unseres Denkens auf unsere ›action‹ setzen«.[27] Den Hintergrund für diese Wendung in der Problemlage bildet die Einsicht, dass bereits die Annahme, der Mensch befände sich in seinem Erkennen so genannter objektiver Wirklichkeit gegenüber, die sich als Erkenntnisobjekt losgelöst vom Menschen betrachten ließe, eine reine Abstraktion darstellt. Diese Vorstellungsweise ist ihrerseits das Ergebnis einer ersten grundlegenden ›Ontologisierung‹. Näher betrachtet kommt die Kontaktnahme mit der Wirklichkeit mittels der Erkenntnis erst an zweiter Stelle. Ihr vorausgegangen ist das Zusammenspiel von Mensch und Wirklichkeit, das sich in jeder denkbaren Art des Handelns ereignet. Jede ›action‹ ist eine neue konkrete Synthese von Mensch und Wirklichkeit, die beide erst voneinander unterscheidet. Sie bewirkt und – vor allem – *ist* eine reziproke Immanenz, von der aus gesehen wortwörtlich gesagt werden muss, dass der Mensch ver-wirklicht ist, je nachdem Wirklichkeit ver-menschlicht ist. Die Wirklichkeit, die sich zu erkennen gibt, befindet sich demnach nicht in einem künstlich getrennten Bereich, sondern sie ist in der ›action‹ und als seine ›action‹ dem Menschen je schon gegenwärtig. Deshalb bestimmt die Übereinstimmung von konkreter ›action‹ und konkreter Erkenntnis den Wirklichkeitsgehalt des Denkens. »C'est en se mariant à l'action que la pensée engendra la connaissance vraie«.[28]

Auf zweifache Weise steht die Erkenntnis mit der ›action‹ in Verbindung; sie weist dementsprechend verschiedene Qualitäten auf. Im Verhältnis zu der vorangegangenen ›action‹ bezeichnet Blondel die Erkenntnis als »réel«. In der ›action‹ als Konzentrat von Wirklichkeit schöpft sie, was dort gleichsam noch verborgen liegt. Weil die ›action‹ eine unumstößliche Realität ist, umfasst sie die gesamte Wirklichkeit in sich, weil diese als eingelöste Bedingungsmöglichkeit in ihr, wenn auch reflexiv unentfaltet, präsent ist. In Bezug auf die nachfolgende ›action‹, deren Umrisse sich in der reellen Erkenntnis bereits abzeichnen, nennt Blondel die gleiche Erkenntnis zum einen »idéale« und zum anderen »pratique«.[29] Sie ist ideell, weil sie aus dem Fundus von eingefalteter Wirklichkeit das ans Licht bringt, was durch eine entsprechende ›action‹ konkret zu verwirklichen ist. Praktisch ist die Erkenntnis zu nennen, insofern sie den Willen darauf orientiert, das in ihr zwar Erkannte, aber zunächst noch im Zustand der Einfaltung Verharrende, auch effektiv verwirklichen zu wollen.

Diesen auf den ersten Blick komplizierten Sachverhalt beschreibt Blondel mit wenigen Worten: »Die Ursprünglichkeit der Metaphysik liegt somit darin, die ›action‹ darauf vorzubereiten, dass sie ihren echten Beweggrund außerhalb von allem schöpft, was bereits in der Natur oder im Handelnden selbst verwirklicht ist. Sie bietet dem Denken [pensée] etwas an, was nicht etwas Positives oder Reales ist und bietet ihm dies an als etwas Realeres als das Reale, weil es das ist, was zu tun ist, was bereits im Streben des menschlichen Wollens mitumfasst ist«.[30] Weil die Vielfalt der Handlungen das nach und nach entfaltet, was schließlich den Willen wollen lässt und dies sich dank der jeweiligen Vermittlung des Denkens manifestiert, deshalb stammt die dynamische Bewegung des Denkens nicht aus dem konzeptuell verfassten Denken selbst, sondern rührt vom Streben des Willens her. Die Erkenntnis langt nach dem aus, was ihr noch verborgen ist, weil dieses Verborgene noch ungetan, noch nicht verwirklicht ist. So vermittelt die ›action‹ ihrerseits in der Vorwärtsbewegung des Denkens. Sie verschafft dem Denken insofern eine Abhilfe in seiner »angeborenen Unzulänglichkeit«, als sie die konkrete Wirklichkeit, die das Denken einzig auf seine eigentümliche Weise zu Gesicht bekommt, im Leben des denkenden Menschen realisiert. Die Assimilation von Wirklichkeit, nach der das Denken trachtet, ereignet sich in der ›action‹; sie ereignet sich darin zugleich als Selbstverwirklichung des Menschen.

An dieser Stelle setzt Blondel das Bild des Rades ein, um die »propulsion alternative«[31] von ›pensée‹ und ›action‹ und darin eingeschlossen von ›réflexion‹ und ›prospection‹ zu verdeutlichen. Auch begründet er in diesem Zusammenhang seinen Wahrheitsbegriff als »adaequatio mentis et vitae«.[32] Ich möchte dies alles hier übergehen, weil andere Referenten der jetzigen Studientagung diese Problematik bereits dargelegt haben.

Welches Ziel verfolgt die Philosophie? Die vorhergehenden Ausführungen dürften gezeigt haben, in welchem Ausmaß diese Frage selbst eine genuin philosophische Frage ist. Dies besagt, dass die Antwort auf die Frage auch die Frage selbst noch bestimmt. Vielleicht muss man sogar behaupten, dass die Antwort sich aus der Weise ergibt, wie die Frage ihrerseits ›geht‹. Auch dürfte klar geworden sein, dass die reflexive Suchbewegung, die wir gemeinhin Philosophie nennen, sich nicht aus dem Gesamt menschlichen Lebens loslösen, sich gleichsam herauspräparieren lässt. Es ist Blondels tiefste Überzeugung – und diese teile ich –, dass die Frage nach der Philosophie einzig als Frage nach dem Menschen ›geht‹, nach dem Menschen, eingefasst in der gesamten konkreten Wirklichkeit. Was menschliches Leben heißt, dies ist der ständige Austausch, das kontinuierliche gegenseitige Zehren eines konkreten Menschen und seiner Wirklichkeit, und letztere ist nie bloß ein abgesonderter Ausschnitt, eben weil darin das Ganze an Wirklichkeit gegenwärtig ist.[33] Im Austausch sind Mensch und Wirklichkeit reell und konkret; eine andere als die konkrete Wirklichkeit gibt es nicht. »Le véritable infini n'est pas dans l'universel abstrait, il est dans le singulier concret«.[34] Deshalb ist die Philosophie weder Selbstzweck, noch ist sie auf ein Ziel ausgerichtet, das sich vom Ziel und Sinn menschlichen Lebens unterscheidet. Das Ziel menschlichen Lebens ist ebenso wenig darin gelegen, Philosophie hervorzubringen. Auch wenn uns dies nicht bei jedem Denkschritt, bei jeder philosophischen Beschäftigung vor Augen steht, letztendlich denken wir ad agendum, im hier dargestellten umfassenden Sinne. Erst im Handeln, also jenseits ihrer selbst, vollendet sich die Philosophie.

»Wie entwickelt [die Philosophie] auch sein, wie weit und wie hoch sie uns führen möge, sie ist stets zu ergänzen. Sie muss sich nach höheren Wahrheiten richten, sich übergeordneten Verpflichtungen unterwerfen, die falsche Autonomie der Spekulation der Pflicht und den Anforderungen der ›action‹ opfern. Die ›action‹ ist nicht bloß eine äußere und angehängte Anwendung, eine Verifizierung oder eine sittliche Übung, sondern noch immer und vor allem ein integrierender Bestandteil, eine Bedingung und eine normale Folge des Denkens«.[35] Ziel der Philosophie ist, uns Menschen den Weg zur Vollendung des Lebens zu zeigen. Philosophisch-technisch gesprochen ereignet sich dies, wenn der Mensch in die letzte Möglichkeitsbedingung seines Wollens einwilligt, sie handelnd in seinem Leben integriert und verwirklicht. Anders gewendet: Wie die Philosophie sich der ›action‹ anheim zu stellen hat, damit sie gelingen kann, so hat der Mensch sich dem zu übereignen, ›was‹ ihn letztgültig leben lässt.

Anmerkungen

[1] M. BLONDEL, *L'Action. Essai d'une critique de la vie et d'une science de la pratique* (1893), in: OC I. Paris: Presses universitaires de France [PUF] 1995, S. [474] 508. Dt. Übersetzung: *Die Aktion* (1893). *Versuch einer Kritik des Lebens und einer Wissenschaft der Praktik.* Freiburg i. Br., München: Alber 1965, S. 499. [Die Seitenangaben der dt. Übersetzungen werden im Folgenden hinter dem Komma angefügt.]

[2] Vgl. *L'Action,* [476] 510, 501.

[3] *L'Action,* [476f.] 510f., 501.

[4] *L'Action,* [290] 324, 316. BERNARD DE SAILLY [Maurice Blondel]: »La tâche de la philosophie d'après la Philosophie de L'Action«, in: *Annales de philosophie chrétienne* 153 (1906/07), 47–58, hier S. 51.

[5] *L'Action,* [294] 328, 319.

[6] M. BLONDEL, »L'illusion idéaliste«, in: OC II. Paris: PUF 1997, S. 195–216, hier S. [115] 211. Dt. Übersetzung: *Der Ausgangspunkt des Philosophierens. Drei Aufsätze.* Hamburg: Meiner 1992, S. 60.

[7] M. BLONDEL, »Le point de départ de la recherche philosophique«, in: OC II. Paris: PUF 1997, S. 527–569, hier S. [233] 555. Dt. Übersetzung: *Der Ausgangspunkt des Philosophierens. Drei Aufsätze.* Hamburg: Meiner 1992, S. 106. Vgl. *L'Action,* [290] 324, 316.

[8] »Le point de départ… «, [232] 554, 105.

[9] »Le point de départ… «, [228] 550, 100; Ebd., 551, 101.

[10] M. BLONDEL, »Lettre sur les exigences de la pensée contemporaine en matière d'apologétique et sur la méthode de la philosophie dans l'étude du problème religieux«, in: OC II. Paris: PUF 1997, S. 97–173, hier S. [66f.]150. Dt. Übersetzung: *Zur Methode der Religionsphilosophie.* Einsiedeln: Johannes 1974, 177.

[11] *L'Action,* [297] 331, 322. Vgl. »Le point de départ… «, [231] 553, 104; Ebd., 568, 125.

[12] Vgl. »Le point de départ… «, [237] 558, 111: ›…la solidarité des toutes les existences dont la nôtre est faite‹.

[13] »Le point de départ… «, [354] 543, 90.

14 Vgl. »Le point de départ... «, [244] 564, 119: ›l'impossibilité de refaire le concret avec l'abstrait‹.

15 Vgl. »Le point de départ... «, [228] 550, 100; Ebd., [231] 553, 104: ›par une sorte de dichotomie fictive séparé et opposé le subjectif et l'objectif comme des entités distinctes‹.

16 BERNARD DE SAILLY [Maurice Blondel]: »Les ›ingrédients‹ de la philosophie de L'Action«, in: *Annales de philosophie chrétienne* 151 (1905/06), 180–195, hier S. 188.

17 »L'illusion idéaliste«, [108] 206, 53.

18 »L'illusion idéaliste«, [114] 210, 59; vgl. »Le point de départ... «, [239] 560, 113; Ebd., [241] 562, 116.

19 »L'illusion idéaliste«, [114] 210, 59.

20 »Le point de départ... «, [237] 558, 111.

21 Vgl. »Le point de départ...«, [237] 558, 111: ›Ce qu'il importe donc souverainement de comprendre, c'est [...] que le but de la spéculation c'est justement de se mouvoir dans cet intervalle, sans présumer jamais de la combler par elle seule [d. h. durch die Philosophie allein], et qui en un mot par l'effort le plus technique qu'elle tente pour se définir, la philosophie s'insère plus profondément à la vie‹.

22 »Le point de départ... «, [355] 544, 91.

23 »Le point de départ... «, [240] 561, 115.

24 BERNARD DE SAILLY [Maurice Blondel]: »La tâche de la philosophie d'après la Philosophie de L'Action«, in: *Annales de philosophie chrétienne* 153 (1906/07), 47–58, hier S. 58.

25 *L'Action*, [291] 325, 316.

26 »Le point de départ... «, [242f.] 563, 117.

27 »Le point de départ... «, [234] 555, 107.

28 »Le point de départ... «, [245] 565, 120.

29 *L'Action*, [291] 325, 316.

30 *L'Action*, [296] 330, 322.

31 »Le point de départ... «, [241] 562, 116.

32 »Le point de départ... «, [235] 556, 108f.

33 Vgl. »Le point de départ... «, [237] 558, 111. Eine Formulierung, die das berühmt-berüchtigte dritte Kapitel im letzten Teil von *L'Action* zusammenfasst: ›Et nous ne saurions restituer les êtres tels qu'ils sont en eux, si nous ne travaillions à les admettre en nous, et si nous commencions par faire que nous soyons nous-même pour eux et qu'ils soient pour nous en conformité avec

tout ce qui se manifeste en nous et en eux de sollicitations infuses, de besoins logiques, d'exigences naturelles, d'aspirations morales, de devoirs réciproques. A chaque moment, à chaque progrès de cette adaption, l'inconnue qui est en nous, qui est nous-même dans notre relation avec tout le reste, se précise et se dégage: en cherchant à nous réaliser et à nous connaître, nous parcourons, nous hiérarchisons les êtres et les sciences. Et loin de tendre ainsi à l'isolement, nous ne nous cherchons, nous ne nous trouvons vraiment que dans l'union à tout.‹

34 *L'Action*, [449] 483, 474f.

35 BERNARD DE SAILLY [Maurice Blondel]: »La tâche de la philosophie d'après la Philosophie de L'Action«, in: *Annales de philosophie chrétienne* 153 (1906/ 07), 47–58, hier 57.

Die Autoren

SE Karl Kardinal Lehmann
Bischof von Mainz, Vorsitzender der Deutschen Bischofskonferenz

Prof. Dr. Peter Reifenberg
Direktor der Akademie und des Tagungszentrums des Bistums Mainz »Erbacher Hof«. Professor für theologische Ethik am Institut für Theologie der Universität Mannheim

Prof. Dr. Jean Leclercq
Professor am Institut Supérieur de Philosophie – Faculté des Sciences philosophiques à l'Université catholique de Louvain la Neuve (Belgien) Direktor des dortigen *Centre des Archives Maurice Blondel*

Dr. Matthias Vollet
Wissenschaftlicher Mitarbeiter am Philosophischen Seminar der Johannes Gutenberg-Universität Mainz, Arbeitsbereich Philosophie des Mittelalters

Prof. Dr. Otto Muck SJ
Professor em. für Christliche Philosophie an der theologischen Fakultät der Universität Innsbruck

Prof. Dr. Simone D'Agostino
Professor für Philosophie an der Pontificia Università Gregoriana (Rom), Sekretär der *Associazione italiana Maurice Blondel*

Prof. Dr. Stephan Grätzel
Professor am Philosophischen Seminar der Johannes Gutenberg-Universität Mainz, Leiter des Arbeitsbereiches Praktische Philosophie, Wissenschaftlicher Vorstand der *Internationalen Maurice Blondel-Forschungsstelle für Religionsphilosophie an der Johannes Gutenberg-Universität Mainz*

Dr. Stefan Orth
Redakteur der Zeitschrift »Herder Korrespondenz. Monatshefte für Gesellschaft und Religion« in Freiburg i. Br.

PD Dr. Walter Patt
Privatdozent am Philosophischen Seminar der Johannes Gutenberg-Universität Mainz

Dr. Anton van Hooff
Ordinariatsrat, Ökumene-Referent des Bistums Mainz, Studienleiter im Dezernat Schulen und Hochschulen des Bischöflichen Ordinariats.

Die Namen der Autoren wurden nach der Reihenfolge der hier gedruckten Beiträge aufgelistet.